安徽省首批“十四五”高等职业教育规划教材

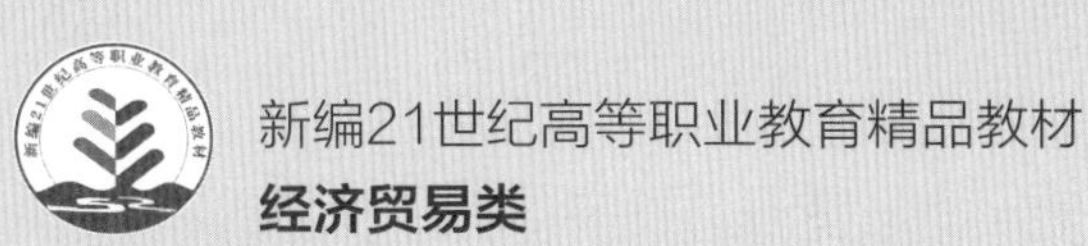

新编21世纪高等职业教育精品教材

**经济贸易类**



# 外贸会计实务

## （第二版）

主　编　方　瑛　潘海红

副主编　储　萍　田维维　王永生

中国人民大学出版社

· 北京 ·

PREFACE

# 前言

党的二十大报告提出，提升贸易投资合作质量和水平。改革开放以来，我国经济体量不断增大，吸引外商投资以及对外投资力度不断增强，对外贸易的方式更加多样化。各种类型的外贸企业大量增加的同时，外贸会计的人才需求规模也不断加大。为缓解外贸会计人才缺口的困境，促进外贸企业健康发展，培养一批高素质、专业化的外贸会计人才，编者编写了这本教材，旨在为高等职业院校相关专业的学生了解会计和外贸会计知识，以及各院校普及外贸会计知识、培养全面发展的人才提供参考。

本教材根据我国《企业会计准则》《小企业会计准则》《企业财务通则》《中华人民共和国企业所得税法》等文件，以及国家外汇管理局最新颁布的关于外贸企业的规定和国家税务总局最新颁布的关于外贸企业相关税费及出口退税的规定，从外贸企业的行业特点和基本要求出发编写而成。全书共八个项目，以完成外贸企业日常业务处理为目标，采用“项目—任务”驱动的模式，将知识点和技能点按照外贸企业的实际流程进行编排。项目一是外贸企业会计基础知识，项目二是外汇业务核算，项目三是出口业务核算，项目四是进口业务核算，项目五是加工贸易业务核算，项目六是外资企业进口货物税金核算，项目七是出口货物退（免）税核算，项目八是外贸企业财务报表编制。每个项目包含案例导入、任务概述、基础知识、学习测试等栏目，书后特配套编有综合实训，以便学生及时巩固基本知识及单项业务处理技能，更好提升自身的会计实务操作能力。学生可以在阅读本教材的同时进行同步实训，以掌握外贸企业出口、进口、税务等环节所需的各种会计操作技能，从而具有从事会计相关工作的基本职业能力，实现与相关就业岗位的“零距离对接”。

《外贸会计实务》第一版于 2021 年 2 月出版，通过了安徽省教育厅关于“十四五”职业教育规划教材的立项，成为安徽省首批“十四五”高等职业教育规划教材。为了更好地适应当前外贸企业形势及会计政策的变化，也为了更好地满足外贸会计专业人才培养的需要和外贸会计人员岗位的需求，编者对本教材第一版进行了修改。

本教材第二版实行理实一体化，把“工作过程中的学习”和“课堂上的学习”整合为一个整体，以实际为导向，力求以中小外贸企业的具体案例为叙述背景。本教材第二版修改了实训内容，旨在培养和提高学生外贸会计账务处理的实际操作能力。本教材由安徽国际商务职业学院方瑛老师和潘海红老师共同主编。安徽省汽车对外贸易有限公司储萍副总经理、安徽国际商务职业学院田维维老师、上海财经大学浙江学院王永生副教授任副主编，王永生副教授还负责书稿的审核工作。具体分工如下：安徽国际商务职业学院张蓓蓓（项目一），田维维（项目四），方瑛（项目二、项目五、项目八、附录），潘海红（项目三、项目六、项目七）。在本教材编写过程中，编者参考了大量资料，安徽国际商务职业学院李二敏教授为本教材的体例提供了建议，在此向相关人员表示感谢。本教材的参考学时数为 72 学时，建议安排实训教学 1 周。本教材还配备了教学课件、习题库及答案、模拟题库及答案等教材资源。

本教材既可作为高等职业院校会计类、经济贸易类专业学生的教材，也可作为成人教育的教学用书，以及相关领域从业人员的培训用书。

编者意在奉献给读者一本实用且具有特色的教材，但由于编者学识水平、实践经验、编写时间有限，书中难免有疏漏和不妥之处，敬请广大同人和读者批评指正。

编　者

CONTENTS

# 目录

# 项目一

# 认识外贸会计

● **案例导入**

张小果同学今年会计专业毕业，在招聘网站上面发了几十封求职信，其中有一家外贸企业的薪酬待遇比较优越，企业要求她本周末带上有关证件去面试。张小果内心很忐忑，不知道自己需要准备什么。同学们，你们了解外贸企业的会计业务和内贸企业的会计业务有什么不同吗?

# 任务一 区分外贸会计和内贸会计的不同

## 任务概述

通过本任务的学习，学生应了解外贸会计与内贸会计的不同，熟悉外贸会计的特点。

## 基础知识

### 一、外贸会计的概念和意义

（一）概念

外贸会计是财务会计的特殊领域，是财务会计的组成部分，是应用于各个对外经济企业的一种专业会计。它是以货币为主要计量单位，对企业的涉外经济活动按照会计法规、会计准则和国际惯例，采取复币核算与监督的一种会计。外贸会计只是企业财务会计的一部分，外贸会计的实施融于企业财务会计中，同步操作。外贸会计与企业财务会计的不同之处是采取复币核算，期末编制的会计报告仍纳入企业统一财务会计报告中。也就是说，外贸会计不是在财务会计之外再另设一套凭证、账簿、报表单独核算，而是企业财务会计中涉及外币交易核算的有关内容，如外贸企业发生的外币交易、进出口业务、加工补偿贸易、对外承包工程、对外劳务合作以及出口货物退（免）税、外贸业务融资和外汇风险规避等核算内容。

（二）意义

外贸会计是专业会计的组成部分，是用于核算和监督外贸企业经济业务的会计。具体地说，外贸会计是以货币为主要计量单位，对企业涉及外币、外汇的经济业务，按照会计法规、准则和国际惯例，采取复币核算的一种会计。

外贸会计业务主要包括外汇业务核算、商品进出口核算、加工贸易核算、进出口税金核算、外币财务报表核算等内容。要理解外贸会计的概念，必须明确以下几个方面的内容：

1. 外贸会计是专业会计的组成部分

对于外贸企业来说，由于其经营要面临国内和国外两个市场，要运用好国内及国外两种资源，因此企业会涉及外汇业务，即以记账本位币以外的货币进行款项收付、往来结算及计价等业务。外贸会计是一种以企业涉外经济活动为对象的专业会计。

2. 外贸会计的实施融于财务会计之中

由于外贸企业的涉外特征，外贸企业的会计核算通常采用复币核算，但是必须明确，复币核算并不是在企业财务会计之外再做一套凭证、账簿、报表单独核算，而是企业财务会计中涉及外币、外汇核算的有关内容，如企业进出口商品、加工贸易等涉外核算内容。

## 二、外贸会计的特点

由于外贸企业的经济业务涉及进口贸易、出口贸易、涉外投资与融资，以及涉外经营业务等，这些外贸经济业务的收支、债权与债务的结算、投资与融资的核算都涉及一定的外国货币，因此，外贸企业的会计核算除了应遵循一般企业的核算原则和核算方法，还具有其特殊性。外贸会计的特点主要有以下几个：

（一）既有本币核算又有外币核算

一般情况下，我国大多数企业采用人民币作为记账本位币。由于外贸企业的经济业务涉及两种或两种以上货币结算，因此，在进行会计处理时，既有本币核算也有外币核算，企业中有关外汇的账簿应按复币设计并登记（见表 1－1），以达到同时核算记账本位币和外币的目的。

**表 1－1　记账作证**

记　账　凭　证

年　　月　　日　　　　　　　　　　　　制单编号：

| 摘　要 | 总账科目 | 明细科目 | 外币金额 | | 汇率 | 借　方 | | | | | | | | | | 记账 | 贷　方 | | | | | | | | | | 记账 |
|---|---|---|---|---|---|---|---|---|---|---|---|---|---|---|---|---|---|---|---|---|---|---|---|---|---|---|---|
| | | | 币种 | 金额 | | 千 | 百 | 十 | 万 | 千 | 百 | 十 | 元 | 角 | 分 | 符号 | 千 | 百 | 十 | 万 | 千 | 百 | 十 | 元 | 角 | 分 | 符号 |
| | | | | | | | | | | | | | | | | | | | | | | | | | | | |
| | | | | | | | | | | | | | | | | | | | | | | | | | | | |
| | | | | | | | | | | | | | | | | | | | | | | | | | | | |
| | | | | | | | | | | | | | | | | | | | | | | | | | | | |
| | | | | | | | | | | | | | | | | | | | | | | | | | | | |
| | | | | | | | | | | | | | | | | | | | | | | | | | | | |
| | | | | | | | | | | | | | | | | | | | | | | | | | | | |
| | | | | | | | | | | | | | | | | | | | | | | | | | | | |
| 结算方式及票号： | | | | | | | | | | | | | | | | | | | | | | | | | | | |

附单据　张

会计主管：　　记账：　　稽核：　　出纳：　　制单：　　经办人：

（二）需要核算汇兑损益

因为外币与人民币之间的汇率经常波动，所以经常会出现汇兑损益的问题。因此，外贸企业既要计算营业损益，又要计算汇兑损益。

（三）采用“红字冲减记账法”

由于外贸企业出口商品价格是以 FOB（离岸价）为基础，因此在以 CIF（到岸价）签订合同的情况下，要以 CIF 价格确认出口商品销售收入，而在支付运费、保险费时，应以红字冲减出口商品销售收入，将 CIF 价格调整为 FOB 价格，以准确反映出口净收入水平。同时，在支付佣金及其他国外费用时，也以红字冲减出口商品销售收入；在出口商品退回以及对外理赔时，以红字冲减出口销售收入和出口销售成本。因此，可能出现双借双贷的会计分录。

（四）核算出口退税

国家为了使出口企业能够公平地在国际市场上竞争，对出口商品采取国际上通行的退税政策（出口货物增值税零税率、免征消费税）。企业应根据企业性质和出口货物确认本企业适用的退税政策，选择出口退税的计算方法，正确进行出口退税核算，以掌握出口退税额对营业利润的影响。出口退税的多少直接影响企业的经营成果。

（五）外贸业务原始凭证复杂

外贸业务原始凭证大量来自境外，以前多为电传和报文形式，格式繁多，规格不一，涉及外币。随着信息化的发展，现在外贸业务原始凭证多通过电子邮件和即时通信工具传送，简单很多。受理的单证除正规种类外，还有许多特需单证、票据、核准件等。因此，外贸业务原始凭证的辨识、审核就显得相当重要。

## 拓展知识

### 2024外贸"半年报"

2024年以来，全球经济增长动能偏弱。面对外部环境复杂性、严峻性、不确定性上升的不利局面，我国外贸跑出向好"加速度"。数据显示，上半年，我国货物贸易进出口总值21.17万亿元，同比增长6.1%。

专家表示，上半年，我国外贸表现亮眼，贸易规模再创新高，高质量发展成效显著，展现出韧性和活力。

一、外贸"成绩单"超预期

2024年上半年，我国外贸规模历史同期首次超过21万亿元，进出口增速逐季加快，二季度增长7.4%，较一季度和去年四季度分别高2.5个、5.7个百分点，外贸向好势头得到进一步巩固。

"上半年外贸'成绩单'超预期，出口产品结构进一步优化是重要影响因素。"中国社会科学院世界经济与政治研究所研究员倪月菊表示。

上半年，我国出口机电产品7.14万亿元，增长8.2%，占我国出口总值的近六成。从外部看，受益于国际市场需求改善，部分主要经济体进入补库存周期；从内部看，完整而有韧性的产业链供应链，为我国机电行业发展和提升产品国际市场份额提供了有力保障。此外，"新三样"继续引领外贸增长，船舶与海洋工程装备、轨道交通装备等高端制造业产品出口势头强劲。

外贸表现与国内经济有着很强的关联性。2024年上半年，我国经济运行总体平稳，既有量的增长，也有质的提升，这为外贸发展奠定了良好基础。"外贸规模创历史新高，也对上半年经济增长起到了重要支撑作用。"对外经济贸易大学国际经济研究院教授竺彩华表示。

民营企业挑起外贸发展“大梁”，主体地位更加稳固。上半年，民营企业进出口额增长11.2%，占进出口总额比重提升至55%，比去年同期提升2.5个百分点。

国家统计局国民经济核算司司长赵同录表示，我国持续推进高水平对外开放，加快培育外贸新动能，对外贸易规模稳定增长，结构不断优化，为推动经济持续回升向好作出积极贡献。上半年，货物和服务净出口对经济增长贡献率为13.9%，拉动GDP增长0.7个百分点。

二、多元战略打开增长空间

2024年7月中旬，西安海关、青岛海关联手推出“陆海联动 海铁直运”监管模式，内陆货物运抵青岛港后可直接装船发运，节约货物在港堆存等待口岸验放时间24小时以上。两地海关通过创新监管模式，进一步提升运输效率，增强了外贸企业拓市场的能力。

国务院发展研究中心对外经济研究部综合研究室主任、研究员赵福军表示，2024年上半年，我国对共建“一带一路”国家进出口同比增长7.2%，高于我国进出口总体增速1.1个百分点；对东盟进出口增长10.5%，也大幅高于我国出口总体增速。中欧班列累计开行量比上年提前19天突破万列，累计发送货物量增长11%，为维护国际产业链供应链稳定畅通发挥了积极作用。

随着共建“一带一路”高质量发展稳步推进，我国各地与共建“一带一路”国家经贸合作持续深入。2024年上半年，福建省对共建“一带一路”国家跨境电商出口648.2亿元，同比增长142.2%，占同期福建省跨境电商出口总值的58.6%。广西对第一大贸易伙伴东盟进出口同比增长26.7%，对东盟进出口占比明显提升，对新兴市场进出口快速增长。

近年来，我国外贸企业积极应对国际需求变化，努力培育竞争新优势，展现出较强韧性。不过，受美元加息、出口创汇弱等因素影响，非洲地区、拉美地区外汇储备普遍不足，我国外贸企业向这些地区出口后难以按时回款。赵福军认为，未来，金砖扩员以及“金砖+”合作为全球南方国家提供更多的发展机遇，将增强这些国家在全球经济中的竞争力。

三、外贸有望保持平稳增长

2024年下半年，我国外贸面临的形势依然严峻，但有利因素同样不少。专家认为，我国外贸仍可保持平稳增长态势。

在全球贸易保护主义加剧的背景下，2024年下半年我国贸易面临一些新情况：全球经济复苏不平衡可能导致需求不稳定；地缘政治冲突局势日益紧张，可能产生突发状况阻断国际贸易复苏进程；欧美联手通过高关税打压我国新能源汽车，使“新三样”出口面临新的挑战。

竺彩华认为，面对挑战，我们应继续加快建设全国统一大市场，持续扩大国内市场规模优势。推动技术创新和产业转型升级，不断巩固贸易竞争优势。推动“贸易型出海”向“生态型出海”转变，即推动部分货物贸易转化为投资和其他合作模式，从而推动货物贸易优势向服务贸易和数字贸易优势转化。此外，我们还应妥善应对贸易壁垒和贸易摩擦，加快拓展新兴市场。

也要看到，我国外贸增长具备诸多有利因素。倪月菊表示，我国外贸具备强大韧性，完备产业链以及一系列外贸政策也给予有力支撑。

赵福军表示，2024 年全球贸易形势略好于去年。世界贸易组织报告显示，全球货物贸易量在 2023 年下降 1.2%，预计 2024 年将增长，加上我国国内经济运行总体平稳、RCEP 关税减让政策持续释放红利、共建“一带一路”走深走实等有利因素，有助于我国外贸平稳发展。

资料来源：冯其予．我国外贸呈现持续向好态势 [N]．经济日报，2024-08-03 (1).

## 学习测试

### 一、单项选择题

1. 外贸企业的经济业务涉及两种或两种以上货币结算，因此，会计处理应（　　）作为记账本位币。

A. 采用人民币　　B. 采用美元

C. 采用欧元　　D. 选择其中某一种货币

2. 外贸企业核算汇兑损益是因为存在（　　）。

A. 国家利益　　B. 不同货币　　C. 汇率波动　　D. 贸易斗争

3. 国家实行出口退税是为了促进（　　）。

A. 和平　　B. 进口　　C. 汇率稳定　　D. 出口

### 二、多项选择题

1. 外贸经济业务一般包括（　　）。

A. 进口业务　　B. 出口业务

C. 外币业务　　D. 对外投融资业务

2. 外贸业务原始凭证复杂，是因为（　　）。

A. 多为电传和报文形式

B. 业务多

C. 格式繁多，规格不一

D. 有许多特殊单证、票据、核准件等

3. 外贸会计的特点主要有以下几个方面？（　　）

A. 既有本币核算又有外币核算　　B. 需要核算汇兑损益

C. 核算出口退税　　D. 采用“红字冲减记账法”

## 三、判断题

1. 外贸会计是采用外币作为记账本位币。 （　　）
2. 红字冲减记账法可以在冲减出口商品销售收入时使用。 （　　）
3. 我国外贸会计体制的发展历程大体可以分为三个阶段。 （　　）

# 任务二

# 掌握外贸会计的对象、科目设置

## 任务概述

通过本任务的学习，学生应了解外贸会计的对象、会计要素和会计等式，熟悉外贸会计的科目设置。

## 基础知识

### 一、外贸会计的对象

会计对象是指会计核算和监督的内容，即会计的客体。明确会计对象，对于确定会计目标，研究和运用会计方法，更好地发挥会计在经济管理中的作用，具有重要的现实意义。由于不同性质的会计主体本身的生产经营活动的特点不同，其资金运动过程和表现形式也不尽相同，核算和监督的内容也就有所不同，因此会计具体对象因会计主体体制而异。外贸会计对象是外贸企业会计核算和监督的内容，具体而言，是指外贸企业的资金运动。

随着国际贸易往来的不断深化，我国产业结构不断调整，对外经贸业务的内涵和范围也随之发生了显著的变化，以商品进出口贸易为主的传统对外经贸业务形式被多元化的对外经贸业务形式所取代，逐渐演化成商品进出口贸易、加工贸易、服务贸易、投资贸易以及工程承包、劳务合作等多种形式。以商品进出口业务为例，商品进出口业务面临着国内和国际两个市场，包括进口和出口两种业务经营过程，涉及本币与外币两种以上的货币形式。进口和出口业务中可能存在着结汇和购汇问题。此外，商品定价中的国外价格需要运用一定的价格条款（贸易术语），与国内价格不同；货款结算中的国际结算方式与国内结算方式也存在一定的差异。因此，商品进出口业务经营资金的循环与内贸企业有着明显的差异。图 1－1 和图 1－2 分别为商品流通企业出口/进口业务资金运动流程图。

### 二、会计要素与会计等式

#### （一）会计要素

会计要素是对会计对象按照经济特征所做的最基本分类，也是会计核算对象的

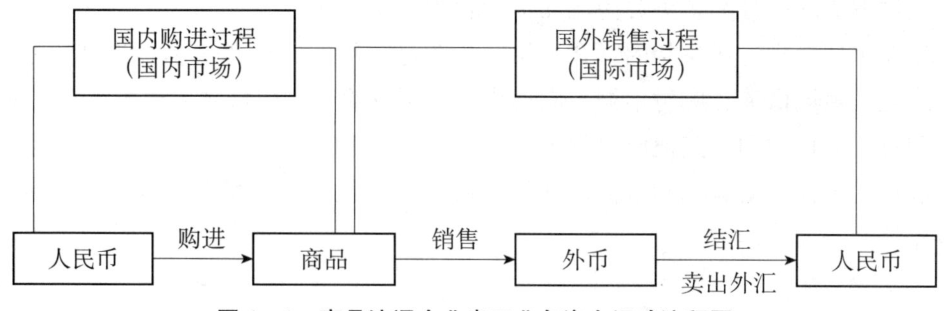


**图 1-1　商品流通企业出口业务资金运动流程图**

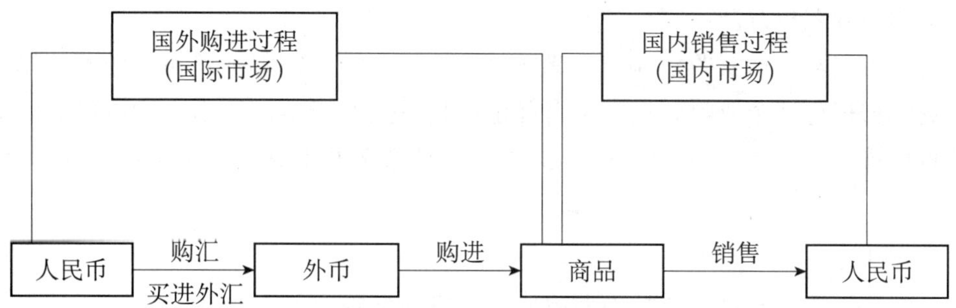


**图 1-2　商品流通企业进口业务资金运动流程图**

具体化。我国《企业会计准则》将会计要素分为资产、负债、所有者权益、收入、费用和利润六个。其中，资产、负债和所有者权益三项会计要素是组成资产负债表的会计要素，是反映企业财务状况的会计要素；收入、费用和利润三项会计要素是组成利润表的会计要素，反映企业的生产经营成果。

1. 资产

资产是指企业过去的交易或者事项形成的、由企业拥有或者控制的、预期会给企业带来经济利益的资源。企业的资产在同时满足以下条件时，才能予以确认：

（1）与该资源有关的经济利益很可能流入企业。

（2）该资源的成本或价值能够可靠地计量。

资产按流动性分类，可分为流动资产和非流动资产。

流动资产是指预计在一年内（含一年）或超过一年的一个正常营业周期中变现、出售或耗用的资产，包括货币资金、短期投资、应收票据、应收账款、预付款项、应收利息、应收股利、其他应收款、存货等。

非流动资产是指流动资产以外的资产，主要包括长期股权投资、固定资产、在建工程、工程物资、无形资产、长期待摊费用等。

2. 负债

负债是指企业过去的交易或者事项形成的、预期会导致经济利益流出企业的现时义务。企业的负债在同时满足以下条件时，才能予以确认：

（1）与该义务有关的经济利益很可能流出企业。

（2）未来流出的经济利益的金额能够可靠地计量。

负债按流动性分类，可分为流动负债和非流动负债。

流动负债是指将在一年内（含一年）或超过一年的一个正常营业周期中偿还的债务，包括短期借款、应付票据、应付账款、预收款项、应付职工薪酬、应交税费、应付利息、应付股利、其他应付款等。

非流动负债是指除流动负债以外的负债，主要包括长期借款、长期应付款和递延收益等。

3. 所有者权益

所有者权益是指企业资产扣除负债后由所有者享有的剩余权益。公司的所有者权益又称为股东权益。

所有者权益包括实收资本（或股本）、资本公积、盈余公积和未分配利润。其中，资本公积包括企业收到投资者出资超过其在注册资本或股本中所占份额的部分以及直接计入所有者权益的利得和损失等。盈余公积和未分配利润又合称为留存收益。

4. 收入

收入是指企业在日常活动中形成的、会导致所有者权益增加的、与所有者投入资本无关的经济利益的总流入。

按收入产生的来源分类，收入分为销售商品收入、提供劳务收入和让渡资产使用权收入三类。按经营业务的主次分类，收入分为主营业务收入和其他业务收入。

5. 费用

费用是指企业在日常活动中发生的、会导致所有者权益减少的、与向所有者分配利润无关的经济利益的总流出。

企业的费用包括：营业成本、税金及附加、销售费用、管理费用、财务费用等。

6. 利润

利润是指企业在一定会计期间的经营成果。利润包括收入减去费用后的净额、直接计入当期利润的利得和损失等。

利得是指由企业非日常活动发生的、与所有者利润分配无关的、会引起所有者权益增加的经济利益流入。损失是指由企业非日常活动发生的、与所有者利润分配无关的、会引起所有者权益减少的经济利益的流出。

利润的构成有三个层次，即营业利润、利润总额、净利润，它们的计算公式分别为：

营业利润＝营业收入－营业成本－税金及附加－期间费用＋投资收益(－投资损失)

其中：

营业收入＝主营业务收入＋其他业务收入

营业成本＝主营业务成本＋其他业务成本

利润总额＝营业利润＋营业外收入－营业外支出

净利润＝利润总额－所得税费用

（二）会计等式

1. 资产＝负债＋所有者权益

会计等式是指反映各项会计要素之间基本关系的表达式。任何企业要从事生产经营活动，必定有一定数量的资产。而每一项资产，如果我们一分为二地看，就不难发现：一方面，任何资产只不过是经济资源的一种实际存在或表现形式，或为机器设备，或为现金、银行存款等；另一方面，这些资产都是按照一定的渠道进入企业的，或由投资者投入，或通过银行借入等，即必定有其提供者。显然，一般人们不会无偿地将经济资源（即资产）让渡出去，也就是说，企业中任何资产都有其相应的权益要求，谁提供了资产谁就对资产拥有索偿权，这种索偿权在会计上称为权益。这样就形成了最初的会计等式：

资产＝权益

这一等式表明，会计等式之所以成立是因为资产和权益是同一事物的两个方面：一方面是归企业所有的一系列财产（资产），另一方面是对这些财产的一系列所有权（权益）。同时，由于权益要求表明资产的来源，而全部来源又必须与全部资产相等，因此全部资产必须等于全部权益。

而权益通常分为两种：一种是以投资者的身份向企业投入资产而形成的权益，我们称之为所有者权益；另一种是以债权人的身份向企业提供资产而形成的权益，我们称之为债权人权益或负债。这样，上述等式又可以表达成：

资产＝负债＋所有者权益

我们将上述等式称为会计恒等式，它不仅反映了会计主体某一时点的资产、负债、所有者权益三要素之间在数量上的恒等关系，而且从经济含义上体现着三者之间的内在联系，是设置账户、进行复式记账、编制资产负债表的理论依据。

2. 利润＝收入－费用

企业在取得收入的同时，也必然要发生相应的费用，通过收入与费用的比较，才能确定企业一定时期的盈利水平。企业将一定会计期间所形成的全部收入与发生的全部费用相比较，其差额就是企业在这一期间从事生产经营活动的成果，即利润。收入、费用和利润之间的上述关系，可以表达成：

利润＝收入－费用

上述会计等式说明了收入、费用和利润三大会计要素的内在关系，是编制利润表的理论依据。

3. 资产＝负债＋所有者权益＋(收入－费用)

企业在正常的经营活动循环中，其资产会不断地变换形态。从性质上看，负债和所有者权益对企业的要求权（权益）是不同的。债权人希望借款人到期能顺利偿还本金，并能支付预定的利息；业主则希望通过有效的经营等活动，尽可能多地赚取利润。企业获取的利润仅为所有者享有，亏损也由所有者承担。所以资产＝负债＋所有者权益，可以表达成：

资产＝负债＋所有者权益＋(收入－费用)

这个等式是反映第一个会计等式与第二个会计等式之间关系的等式，是第一个会计等式的扩展，它不但没有破坏第一个会计等式的平衡关系，而且把企业的财务状况和经营成果联系在一起。

4. 经济业务类型

企业资金的任何变化都会表现为数量上的变化。经济业务的发生会引起企业资金运动发生下列四种情况的变化：

（1）一种资产增加，同时另一种资产减少。

（2）一种负债及所有者权益增加，同时另一种负债及所有者权益减少。

（3）一种负债及所有者权益增加，同时一种资产增加。

（4）一种负债及所有者权益减少，同时一种资产减少。

## 三、外贸会计的科目设置

会计科目是对会计对象所做的进一步分类。这种分类可使会计所提供的信息能够满足企业内部经营管理的需要，满足对外提供财务报表的需要。外贸企业的业务具有特殊性，涉及外汇收支的情况较多，在不违背会计科目适用原则的基础上，可以补充、变通、增加一些外贸企业常用的会计科目。

2004 年 7 月，《中华人民共和国对外贸易法》施行，外贸审批制改为外贸登记制，从事国际贸易的企业数量激增，企业的类型也涵盖上市公司、特大型国有企业、大中型企业、小企业、合伙企业、独资企业和极小型企业。

按照我国目前的会计管理体制，上市公司、大中型国有企业适用的是 2006 年发布的《企业会计准则》，自 2007 年 1 月 1 日起施行，2014 年修订。《小企业会计准则》于 2011 年 10 月 18 日由中华人民共和国财政部以财会〔2011〕17 号印发，分总则、资产、负债、所有者权益、收入、费用、利润及利润分配、外币业务、财务报表、附则 10 章 90 条，自 2013 年 1 月 1 日起施行。① 据全国组织机构统一社会信用代码数据服务中心统计，截至 2023 年 12 月 31 日，按照《中华人民共和国民法典》确立的法人类型划分，我国当前共有法人机构 6 109 万个。②

考虑到小型企业占据我国法人经营单位的绝大多数，所以本教材以《小企业会计准则》为依据，所选用的会计科目也以《小企业会计准则》的规定为主，如表 1－2 所示，带＊号的科目表示增设的常用会计科目。

---

① 财政部会计司编写组．小企业会计准则释义 2011［M］．北京：中国财政经济出版社，2011.

② 蔡东海．数说：2023 年我国法人和其他组织机构数量分布［EB/OL］．中国日报网，2024－02－26.

表 1-2　外贸会计科目表（参照《小企业会计准则》）

| 序号 | 科目编号 | 科目 | 序号 | 科目编号 | 科目 |
|---|---|---|---|---|---|
| 一、资产类 | | | 41 | 2232 | 应付利息 |
| 1 | 1001 | 库存现金 | 42 | 2241 | 其他应付款 |
| 2 | 1002 | 银行存款 | 43 | 2401 | 预提费用 |
| | | 本币存款* | 44 | 2501 | 递延收益 |
| | | 外币存款* | 45 | 2601 | 长期借款 |
| 3 | 1012 | 其他货币资金 | 46 | 2801 | 长期应付款 |
| | | 信用证保证金存款* | 三、所有者权益类 | | |
| 4 | 1101 | 交易性金融资产 | 47 | 4001 | 实收资本 |
| 5 | 1121 | 应收票据 | 48 | 4002 | 资本公积 |
| 6 | 1122 | 应收账款 | 49 | 4101 | 盈余公积 |
| | | 应收外汇账款* | 50 | 4103 | 本年利润 |
| 7 | 1123 | 预付账款 | 51 | 4104 | 利润分配 |
| | | 预付外汇账款* | 四、成本类 | | |
| 8 | 1131 | 应收股利 | 52 | 5001 | 生产成本 |
| 9 | 1132 | 应收利息 | 53 | 5101 | 制造费用 |
| 10 | 1221 | 其他应收款 | 54 | 5301 | 研发支出 |
| | | 应收出口退税* | 55 | 5401 | 工程施工 |
| 11 | 1401 | 材料采购 | 56 | 5403 | 机械作业 |
| 12 | 1402 | 在途物资 | 五、损益类 | | |
| 13 | 1403 | 原材料 | 57 | 6001 | 主营业务收入 |
| 14 | 1404 | 材料成本差异 | | | 自营出口销售收入* |
| 15 | 1405 | 库存商品 | | | 自营进口销售收入* |
| 16 | 1406 | 发出商品 | | | 代理出口销售收入* |
| 17 | 1408 | 委托加工物资 | | | 代理进口销售收入* |
| 18 | 1411 | 周转材料 | | | 来料加工出口销售收入* |
| 19 | 1421 | 消耗性生产物资 | | | 进料加工出口销售收入* |
| 20 | 1501 | 持有至到期投资 | | | 援外出口销售收入* |
| 21 | 1503 | 可供出售金融资产 | | | 易货贸易销售收入* |
| 22 | 1511 | 长期股权投资 | 58 | 6051 | 其他业务收入 |
| 23 | 1601 | 固定资产 | 59 | 6111 | 投资收益 |
| 24 | 1602 | 累计折旧 | 60 | 6301 | 营业外收入 |
| 25 | 1604 | 在建工程 | 61 | 6401 | 主营业务收入 |
| 26 | 1605 | 工程物资 | | | 汇兑收益* |
| 27 | 1606 | 固定资产清理 | 62 | 6402 | 主营业务成本 |
| 28 | 1621 | 生产性生物资产 | | | 自营出口销售成本* |
| 29 | 1622 | 生产性生物资产累计折旧 | | | 自营进口销售成本* |
| 30 | 1701 | 无形资产 | | | 代理出口销售成本* |
| 31 | 1702 | 累计摊销 | | | 代理进口销售成本* |
| 32 | 1801 | 长期待摊费用 | | | 来料加工出口销售成本* |
| 33 | 1901 | 待处理财产损益 | | | 进料加工出口销售成本* |
| 二、负债类 | | | | | 援外出口销售成本* |
| 34 | 2001 | 短期借款 | | | 易货贸易销售成本* |
| 35 | 2201 | 应付票据 | 63 | 6402 | 其他业务成本 |
| 36 | 2202 | 应付账款 | 64 | 6405 | 税金及附加 |
| | | 应付外汇账款* | 65 | 6601 | 销售费用 |
| 37 | 2205 | 预收账款 | 66 | 6602 | 管理费用 |
| | | 预收外汇账款* | 67 | 6603 | 财务费用 |
| 38 | 2211 | 应付职工薪酬 | 68 | 6711 | 营业外支出 |
| 39 | 2221 | 应交税费 | 69 | 6801 | 所得税费用 |
| 40 | 2231 | 应付股利 | 70 | 6901 | 以前年度损益调整 |

## 学习测试

### 一、单项选择题

1. 外贸企业的会计对象是指（　　）。
A. 外贸企业进出口商品的流转过程
B. 外贸企业在生产经营活动中的业务流转过程
C. 外贸企业进出口商品流转过程中的资金运动
D. 外贸企业进出口商品流转过程中的物资运动

2. 外贸会计科目中包括一些涉及（　　）的科目是内贸会计所没有的。
A. 出口　　B. 进口　　C. 人民币　　D. 外汇

3. 下面哪个是损益类？（　　）
A. 预付外汇账款　　B. 代理进口销售收入
C. 预收外汇账款　　D. 研发支出

### 二、多项选择题

1. 商品进出口业务面临着（　　）两个市场。
A. 国内　　B. 国际　　C. 进口　　D. 出口

2. 商品进出口业务包括（　　）两种业务经营过程。
A. 国内　　B. 国际　　C. 进口　　D. 出口

3. 商品进出口业务涉及（　　）两种以上的货币形式。
A. 本币　　B. 外币　　C. 人民币　　D. 美元

### 三、判断题

1. 外贸会计科目是对外贸会计对象所做的进一步分类。（　　）
2. 外贸企业进出口业务中，货款结算中的国际结算方式与国内结算方式一样。（　　）
3. 来料加工出口销售收入账户是外贸会计所特有的。（　　）

# 任务三 熟悉常用的贸易术语

## 任务概述

通过本任务的学习，学生应熟悉常用的贸易术语（FOB/CFR/CIF），了解国外运保费和佣金。

## 基础知识

### 一、贸易术语

#### （一）贸易术语的概念

贸易术语（Trade Terms）又称价格术语（Price Terms），是指用一个简短的概念或英文字母（或缩写）来说明商品的价格构成和买卖双方的有关手续、费用、风险及责任的划分、所有权转移的界限等问题，它是国际贸易中单价的一个重要组成部分。

目前国际上关于贸易术语方面较有影响力的惯例主要有三个：

（1）《1932 年华沙-牛津规则》（Warsaw-Oxford Rules 1932，W. O. Rules 1932）。

（2）《1941 年美国对外贸易定义修正本》（Revised American Foreign Trade Definitions 1941）。

（3）《2010 年国际贸易术语解释通则》（International Rules for the Interpretation of Trade Terms，Incoterms® 2010）。

#### （二）主要的价格术语

1. FOB

FOB（Free on Board...named port of shipment，指定装运港）Incoterms® 2010——装运港船上交货，是指卖方以在指定装运港将货物装上买方指定的船舶或通过取得已交付至船上货物的方式交货。货物灭失或损坏的风险在货物交到船上时转移，同时买方承担自那时起的一切费用。本术语只适用于海洋运输和内河运输。

2. CIF

CIF（Cost，Insurance and Freight...named port of destination，指定目的港）Incoterms® 2010——成本、保险费加运费，是指卖方在船上交货或以取得已经这样

交付的货物方式交货，货物灭失或损坏的风险在货物交到船上时转移。卖方负责租船订舱，支付从装运港到目的港的正常运费，并由承运人将货物运至指定的目的港。卖方还要为买方在运输途中货物的灭失或损坏的风险办理保险，支付保险费。

3. CFR

CFR（Cost and Freight…named port of destination，指定目的港）Incoterms® 2010——成本加运费，是指卖方在船上交货或以取得已经这样交付的货物方式交货，货物灭失或损坏的风险在货物交到船上时转移。卖方负责租船订舱，支付从装运港到目的港的正常运费，并由承运人将货物运至指定的目的港。

4. FCA、CIP、CPT

随着运输业的发展，2000 年生效的《国际贸易术语解释通则》进一步完善了 FCA、CIP、CPT 三种可适用于任何运输方式的术语，同时规定 FOB、CIF、CFR 仅适用于海洋运输和内河运输。这三种术语在很多方面是很相似的，但各自又有很多不同的特点。现就 Incoterms® 2010 对 FCA、CIP、CPT 三种术语的含义及买卖双方的责任划分简单介绍如下：

（1）FCA（Free Carrier…named place，指定交货地点）Incoterms® 2010——货交承运人，是指卖方在卖方所在地或其他指定地点将进出口清关的货物交给买方指定的承运人或其他人。由于风险在交货地点转移至买方，因此特别建议双方尽可能清楚地写明指定交货地内的交付点。

（2）CIP（Carriage and Insurance Paid to…named place of destination，指定目的地）Incoterms® 2010——运费、保险费付至，是指卖方将货物在双方约定地点（如双方已经约定了地点）交给其指定的承运人或其他人。在货物被交由承运人或其他人保管时，货物灭失或损坏的风险，以及由于在货物交给承运人或其他人后发生的事件而引起的额外费用，即从卖方转移至买方。卖方必须签订运输合同并支付将货物运至指定目的地的运费。卖方还必须为买方在运输途中货物的灭失或损坏风险签订保险合同，并支付保险费。

（3）CPT（Carriage Paid to…named place of destination，指定目的地）Incoterms® 2010——运费付至，是指卖方将货物在双方约定地点（如果双方已经约定了地点）交给卖方指定的承运人或其他人。在货物被交由承运人或其他人保管时，货物灭失或损坏的风险，以及由于在货物交给承运人或其他人后发生的事件而引起的额外费用，即从卖方转移至买方。卖方必须签订运输合同并支付将货物运至指定目的地的运费。

## 二、国外运保费、佣金

### （一）班轮运费

班轮运费是班轮公司为运输货物而向货主收取的费用，包括基本运费和附加运费。基本运费是指货物从装运港到目的港所应收取的费用，其中包括货物在港口的装卸费用，它是构成全程运费的主要部分。其计算标准通常按不同商品分为以下几种：

(1) 按货物的毛重计收，在运价表内用字母“W”表示；适用于重金属、建筑材料、矿产品等；一般用公吨作为计量单位。

(2) 按货物的体积（或尺码吨）计收，在运价表内用字母“M”表示；适用于纺织品、日用百货等；一般用立方米或立方英尺作为计量单位。

(3) 按商品的价格计收，即按从价运费收取，在运价表内用“A.V”或“Ad Val”表示；一般按货物 FOB 价值的一定百分比收取；适用于工艺品、珠宝首饰等贵重物品。

(4) 按货物的毛重或体积计收，由船公司选择其中收费较高的一种计收运费，在运价表中用“W/M”表示。

(5) 按货物的重量、体积或价值三者中较高的一种计收，在运价表中用“W/M”或“A.V”表示。

(6) 按货物的件数计收。例如：活牲畜和活动物，按“每头”(per head) 计收；车辆有时按“每辆”(per unit) 计收；起码运费按“每提单”(per B/L) 计收。

(7) 按船、货双方临时议定运价的办法计收；一般适用于农副产品等大宗低值货物。

班轮运费中的附加费是指针对某些特定情况或需作特殊处理的货物在基本运费之外加收的费用。附加费名目繁多，如超长或超重附加费、选择卸货港附加费、变更卸货港附加费、燃油附加费、港口拥挤附加费、绕航附加费、转船附加费和直航附加费，等等。附加费的计算方法有两种：一是以基本运费的一定百分比计收，二是以每运费吨若干金额计收。

### (二) 保险费

保险金额是被保险人对保险标的的实际投保金额，是保险人承担责任的标准和计收保险费的基础。在保险货物发生保险责任范围内的损失时，保险金额就是保险人赔偿的最高限额。投保人在投保货物运输保险时，应向保险人申报保险金额。

#### 1. 保险金额的计算方法

保险金额是根据保险价值确定的。保险价值是保险责任开始时货物在启运地的发票价格或者非贸易商品在启运地的实际价格以及运费和保险费的总和，即相当于 CIF 价格，不包括预期利润。国际上一般以 CIF 或 CIP 货价为计算保险金额的基础。这表明不仅是货物本身，而且连运费和保险费也作为保险标的一起加成投保。保险金额的计算公式为：

保险金额＝CIF×(1＋投保加成率)

#### 2. 保险费的计算

保险费是保险公司经营业务的基本收入，也是被保险人获得损失赔偿权的对价。投保人交付保险费，是保险合同生效的前提条件。在被保险人交付保险费之前，保险人可以拒绝签发保险单据。保险费率是按照不同货物、不同目的地、不同运输工具和保险险别由保险公司根据货物损失率和赔付率，并在此基础上，参照国际保险费水平，结合我国情况制定的。

保险费的计算公式为：

保险费＝保险金额×保险费率

即：

保险费＝CIF×(1＋投保加成率)×保险费率

**【例 1-1】** 某外贸公司以每公吨 350 美元 CIF 神户向日商报盘出售某农产品（按加 1 成投保水渍险，保险费率为 0.8%），保险金额及保险费如何计算？

解：代入公式，得：

保险金额＝350×(1＋10%)＝385（美元）

保险费＝385×0.8%＝3.08（美元）

（三）佣金

佣金（Commission）又称手续费（Brokerage），是买方（由其委托第三者采购）或卖方（由其委托第三者推销）付给“第三者”的报酬。佣金分“明佣”和“暗佣”两种：在价格中体现佣金的为明佣，在价格中看不出含佣，但实际上含佣的为暗佣，两者统称为含佣价。暗佣表面上与净价没有区别，为了明确起见，一般在净价的贸易术语后加“Net”字样。如：

USD25.00 per case CFR Rotterdam including 2% commission

或：USD25.00 per case CFRC2 Rotterdam

USD24.50 per case CFR Net Rotterdam

1. 佣金的计算方法

决定佣金多少的关键是计算佣金的基数，通常有以下三种方法：

(1) 以卖方净收入 FOB 作为佣金的计算基数。例如，一批出口货物 CFR 的发票金额为 100 000 美元，运费为 50 000 美元，佣金率为 3%，如果买卖双方约定按 FOB 价格计算佣金，则佣金为（100 000－50 000）×3%＝1 500（美元）。如果以 CIF 价格成交，FOB 价格作为佣金基数，则在成交价基础上扣除运费和保险费，然后计算佣金。

(2) 以成交价作为佣金的计算基数。例如，买卖双方以 CIF 价格成交，金额为 100 000 美元，佣金率为 2%，则佣金为 100 000×2%＝2 000（美元）。

(3) 按成交数量收取佣金。国际贸易中一般很少使用这种方法。

在实际业务中，一般按成交额作为计算佣金的基数，用公式表示为：

佣金＝含佣价×佣金率

由此又可得出两个公式：

净价＝含佣价×(1－佣金率)

含佣价＝净价÷(1－佣金率)

2. 佣金的计算

（1）净价改报含佣价。

**【例 1－2】** 某商品 CFR 价为 2 000 美元，试改为 CFRC4 价，并保持卖方的净收入不变。

解：含佣价$=\frac{净价}{1-4\%}=\frac{2\ 000}{1-4\%}=$2 083.33（美元）

答：改报后的 CFRC4 价为 2 083.33 美元。

（2）调整含佣价的佣金率。

**【例 1－3】** 已知 CFRC3 为 1 200 美元，保持卖方净收入不变。试改报为 CFRC5 价。

解：先把 CFRC3 价改为 CFR 价：

CFR＝CFRC3×(1－佣金率)＝1 200×(1－3%) ＝1 164（美元）

再把 CFR 价改为 CFRC5 价：

$CFRC5=\frac{CFR}{1-5\%}=\frac{1\ 164}{1-5\%}=$1 225.26（美元）

答：改报后的 CFRC5 价为 1 225.26 美元。

## 拓展知识

### 上海市奉贤区人民法院

刑事判决书

（2024）沪 0120 刑初 77 号

公诉机关：上海市奉贤区人民检察院。

被告人叶某，男，1980 年 9 月 7 日出生于上海市，公民身份号码××××××××××××××××××，××，中专文化，系上海某某皮具有限公司法定代表人，户籍地上海市浦东新区。因涉嫌骗取出口退税犯罪，于 2023 年 7 月 5 日被刑事拘留，同年 8 月 9 日因涉嫌虚开增值税专用发票犯罪被逮捕。现羁押于上海市奉贤区看守所。

辩护人张某，某某律师事务所 1 律师。

辩护人疖某，某某律师事务所 1 律师。

被告人范某，男，1965 年 2 月 17 日出生于安徽省临泉县，公民身份号码××××××××××××××××××，××，初中文化，系某某公司法定代表人，户籍地安徽省临泉县。因涉嫌虚开增值税专用发票犯罪，于 2023 年 9 月 30 日被刑事拘留，同年 10 月 11 日被取保候审。

辩护人马某，某某律师事务所2律师。

被告人徐某，女，1982年4月10日出生于上海市，公民身份号码××××××××××××××××××，××，中专文化，系上海某某贸易有限公司法定代表人，户籍地上海市浦东新区。因涉嫌骗取出口退税犯罪，于2023年7月5日被刑事拘留，同年8月9日因涉嫌虚开增值税专用发票犯罪被逮捕。现羁押于上海市奉贤区看守所。

辩护人薛某，某某律师事务所3律师。

上海市奉贤区人民检察院以沪奉检刑诉〔2024〕71号起诉书、沪奉检刑变诉〔2024〕12号变更起诉决定书指控被告人叶某、范某、徐某犯虚开增值税专用发票罪，分别于2024年1月31日、2024年6月13日向本院提起公诉，并建议适用认罪认罚简易程序审理。本院受理后，发现不宜适用简易程序的情形，依法转为普通程序，组成合议庭，于2024年6月26日公开开庭审理了本案。上海市奉贤区人民检察院指派检察官凌某出庭支持公诉，被告人叶某、范某、徐某及其辩护人张某、马某、薛某到庭参加了诉讼。现已审理终结。

经审理查明，2020年1月至2023年6月，被告人叶某为牟取非法利益，在没有真实业务的情况下，以其控制的上海某某皮具有限公司、上海某某皮具2有限公司、上海某某皮具3有限公司，上海某某箱包有限公司的名义为姜某某经营的上海某某皮具4有限公司虚开增值税专用发票，价税合计人民币（以下币种相同）5 521 291元，税额635 192元，均被认证抵扣。

2022年6月至2023年2月，被告人叶某为牟取非法利益，在没有真实业务的情况下，让被告人范某经营的某某公司为其控制的上海某某箱包有限公司、上海某某皮具有限公司虚开增值税专用发票价税合计5 603 955元，税额644 702元，均被认证抵扣。2020年4月至2023年6月，被告人徐某明知被告人叶某实施虚开增值税专用发票活动，仍为其提供制作合同、资金走账等帮助行为，参与虚开的税额1 235 056元。

上述事实，被告人叶某、范某、徐某及辩护人在开庭审理过程中亦无异议，且有涉案人姜某某的供述，证人曾某、高某1、高某2、陆某1、濮某、刘某、陆某2的证言，银行转账明细，涉案发票复印件，涉案发票明细，涉案发票的抵扣情况表，微信聊天记录截图，工商信息资料，某某事务所有限公司出具的司法会计鉴定专项报告，公安机关出具的案发经过、抓获经过、扣押笔录、扣押决定书、扣押清单等证据证实，足以认定。

本院认为，被告人叶某、范某、徐某虚开增值税专用发票，虚开的税款数额较大，其行为均已触犯刑律，构成虚开增值税专用发票罪，且部分属共同犯罪。公诉机关指控的罪名成立。在共同犯罪中，被告人叶某起主要作用，系主犯，应当按照其所参与的全部犯罪予以处罚；被告人徐某起次要、辅助作用，系从犯，依法应当减轻处罚。被告人叶某、范某、徐某到案后均能如实供述自己的罪行，依法可以从轻处罚，亦能自愿认罪认罚，可以依法从宽处理。在审理期间，被告人叶某、范某、徐某已退出违法所得，可以酌情从轻处罚。综上，被告人的犯罪事实、情节、性质、社会危害程度、认罪悔罪态度、退赔情况等，本院在量刑时一并予以考虑。依照《中华人民共和国刑法》第二百零五条第一、三款、第二十五条第一款、第二十六条第一、四款、第二十七条、第六十七条第三款、第六十三条第一款、第七十二条第一、三款、第七十三条第二、三款、第五十二条、第五十三条、第六十四条以及《中华人民共和国刑事诉讼法》第十五条、第二百零一条第一款之规定，判决如下：

一、被告人叶某犯虚开增值税专用发票罪，判处有期徒刑三年六个月，并处罚金人民币八万元。

（刑期从判决执行之日起计算。判决执行以前先行羁押的，羁押一日折抵刑期一日，即自2023年7月5日起至2027年1月4日止。罚金于本判决生效后一个月内缴纳。）

二、被告人范某犯虚开增值税专用发票罪，判处有期徒刑三年，宣告缓刑二年，并处罚金人民币五万元。

（缓刑考验期限，从判决确定之日起计算。罚金于本判决生效后一个月内缴纳。）

三、被告人徐某犯虚开增值税专用发票罪，判处有期徒刑一年，并处罚金人民币三万元。

（刑期从判决执行之日起计算。判决执行以前先行羁押的，羁押一日折抵刑期一日，即自2023年7月5日起至2024年7月4日止。罚金于本判决生效后一个月内缴纳。）

四、在案款人民币四十五万元予以没收。

五、被告人叶某的违法所得继续予以追缴。

被告人范某回到社区后，应当遵守法律、法规，服从监督管理，接受教育，完成公益劳动，做一名有益社会的公民。

如不服本判决，可在接到判决书的第二日起十日内，通过本院或者直接向上海市第一中级人民法院提出上诉。书面上诉的，应当提交上诉状正本一份，副本二份。

审判长　裴孙英

审判员　卫强

人民陪审员　潘美杰

书记员　瞿丹婷

二〇二四年六月二十六日

资料来源：上海市奉贤区人民法院刑事判决书［EB/OL］．上海市高级人民法院官网．

## ⌘ 学习测试

### 一、单项选择题

1. 价格术语（又称贸易术语）是国际贸易中（　　）的一个重要组成部分。

A. 出口　　B. 进口　　C. 总价　　D. 单价

2. CIF（指定目的港）是指（　　）。

A. 成本　　B. 成本、保险费

C. 成本、运费　　D. 成本、保险费加运费

3. 明佣是指在（　　）标明佣金的费率。

A. 发票　　B. 合同　　C. 口头　　D. 书面

### 二、多项选择题

1. 国际上主要有三个价格术语，即（　　）。

A. FOB　　B. CIF　　C. CPT　　D. CFR

2. 班轮运费是班轮公司为运输货物而向货主收取的费用，其中包括（　　）。

A. 装卸费用　　B. 挑拣费　　C. 基本运费　　D. 附加运费

3. 佣金分为（　　）两种。

A. 明佣　　B. 暗佣　　C. 累计佣金　　D. 单独佣金

### 三、判断题

1. CIP（指定目的地）是指卖方将货物在双方约定地点（如双方已经约定了地点）交给其指定的承运人或其他人。（　　）

2. 附加运费是指货物从装运港到目的港所应收取的费用，其中包括货物在港口的装卸费用，它是构成全程运费的主要部分。（　　）

3. 佣金是买方付给“第三者”的报酬。（　　）

# 项目二

# 掌握外汇业务核算

● **案例导入**

2024 年 6 月，小王大学毕业，决定去国外读研。到了国外后，他愉快地做起了针对国内同学及朋友的代购业务。有一段时间，人民币兑美元汇率从 7.2 到 7.0 左右上下波动。请问，汇率波动会对小王的代购业务产生什么影响?

# 任务一
# 掌握外汇兑换业务的核算

## 任务概述

通过本任务的学习，学生应了解外汇概念、外汇汇率及分类；熟悉外汇汇率折算，掌握外币兑换的核算。

## 基础知识

### 一、外汇的概念

外汇是国际汇兑（Foreign Exchange）的简称。外汇的概念有动态和静态之分。

动态外汇是指把一国货币兑换成另一国货币，以清偿国际间债权债务的金融活动。它强调的是清算国际债权债务过程中的货币兑换过程。

静态外汇又有广义和狭义之分。广义的静态外汇是指以外币表示的可以用作国际清偿的支付手段和资产，具体包括：(1) 外国货币，包括钞票、铸币；(2) 支付凭证，包括票据、银行存款凭证、邮政储蓄凭证等；(3) 外币有价证券，包括政府债券、公司债券、股票等；(4) 特别提款权、欧洲货币单位；(5) 其他外汇资产。

狭义的静态外汇是指以外币表示的用于国际结算的支付手段。并非所有的外币都能充当国际结算的支付手段，只有各国普遍接受的支付手段才能用于国际结算。因此，外汇必须具备三个显著特征：(1) 外币性，是指外汇首先是货币且必须以外国货币来表示；(2) 可兑换性，是指一种外币要成为外汇，必须能够自由兑换成其他形式的资产和支付手段；(3) 普遍接受性，是指一种外币要成为外汇，必须被各国普遍接受和运用。

随着全球经济一体化、国际贸易和国际金融的发展，1973 年国际标准化组织(ISO) 在其他国际经济组织的通力合作下，制定了一项适用于贸易、商业和银行使用的货币和资金代码，即 ISO 4217 三字符货币代码（见表 2-1）。代码前两个字符表示该种货币所属的国家和地区，第三个字符表示货币单位，如美国为 US，美国货币单位为 D（Dollar 的第一个字母），两者组成美元的通用代码 USD。

**表 2-1　ISO 货币代码**

| 货币 | 代码 | 货币 | 代码 | 货币 | 代码 |
|---|---|---|---|---|---|
| 人民币 | CNY | 加拿大元 | CAD | 韩国元 | KRW |
| 港币 | HKD | 荷兰盾 | NLG | 菲律宾比索 | PHP |

续表

| 货币 | 代码 | 货币 | 代码 | 货币 | 代码 |
|---|---|---|---|---|---|
| 新台币 | TWD | 德国马克 | DEM | 比利时法郎 | BEF |
| 欧元 | EUR | 丹麦克朗 | DKK | 澳大利亚元 | AUD |
| 美元 | USD | 埃及镑 | EGP | 意大利里拉 | ITL |
| 英镑 | GBP | 芬兰马克 | FIM | 斯里兰卡卢布 | LKR |
| 日元 | JPY | 斐济元 | FJD | 泰国铢 | THB |
| 法国法郎 | FRF | 印度卢布 | INR | 俄罗斯卢布 | RUB |
| 瑞士法郎 | CHF | 爱尔兰镑 | IEP | 土耳其里拉 | TRL |
| 新加坡元 | SGD | 越南盾 | VND | 索马里先令 | SOS |

## 二、外汇核算的内容、账户设置及外汇核算的基本程序

### （一）外汇核算的内容

企业的外汇业务也称外币业务，是指外贸企业以人民币（记账本位币）以外的其他币种进行款项收付、往来结算和计价的经济业务。从外贸企业业务经营过程及资金周转来看，其外汇核算业务主要包括：外汇兑换业务、外汇债权的结算、外汇债务的结算，以及由此引起的汇兑损益等业务。

具体的外汇核算的内容包括：

1. 外汇兑换业务

外汇兑换业务是指一种货币兑换成另外一种货币的业务，包括外币与记账本位币、外币与外币之间的兑换业务。

（1）购入外汇。外贸企业从银行购入外汇一般是按照银行外汇卖出价购买的，银行出于盈利目的，一般以高于中间价的卖出价格卖给企业。外贸企业购入外汇支付的价款与按市场汇率折算的价值不同，企业应将因此而产生的差额作为汇兑损益，计入当期损益。

（2）卖出外汇。外贸企业将外汇卖给银行时，一般情况下，银行以低于中间价的价格从企业买入，外贸企业卖出外汇，按市场汇率折算的价值与实际收到的人民币价值不同，企业应将因此而产生的差额作为汇兑损益，计入当期损益。

另外还有不同币种间的互相兑换，它可以认为是一种外币兑换成人民币后再将兑换所得款购入另一种外币，是两种情况的复合。此时两种外币的买入价或者卖出价各自会与企业外币账户的入账汇率（即固定按当月1日市场汇率或业务发生日市场汇率）产生差异，该差异计入汇兑损益。

2. 外汇交易业务

外汇交易业务是指以外币进行款项收付、往来结算的会计业务，包括出口贸易外汇收入的核算和进口贸易外汇支出的核算。例如：以人民币为记账本位币的国内某公司向国外某公司出口商品，以美元结算货款；以人民币为记账本位币的国内某公司向

国外某公司进口商品，以欧元结算货款；其他以外币计价或者结算的交易，如接受外币现金捐赠；购买境内某公司发行的B股股票或购买海外某公司发行的欧元债券等。

#### 3. 外汇借款业务

外汇借款业务是指从银行或其他金融机构取得外币借款以及归还借款的业务。

外贸企业借入外币时，应按照借入外币日的市场汇率或当月月初的汇率折算为记账本位币记账；同时，按照借入外币的金额登记相关的外币账户。偿还外币借款时，按照偿还外币借款时的市场汇率折算为记账本位币记账；同时，按照偿还外币的金额登记相关的外币账户。

#### 4. 外汇投入资本的业务

外汇投入资本的业务是指投资人以外汇作为资本投入企业的业务。

外贸企业接受外币投资时，一方面将实际收到的外币作为资产登记入账，另一方面应将接受的外币作为实收资本登记入账。对于收到的外币款项，既可以采用业务发生日的汇率，也可以采用业务发生月月初的汇率折合，应将收到的外币按一定汇率折合为人民币记账。

### （二）账户设置

企业需要设置的外汇账户主要有“库存现金——××外币现金”“银行存款——外币银行存款”以及用外汇结算的债权债务账户。

（1）银行存款账户。按规定可以保留现汇账户的企业，在国家外汇管理局规定的限额范围内可以由企业决定保留的金额和时机，超限额的部分结汇。在外汇指定的银行开立“银行存款”外币现汇账户，设立“银行存款——××外币”账户进行外币银行存款的明细核算。

（2）外汇债权债务账户。以外币结算的债权账户包括“应收账款”“应收票据”“预付账款”等；以外币结算的债务账户包括“短期借款”“长期借款”“应付账款”“应付票据”“预收账款”等。这些账户都应该设立外币明细账，如“应收账款——应收外汇账款”等，以便于明细核算。

（3）财务费用——汇兑损益账户。此账户的借方登记由于外汇的债权、债务而产生的收益和损失。

### （三）外汇核算的基本程序

企业发生外币业务时，其会计核算的基本程序为：

（1）根据一定的折算汇率，将外币金额折算为记账本位币金额，按照折算后的记账本位币金额登记有关账户；在登记有关记账本位币账户的同时，按照外币金额登记相应的外币账户。将外币金额折算为记账本位币金额时，应采用交易日的即期汇率或即期汇率的近似汇率。

此外，已经记在账上的各种汇率称为账面汇率，一般情况下，采用先进先出法时即为最先汇入账上的汇率，采用加权平均法时则为加权平均汇率。

（2）期末（月末、季末或年末，下同），对各种外币账户（包括外币现金、银行存款以及以外币结算的债权债务）的期末余额，按照期末即期汇率折算为记账本位币金额，并将外币账户期末余额折算为记账本位币的金额与相对应的记账本位币账户的期末余额之间的差额，确认为汇兑损益。

## 三、外汇汇率的含义、标价及分类

迄今为止，我国人民币汇率制度先后经过多次调整：盯住美元汇率制度（1949—1952 年），基本保持固定的盯住美元汇率制度（1953—1972 年），盯住一篮子货币汇率制度（1973—1980 年），官方汇率与贸易结算汇率并存的双重汇率制度（1981—1984 年），官方汇率与外汇调剂汇率并存的双重汇率制度（1985—1993 年），实行以市场供求为基础的单一、有管理的浮动汇率制度（1994—2005 年），实行以市场供求为基础、“一篮子货币”进行调节、有管理的浮动汇率制度（2005 年至今）。

### （一）外汇汇率的含义

外汇汇率亦称外汇行市或汇价，是指一个国家的货币折算成另一个国家货币的比率、比价或价格。由于世界各国货币的名称不同、币值不一，因此一国货币对其他国家的货币要规定一个兑换率，即汇率。

### （二）汇率的标价

一个国家的外汇汇率，是以外国货币来标明本国货币的价格还是以本国货币来标明外国货币的价格，称为汇率标价。

由于确定的标准不同，就产生了几种不同的外汇汇率标价方法。常用的标价方法包括直接标价法、间接标价法、美元标价法。

#### 1. 直接标价法

直接标价法是用一定单位的外国货币为标准来计算折合若干单位的本国货币，如我国使用“1 美元＝7.144 1 元人民币”的汇率时，就是直接标价法。在直接标价方法下，如果固定单位的外国货币兑换本国货币的数值增大，就称为外国货币汇率上升，表现为外国货币升值、本国货币贬值；反之，就是外国货币贬值、本国货币升值。例如，以前的 1 美元可以兑换 6.835 2 元人民币，现在的 1 美元能兑换 7.144 1 元人民币，显然是人民币相对贬值，而美元相对升值。

#### 2. 间接标价法

间接标价法是以本国货币为标准，用一定单位的本国货币来计算折合若干单位的外国货币。例如，英国使用 1 英镑＝1.277 4 美元、1 英镑＝9.127 2 元人民币的汇率时，就是间接标价法。目前，只有如美国、英国、新西兰等少数国家采用这种方法对汇率进行标价。

#### 3. 美元标价法

美元标价法是指以美元为标准来表示各国货币价格的方法，美元是基准货币，其他货币是报价货币（如 USD/JPY、USD/CAD、USD/CHF、USD/HKD）。第二次世界大战以后，特别是欧洲货币市场兴起以来，国际金融市场之间外汇交易量迅速增长，为便于在国际金融市场进行外汇业务交易，银行间的报价都以美元为标准来表示各国货币的价格。世界各金融中心的国际银行所公布的外汇牌价，都是美元兑其他主要货币的汇率；非美元之间的汇率则通过各自对美元的汇率进行套算。

### （三）汇率的分类

#### 1. 买入、卖出汇率和中间、现钞汇率

这是站在银行的角度，根据银行买卖外汇时所使用的汇率进行区分。

（1）买入汇率（包含企业）是指买进外汇时所标明的汇率。如表 2－2 中，100 美元的现汇买入价是 713.31 元人民币，意味着银行买入持汇人（包含企业）100 美元时，会向持汇人（企业）支付 713.31 元人民币。

**表 2－2　中国银行外汇牌价表**

日期：2024 年 8 月 5 日　　　　单位：人民币/100 外币

| 货币名称 | 现汇买入价 | 现钞买入价 | 现汇卖出价 | 现钞卖出价 |
| --- | --- | --- | --- | --- |
| 美元 | 713.31 | 707.5 | 716.15 | 716.15 |
| 欧元 | 778.34 | 755.13 | 783.79 | 787.62 |
| 英镑 | 909.19 | 882.08 | 915.37 | 920.21 |
| 港币 | 91.69 | 90.95 | 92.04 | 92.04 |
| 日元 | 4.979 4 | 4.835 9 | 5.013 3 | 5.030 3 |
| 韩国元 | 0.519 3 | 0.509 1 | 0.523 5 | 0.542 5 |
| 澳门元 | 89.04 | 87.44 | 89.4 | 92.44 |
| 澳大利亚元 | 456.73 | 443.11 | 459.83 | 462.26 |
| 加拿大元 | 512.67 | 497.39 | 516.16 | 518.89 |
| 新台币 |  | 20.97 |  | 22.98 |
| 瑞士法郎 | 839 | 814.17 | 844.9 | 849.36 |
| 丹麦克朗 | 104.23 | 101.2 | 105.07 | 105.57 |
| 印尼卢比 | 0.043 9 | 0.042 2 | 0.044 3 | 0.046 |
| 印度卢比 |  | 8.079 1 |  | 9.008 1 |
| 挪威克朗 | 64.32 | 62.45 | 64.84 | 65.15 |
| 新西兰元 | 420.52 | 408.07 | 423.48 | 426.22 |
| 菲律宾比索 | 12.27 | 11.71 | 12.41 | 13.09 |
| 卢布 | 8.2 | 7.8 | 8.54 | 8.94 |
| 沙特里亚尔 | 189.67 | 182.16 | 191.01 | 197.57 |
| 瑞典克朗 | 67.08 | 65.13 | 67.62 | 67.94 |
| 新加坡元 | 537.55 | 521.64 | 541.33 | 544.19 |
| 泰国铢 | 20.17 | 19.62 | 20.33 | 20.97 |
| 土耳其里拉 | 21.35 | 19.55 | 21.53 | 23.33 |
| 南非兰特 | 38.47 | 36.99 | 38.74 | 40.22 |

(2) 卖出汇率又称卖出价，是指银行向购汇人（包含企业）卖出外汇时所标明的汇率。如表 2-2 中，100 美元的现汇卖出价是 716.15 元人民币。

(3) 中间汇率又称中间价，是买入价与卖出价的平均价格，等于买入价加卖出价之和除以 2。如表 2-2 中，100 美元的中间价是 714.73 元人民币，等于 (713.31+716.15)/2。

(4) 现钞汇率又称现钞买卖价，是银行买入或卖出外币现钞时所使用的汇率。如表 2-2 中，100 美元的现钞买入价是 707.5 元人民币。也就是说，货币持有人拿着 100 美元现钞到银行兑换人民币，可以得到 707.5 元人民币。

2. 电汇汇率、信汇汇率、票汇汇率

在实际工作中，银行对外汇交易支付的通知方式有很多。根据外汇交易支付通知方式的不同，汇率可以分为电汇汇率、信汇汇率和票汇汇率。

(1) 电汇汇率。电汇汇率就是银行卖出外汇后，以电报为传递工具，通知其国外分行或代理行付款给收款人时所使用的一种汇率。电汇是国际资金转移中最为迅速的一种国际汇兑方式，能在 1～3 天内支付款项，银行无法利用客户的资金，因此电汇汇率最高。

(2) 信汇汇率。信汇汇率就是在银行卖出外汇后，用信函方式通知付款地银行转付收款人时所使用的一种汇率。由于邮程需要时间相对较长，银行可在邮程期内利用客户的资金，因此信汇汇率较电汇汇率低。

(3) 票汇汇率。票汇汇率是指银行在卖出外汇时，开立一张由其国外分支机构或代理行付款的汇票交给汇款人，让汇款人自带或寄往国外取款所使用的一种汇率。由于票汇汇率从卖出外汇到支付外汇有很长一段间隔时间，银行可以在这段时间内利用客户的资金，因此票汇汇率较电汇汇率低。

3. 即期汇率和远期汇率

外汇汇率根据交易交割期限的时间长短可分为即期汇率和远期汇率。

(1) 即期汇率。即期汇率就是在外汇买卖成交后的即期，也就是当天或在两个营业日内进行交割所使用的汇率。即期汇率是由当场交货时货币的供求关系情况决定的。

(2) 远期汇率。远期汇率一般出现在远期外汇买卖中，事先由买卖双方签订合同，达成协议汇率，约定在未来一定时期内进行交割，到了交割日期协议双方使用的协议汇率就是远期汇率。远期外汇买卖是一种预约性交易，是由于外汇购买者对外汇资金的需求时间不同或是为了避免外汇风险而引进的。

4. 官方汇率和市场汇率

根据外汇管制情况的不同，汇率可以分为官方汇率和市场汇率。

官方汇率是由一个国家的外汇管理机构制定公布的汇率。市场汇率是在自由外汇市场上买卖外汇的实际汇率，它随外汇供求状况的变化而上下波动。

5. 基本汇率和套算汇率

基本汇率是指本国货币与关键货币对比制定出来的汇率。关键货币是指在国际贸易或国际收支中使用最多、在各国外汇储备中所占比重最大、自由兑换性最强、汇率行情最为稳定、事实上普遍为各国所接受的货币。一国在一定时期内采用哪种货币作为关键货币不是一成不变的。目前，各国一般都把美元当作制定汇率的关键货币，因此，将本币与美元的汇率视为基本汇率。基本汇率确定以后，再据以套算出本国货币与其他国家货币的比率。

套算汇率是指根据基本汇率套算出来的本币与其他国家货币的汇率，或者说，两国之间的汇率是通过各自与第三方货币的汇率间接计算出来的。

## 任务实施

### 子任务一　两种外汇兑换业务的折算

#### 任务描述

外汇兑换业务分为两种情况：一种是由外币到本币或者本币到外币的中间价折算；另一种复杂一点，是由外币到本币或者本币到外币的买入价和卖出价的折算。

两种外汇兑换业务的折算

#### 任务分析

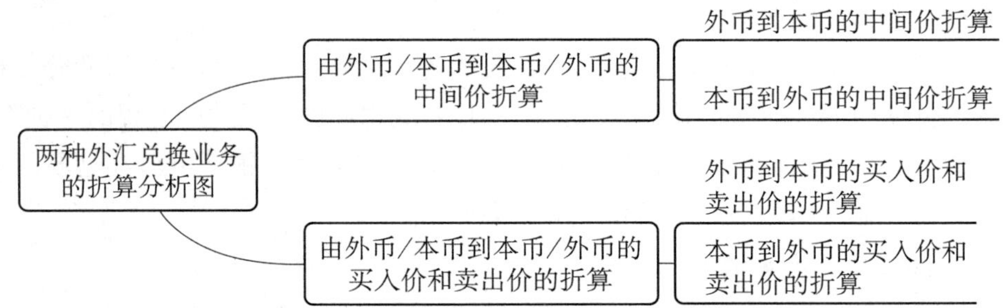


#### 任务完成

1. 由外币/本币到本币/外币的中间价折算

这是指由直接标价法转变到间接标价法的中间汇率的折算。假设是在香港外汇市场上，采用直接标价法挂牌公布汇率，2024 年 8 月 5 日美元对港币的汇率为：USD1＝HKD7. 778 8。要求进行汇率折算，进行港币的直接标价。

具体操作时将以单位外币为标准的汇率转换成以单位本币为标准的汇率，即将以单位美元为标准的汇率转换成以单位港币为标准的汇率，也就是将 USD1＝HKD7. 778 8折算为：HKD1＝USD1/7. 778 8＝USD0. 128 6。

**【例 2－1】** 一德国出口商出口商品到美国获得了 30 万美元的收入，当天银行的汇率中间价是 EUR1＝USD1. 121 3。请问：他在账簿上用复币记账时记多少欧元？

解：USD300 000＝300 000/1. 121 3＝EUR267 546. 60

2. 由外币/本币到本币/外币的买入价和卖出价的折算

这是指由外币/本币到本币/外币的买入价和卖出价的折算与报价，即从直接标价法到间接标价法的买入汇率与卖出汇率的折算与报价。汇率的中间价是买入汇率与卖出汇率的平均数。而银行对非银行客户的外汇买卖要使用买入汇率与卖出汇率进行结算。因此，在处理银行对非银行客户的外汇买卖关系时，就需要进行由直接标价法到间接标价法的折算，即算出单位本币折合成外币买入价和卖出价的数额。其计算方法为：折算后的汇率为已知汇率买卖价的倒数。

仍假设在香港外汇市场上，采用直接标价法挂牌公布汇率。2024 年 8 月 5 日，美元/港币的汇率为：USD1＝HKD7.778 6～7.778 9。如果要求银行报出单位港币的美元价格，就要进行汇率的折算，即折算出单位港币的美元价格：

HKD1＝USD1/7.778 9～1/7.778 6＝USD0.128 553～0.128 558

从折算结果来看，在直接标价法条件下，买入价在前，卖出价在后，而在间接标价法下，卖出价在前，买入价在后。但无论是在直接标价法下还是在间接标价法下，其数字的排列都是前一个数字数额小，后一个数字数额大。这样才能保证银行经营外汇买卖的正常利润。

**【例 2-2】**一德国出口商从中国进口商品需要 40 万元人民币，当天银行的汇率是 EUR1＝RMB（8.513 4，8.576 1）。请问：该出口商需要花多少欧元才能从银行购买 40 万元人民币？

解：从银行角度来说，客户购买外汇相当于银行卖出外汇，也就是 RMB1 的卖出价为 1/8.513 4。因此，RMB400 000＝400 000×1/8.513 4＝EUR46 984.75。

## 子任务二　交叉汇率的折算

### 任务描述

根据一种货币和另外两种货币的汇率，计算另外两种货币之间的汇率。

### 任务分析

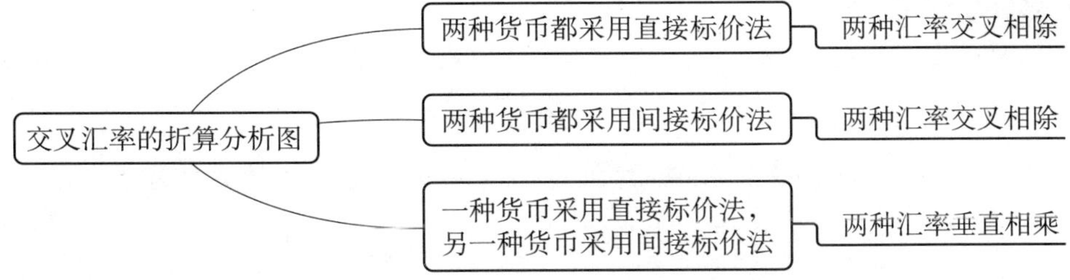


### 任务完成

在实际业务中，并不是所有外汇都挂牌公布相互汇率，这样的情况下，就需要利用已知的汇率进行折算。

计算交叉汇率的方法有三种：一是两种货币都采用直接标价法，两种汇率交叉相除，得到新的两种货币的汇率；二是两种货币都采用间接标价法，两种汇率交叉相除，得到新的两种货币的汇率；三是一种货币采用直接标价法，另一种货币采用间接标价法，两种汇率垂直相乘，得到新的两种货币的汇率。

下面我们采用表格法来说明这三种情况。

1. 两种货币都采用直接标价法——两种汇率交叉相除

| USD/CHF | 2.113 0～2.114 0 |
| --- | --- |
| USD/HKD | 7.787 5～7.789 5 |
| 交叉相除 | |
| 交叉汇率 CHF/HKD | 7.787 5/2.114 0～7.789 5/2.113 0<br>即 3.683 8～3.686 5 |

2. 两种货币都采用间接标价法——两种汇率交叉相除

| EUR/USD | 0.932 6～0.933 6 |
| --- | --- |
| AUD/USD | 0.781 4～0.782 4 |
| 交叉相除 | |
| 交叉汇率 EUR/AUD | 0.932 6/0.782 4～0.933 6/0.781 4<br>即 1.192 0～1.194 8 |

3. 一种货币采用直接标价法，另一种货币采用间接标价法——两种汇率垂直相乘

| GBP/USD | 1.557 0～1.558 0 |
| --- | --- |
| USD/JPY | 118.80～118.90 |
| 垂直相乘 | |
| 交叉汇率 GBP/JPY | 1.557 0×118.80～1.558 0×118.90<br>即 184.97～185.25 |

## 拓展知识

### 外汇的种类

外汇有多种分类方法，依据不同的标准，可以划分为不同的类型。

一、按照外汇能否自由兑换分类

按照能否自由兑换，外汇可分为自由外汇和记账外汇。

（一）自由外汇

自由外汇（Free Exchange）是指不需要经过外汇管理当局批准，就可以自由兑

换成其他货币，或者直接向第三国进行支付的外汇。自由外汇是广泛使用的外汇典型形式，如美元、欧元、英镑、日元、瑞士法郎等，它们既可以自由兑换，又可以向第三国支付。

（二）记账外汇

记账外汇（Account Exchange）又称双边外汇，是指不经过货币发行国货币管理当局的批准，不能自由兑换成其他货币或对第三国进行支付的外汇。这种外汇一般都是记在对方银行专设的账户上。在这种结算方式下，所有进出口货款只需在双方银行开立的专门账户记账，计价货币由双方协定，可使用本国货币，也可使用对方国货币或第三国货币；到了一定时期，如年终，双方对债权债务进行集中冲抵，发生的差额由双方协商解决，一般是将本年差额转到下一年度的贸易项目下平衡。这种记载在双方银行账户上的外汇就是记账外汇。记账外汇是外汇的辅助形式。

## 二、按照外汇的来源和用途分类

按照来源和用途，外汇可分为贸易外汇与非贸易外汇。

（一）贸易外汇

贸易外汇（Trade Exchange）是指有形商品进出口贸易及相关的贸易从属费用，如进出口宣传费用、摊销费用等所收付的外汇。贸易外汇反映一个国家对外交往中在实质经济往来中产生的外汇的来源与用途。

（二）非贸易外汇

非贸易外汇（Invisible Trade Exchange）是指商品进出口贸易以外的其他交易所收付的外汇，包括侨汇、旅游、旅游商品、港口、民航、海关、银行、保险、邮电、承包工程等所形成的外汇收入和支出。在产业结构的不断变化中，非贸易外汇的比重逐渐加大，个别国家如瑞士，非贸易外汇是其外汇的主要来源。

## 三、按照外汇市场交易的交割日期分类

按照外汇市场交易的交割日期，外汇可分为即期外汇与远期外汇。

（一）即期外汇

即期外汇（Spot Exchange）又称现汇，是指在外汇买卖成交后的当日或两个营业日以内完成交割的外汇。即期外汇是最大量和最普遍使用的外汇。

（二）远期外汇

远期外汇（Forward Exchange）又称期汇，是指在外汇市场成交后一定时期后付款交割的外汇。远期外汇通常是由国际贸易结算中的远期付款条件引起的，买卖远期外汇可以减少汇率变动所造成的风险损失。因此，买卖远期外汇成为银行和进出口商进行套头交易、掉期保值的重要手段。远期外汇的交割期限从 1 个月到 1 年不等，通常是 3～6 个月。

## 学习测试

### 一、单项选择题

1. 报纸上公布的外汇汇率一般是（　　）。

A. 电汇汇率　　B. 信汇汇率　　C. 票汇汇率　　D. 远期汇率

2. 如果今天是 10 月 12 日（星期四），那么合法的即期交割日应该是哪一天？（　　）

A. 10 月 14 日　　B. 10 月 15 日　　C. 10 月 16 日　　D. 10 月 17 日

3. 瑞士外汇的主要来源是（　　）。

A. 贸易外汇　　B. 即期外汇　　C. 远期外汇　　D. 非贸易外汇

4. 下列对外贸易出口融资中，属于商业信用的是（　　）。

A. 预付货款　　B. 出口押汇　　C. 打包放款　　D. 信汇

5. 在（　　）形式下，出口商开具的汇票对出口商无追索权。

A. 买方信贷　　B. 卖方信贷　　C. 福费廷　　D. 混合信贷

6. 已知某日中国香港外汇市场牌价为 1 美元＝7.785 0/7.789 0 港币，则 1 港币＝（　　）美元。

A. 0.128 2/0.128 3　　B. 0.128 3/0.128 2

C. 0.128 4/0.128 5　　D. 0.128 5/0.128 4

7. 即期外汇市场上汇价通常采用（　　）报价方式。

A. 买卖双价　　B. 买价　　C. 卖价　　D. 中间价

8. 目前采用间接标价法的国家为（　　）。

A. 中国　　B. 新西兰　　C. 韩国　　D. 日本

9. 一国货币贬值，一般会引起（　　）现象。

A. 出口增加　　B. 进口增加

C. 国际收支长期恶化　　D. 短期内改善该国国际收支

10. 经常项目外汇收入可以按照国家有关规定保留或卖给（　　）。

A. 经营结汇、售汇业务的金融机构

B. 外汇管理局

C. 中国人民银行

D. 财政局

### 二、多项选择题

1. 按照来源和用途，外汇可分为（　　）。

A. 自由外汇　　B. 记账外汇　　C. 贸易外汇　　D. 非贸易外汇

2. 按照外汇市场交易的交割日期，外汇可分为（　　）。

A. 即期外汇　　B. 限制外汇　　C. 有条件外汇　　D. 远期外汇

3. 下列属于外汇的有（ ）。

A. 外国货币　　B. 外币支付凭证

C. 外币资产　　D. 外币有价证券

4. 外汇常用的标价方法包括（ ）。

A. 直接标价法　　B. 间接标价法

C. 现汇标价法　　D. 美元标价法

5. 站在银行的角度看，银行买卖外汇时所使用的汇率分为（ ）。

A. 买入汇率　　B. 卖出汇率　　C. 中间汇率　　D. 现钞汇率

## 三、判断题

1. 外币就是外汇。（ ）

2. 在现实生活和经济业务中，银行买入外汇现汇和现钞的价格是不相等的。（ ）

3. 直接标价法是用一定单位的本国货币为标准来计算折合若干单位的外国货币的标价方法。（ ）

4. 我国现行人民币制度是以市场供求为基础的、单一的、有管理的浮动汇率制度。（ ）

5. 如果一个即期汇率以美元作为基础货币，另一个即期汇率以美元作为标价货币，则套算汇率采用同边相乘法。（ ）

## 四、实务题

下面是主要货币兑美元的汇率：

| 货币 | 买入 | 卖出 |
| --- | --- | --- |
| GBP/USD | 1.588 9 | 1.590 2 |
| USD/JPY | 77.071 8 | 77.078 5 |
| USD/CHF | 0.912 3 | 0.913 2 |
| EUR/USD | 1.324 9 | 1.389 7 |
| USD/NLG | 1.664 1 | 1.665 1 |

（1）一德国出口商向美国出口商品，以美元计价结算，他可将收入的 25 万美元兑换成多少本国货币？

（2）一法国进口商从美国进口设备，请问其支付美元货款时使用哪个汇率？

（3）英国客户出售 100 万美元以换取英镑，他可获得多少英镑？

（4）一荷兰出口商向美国出口花卉 10 万美元，他收回货款时可获得多少荷兰盾？

（5）某客人用 10 000 万瑞士法郎买入美元，他可以买到多少美元？

（6）某日本商人从美国进口设备，价值 50 万美元，请问该客户需要准备多少日元以备支付？

# 任务二

# 掌握外汇收支及购销业务核算内容

## 任务概述

通过本任务的学习，学生应了解外汇结算、外汇收入和支出核算的内容，了解结售汇制度，掌握外汇收入、支出的核算。

## 基础知识

### 一、外汇收入业务核算内容

#### （一）外汇收入核算内容

根据《银行办理结售汇业务管理办法》（中国人民银行令〔2014〕第 2 号），境内机构外汇收入应当及时调回境内，并予以结汇。结汇管理措施主要遵守国家外汇管理局于 2014 年 12 月 25 日发布并自 2015 年 1 月 1 日起实施的《银行办理结售汇业务管理办法实施细则》及其他相关规定。

这些外汇包括：

（1）出口或先支后收转口货物及其他交易行为收入的外汇。其中，用跟单信用证、保函和跟单托收方式结算的贸易出口外汇可以凭有效商业单据结汇，用汇款方式结算的贸易出口外汇持出口收汇核销单结汇。

（2）境外贷款项下国际招标中标收入的外汇。

（3）海关监管下境内经营免税商品收入的外汇。

（4）交通运输企业（包括各种运输方式）及港口（含空港）、邮电（不包括国际汇兑款）、广告、咨询、展览、寄售、维修等行业及各类代理业务提供商品或服务收入的外汇。

（5）行政、司法机关收入的各项外汇违规费、处罚没收款等。

（6）土地使用权、著作权、商标权、专利权、非专利技术、商誉等无形资产转让收入的外汇，但上述无形资产属于个人所有的，可不结汇。

（7）境外投资企业汇回的外汇利润、对外经援项下收回的外汇和境外资产的外汇收入。

（8）对外索赔收入的外汇、退回的外汇保证金等。

（9）出租房地产和其他外汇资产收入的外汇。

（10）境外捐赠、资助及援助收入的外汇。

（11）国家外汇管理局规定的其他应当结汇的外汇。

### （二）外汇收入的账户设置

根据外汇收入的需要，应设置的账户主要有：

（1）“应收账款——应收外汇账款”：资产类账户，核算企业收入的外汇业务。企业应收外汇时，记本账户借方；企业收回欠款时，记本账户贷方。

（2）“银行存款——外汇存款”：资产类账户，核算企业收入外汇的业务，企业收入外汇，记本账户借方。

（3）“财务费用——汇兑损益”：损益类账户，核算企业外汇收入在不同时点由于汇率变动产生的汇兑损失或汇兑收益。

## 二、外汇支出业务核算内容

### （一）购（付）汇程序

首先，根据国家外汇管理局的要求，外贸企业必须在办理进口付汇业务之前或办理进口付汇业务的同时，办理名录登记手续，否则，外汇管理局将不受理其备案申请。外贸企业办理名录登记、公布时，须提供以下资料：进口单位资格证书副本；营业执照副本；企业组织机构代码证；进口单位进入名录申请表（加盖单位公章）。

其次，外贸企业将充足的配套人民币资金存放于指定的银行账户中。

再次，外贸企业应提供银行要求的进口商业单据和有效凭证，如进口合同、正本提单、发票、收据、进口许可证、进口登记表、特种商品进口登记证明等文件；根据不同的结算方式的要求，还应提供附加资料，如进口开证项下购汇应提供开证申请书、进口托收项下购汇应提供有关付款通知单等。

最后，外贸企业应填写一式三联的银行购汇（付汇）申请书，连同上述进口证明文件提交银行审核给付。

### （二）外汇支出的账户设置

根据外汇支出的需要，应设置的账户主要有：

（1）“其他货币资金——信用证保证金”：资产类账户，核算企业的存入或者支出信用证保证金上的短期外汇业务。企业购汇时，记本账户借方；企业付汇时，记本账户贷方。

（2）“应付账款——应付外汇账款”：负债类账户，核算企业支付的短期外汇业务。企业偿还外汇欠款，记本账户借方；期末若有余额，一定在贷方。

（3）“银行存款——外汇存款”：资产类账户，核算企业支出外汇的业务。企业支付外汇，记本账户贷方；期末若有余额，一定在借方。

（4）“财务费用——汇兑损益”：损益类账户，核算企业外汇支出在不同时点由于汇率变动产生的汇兑损失或汇兑收益。

## 任务实施

### 子任务一　外汇收入业务的账务处理

#### 任务描述

完成外贸企业外汇收入业务的账务处理，能够根据业务流程，审核原始凭证，完成收到外汇及填制凭证任务。

#### 任务分析

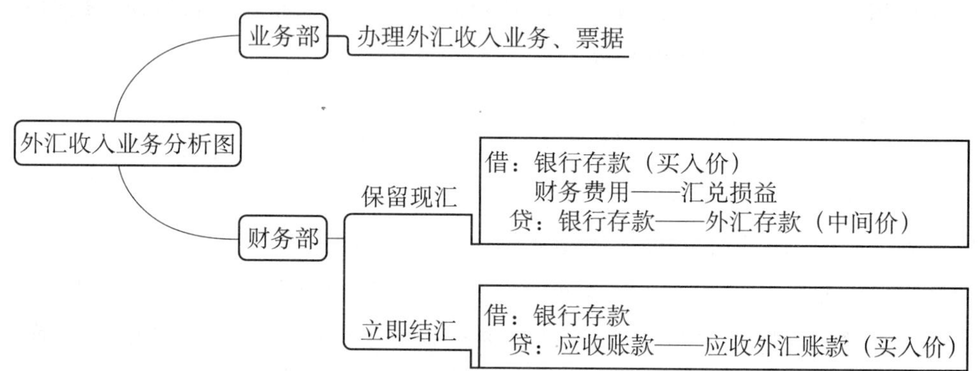


根据国家允许外贸企业在一定的条件下保留现汇的规定，外贸企业可以根据汇率的长短期变化趋势、人民币资金账户的头寸多少、支付外币运保费和佣金以及进口货款的用汇量等因素，选择保留现汇还是立即结汇。

#### 任务完成

1. 保留现汇的账务处理

借：银行存款（买入价）

　　财务费用——汇兑损益

　贷：银行存款——外汇存款（中间价）

**【例 2-3】** ABC进出口公司在已有现汇的条件下，决定把10 000美元兑换为人民币，银行当天的美元即期汇率买入价为1美元=7.145元人民币，中间价为1美元=7.147元人民币，在期末集中结转汇兑差额的情况下，日常做以下账务处理：

| | |
|---|---|
| 借：银行存款 | 71 450 |
| 　　财务费用——汇兑损益 | 20 |
| 　贷：银行存款——外汇存款（USD10 000） | 71 470 |

2. 立即结汇的账务处理

借：银行存款

　贷：应收账款——应收外汇账款（买入价）

**【例 2-4】** ABC进出口公司出口一批货物后，扣除有关外币费用后应收外汇账款净值为12 000美元，上述款项收讫时决定结汇，银行结汇水单注明当天即期汇率买入价为1美元=7.208元人民币，结汇金额为86 496元人民币，在期末集中结转汇兑差额的情况下，做以下账务处理：

借：银行存款　　86 496

　贷：应收账款——应收外汇账款（USD12 000）　　86 496

## 子任务二　外汇支出业务的账务处理

### 任务描述

完成外贸企业外汇支出业务的账务处理，能够根据业务流程，审核原始凭证，完成支出外汇及填制凭证任务。

### 任务分析

在国家允许企业保留一定限额现汇的情况下，外贸企业对外支付外汇分为两种方式：一是从银行购汇后支付，二是从企业现汇账户中直接支付。

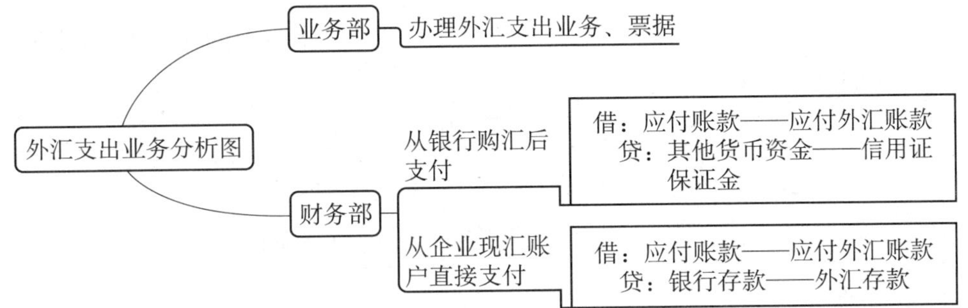


### 任务完成

1. 从银行购汇后支付的账务处理

**【例 2-5】** ABC进出口公司从美国购入一批产品，需要100 000美元，在没有现汇的条件下，决定用人民币兑换100 000美元，银行当天的美元即期汇率卖出价为1美元=7.149元人民币，中间价为1美元=7.147元人民币，在期末集中结转汇兑差额的情况下，日常做以下账务处理：

外汇开证时：

借：其他货币资金——信用证保证金（USD100 000）　　714 700

　　财务费用——汇兑损益　　200

　贷：银行存款　　714 900

对方银行提示付款时：

借：应付账款——应付外汇账款（USD100 000）　　714 700

　贷：其他货币资金——信用证保证金（USD100 000）　　714 700

2. 从企业现汇账户直接支付的账务处理

【例 2-6】上例中，如果 ABC 进出口公司有现汇，则会计分录如下：

借：应付账款——应付外汇账款（USD100 000）　　714 700

　贷：银行存款——外汇存款（USD100 000）　　714 700

## 子任务三　外汇购销业务的账务处理

### 任务描述

完成外贸企业外汇购销业务的账务处理，能够根据业务流程，审核原始凭证，完成购买或者销售外汇及填制凭证任务。

### 任务分析

企业日常发生外币购销业务时，应当按照当期即期汇率将外币购销结算金额折算为记账本位币加以核算处理。

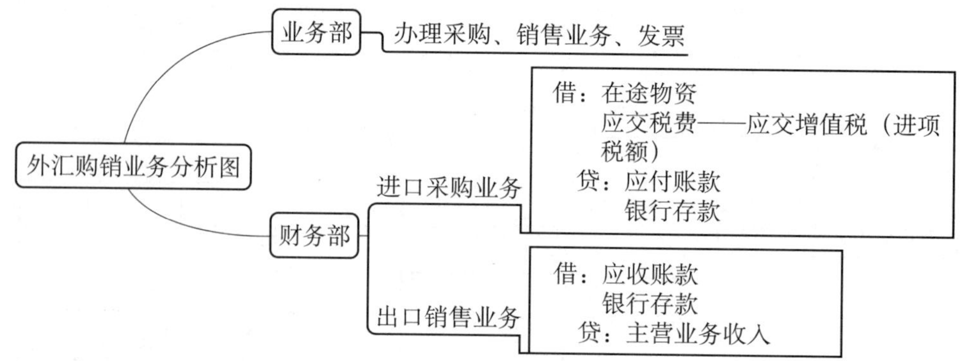


### 任务完成

1. 企业的进口采购业务

企业以外币计价从国外进口存货、引进设备时，需要执行《企业会计准则》中有关存货或设备入账价值的确认标准；同时，将外汇购入资产和结算金额按业务发生当日的即期汇率折算为记账本位币登记入账。

【例 2-7】202×年 6 月 17 日，ABC 进出口公司从日本进口 100 吨原材料，货款共计 1 800 000 日元，尚未支付。当日即期汇率为 100 日元=5.03 元人民币。另以人民币存款支付进口关税 18 108 元人民币、货物增值税 14 124.24 元人民币。该项进口原材料入账成本（货价+关税=90 540+18 108）为108 648 元人民币，则会计分录为：

借：在途物资　　108 648

　　应交税费——应交增值税（进项税额）　　14 124.24

　贷：应付账款——日元（JPY1 800 000）　　90 540

　　　银行存款　　32 232.24

**【例 2－8】** 202×年 12 月 19 日，ABC 进出口公司从美国购进一台不需要安装的检测设备，价款为 20 000 美元，货款尚未支付，当日即期汇率为 1 美元＝6.8 元人民币，另以人民币支付进口关税 10%为 13 600 元人民币、增值税 13%计 19 448 元人民币。该项进口设备入账成本（货价＋关税）为 149 600 元人民币，则会计分录为：

| | | |
|---|---|---|
| 借：固定资产——设备 | 149 600 | |
| 　　应交税费——应交增值税（进项税额） | 19 448 | |
| 　贷：应付账款——美元（USD20 000） | | 136 000 |
| 　　　银行存款 | | 33 048 |

2. 企业的出口销售业务

企业以外币计价进行出口销售活动时，确认收入的基本原则不变；同时，应将确认收入和结算金额按业务发生当日即期汇率折算为记账本位币登记入账。

**【例 2－9】** 202×年 6 月 18 日，ABC 进出口公司出口销售一批产品，出口合同规定货款总额为 295 000 港币，采用托收方式结算，货款尚未收到。当日即期汇率为 1 港币＝0.801 元人民币。该项出口产品免征关税，增值税税率为 0，则会计分录为：

| | | |
|---|---|---|
| 借：应收账款——港币（HKD295 000） | 236 295 | |
| 　贷：主营业务收入 | | 236 295 |

## 拓展知识

### 外汇结算

一、外汇结算的分类及特点

外汇结算又称国际结算，是通过外汇的收付来办理国内企事业单位和机关、团体部队及其他企业和个人与国外有关企业和个人之间的债权债务关系的清算活动。

（一）外汇结算的分类

（1）国际贸易结算是指国内企事业单位在商品进出口业务中所发生的、与国外有关企业和个人之间债权债务关系的结算关系。

（2）国际非贸易结算是指国内企事业单位和机关、团体、部队及其他单位等在从事商品贸易以外的经济、文化和政治交往活动（如劳务输出、国际旅游、技术转让以及侨民汇款、捐赠等）中，所发生的债权债务关系的结算业务。

（3）国际金融结算是指国内企事业单位在从事国际金融交易活动（如对外投资、对外筹资、外汇买卖等）中，所发生的债权债务关系的结算业务。

（二）外汇结算的特点

与国内结算相比，外汇结算具有如下几方面的特点：

1. 复杂性

虽然国内结算也存在着不同时期、不同地点等问题，但国内结算都使用本国通用货币，其货币价值在短期内一般不会发生重大变化，相对较为简单。外汇在结算时需要考虑不同货币之间的比价（即汇率）问题，因而具有一定的复杂性。

2. 国际性

国内结算只限于国内，其债权人、债务人和中间机构都在国内，它所反映的也只是国内各单位之间的债权债务关系，适用的也是国内有关法律规定；而外汇结算的债权人、债务人和中间机构通常在不同的国家和地区，它所反映的是不同国家之间债权债务清偿关系，它所遵循的方针、原则等必须是国际上通行的而不仅仅是本国法律规定的。

3. 信用性

虽然在国内结算中也广泛地使用银行信用和商业信用，但在国内结算中现金结算也占了一定的分量，有些结算不以信用为基础。

而在国际结算中，不论采用何种结算方法，都必须以信用中介为基础和前提，所有的结算都通过银行来进行。几乎全部的结算业务都是转账结算，结算中的主要工具是本票、汇票、支票等信用工具。

## 二、外汇结算业务要点

（一）汇款结算

汇款是指付款方将应付的款项汇给收款方，具体分为三种：信汇、电汇、票汇。

1. 信汇

信汇（Mail Transfer，M/T）是指买方将货款交给进口地银行，由银行开具汇款委托书，通知邮寄至卖方所在地银行，委托其向卖方付款的一种方式。目前，这种汇款方式大多采用航运。

2. 电汇

电汇（Telegraphic Transfer，T/T）是指卖方将货款交给进口地银行，填妥电汇申请书，汇出行用加注密押的电报通知汇入行把款交给卖方的一种结算方式。其结算程序为：（1）填制电汇申请书，并付款、交费；（2）交给电汇回执；（3）发出加注“密押”的电报，委托款；（4）经核对“密押”相符，向收款人发出收款通知书；（5）填写收款收据，并签章后交汇入行；（6）支付款项；（7）寄出付讫借记通知书及收款人的收据。

3. 票汇

票汇（Demand Draft，D/D）是指买方向进口地汇出行购买银行汇票寄给卖方，汇出行在开出汇票的同时，对汇入行寄发“付款通知书”（票根），汇入行凭此核对后付款的一种结算方式。其结算程序为：（1）填制“汇票申请书”，并付款、交费；（2）开立以汇入行为付款人的银行汇票；（3）寄出或携带银行汇票；（4）寄出付款通知书；（5）提示汇票，要求汇款；（6）解付汇票；（7）寄出付讫借记通知书。

（二）托收

托收是指出口方在货物装运后，开具以进口方为付款人的汇票（随附或不随附货运单据），委托出口地银行通过它在进口地的分行或代理行，代进口人收取货款的一种结算方式。托收按其是否附带货运单据，分为光票托收和跟单托收两种方式。

1. 光票托收

光票托收是指不附带货运单据，只凭汇票付款的托收。出口人仅开具汇票，委托银行收款，不随附任何货运单据。光票托收一般用于收取出口货款尾数、代垫费用、佣金、样品费等，它不是托收的主要方式。

2. 跟单托收

跟单托收是指出口人发运货物后，开具汇票，连同全套货运单据委托银行向进口人收取货款的一种方式。跟单托收是国际贸易中主要采用的一种托收方式，根据交单条件的不同，可分为付款交单和承兑交单。

（1）付款交单是指以进口人支付货款为取得货运单据的前提条件，即所谓的“一手交钱，一手交单”。付款交单根据付款时间的不同可分为以下三种：即期付款交单指收款人开具即期汇票，通过银行向付款人提示，付款人见到汇票后应立即付款，在付清货款后领取货运单据；远期付款交单指收款人开具远期汇票，通过银行向付款人提示，由买方对汇票进行承兑，于汇票到期日付清货款后再领取货运单据；凭信托收据赎单指在远期付款交单条件下，如果进口人希望在汇票到期前赎单提货，就可以采用凭信托收据赎单的办法。

（2）承兑交单是指进口人以承兑出口人开具的远期汇票为取得货运单据的前提，这种托收方式只适用于远期汇票的托收。与付款交单相比，承兑交单为进口人提供了资金融通上的方便，但增加了出口人的风险。

（三）信用证结算

信用证是指由银行（开证行）依照单位的要求，为其开立的一种有条件的承诺付款的书面文件。

1. 信用证结算的特点

首先，从性质上讲，信用证结算是一种银行信用，开证银行以自己的信用为付款保证。开证银行保证当受益人在信用证规定的期限内提交符合信用证条款的单据时，履行付款义务。这与汇款、托收结算方式的商业信用性质不同，因此比汇款、托收结算收款更有保障。其次，信用证是一种独立的文件。信用证虽然以买卖合同为依据开立，但它一经开出，就成为独立于买卖合同之外的一种契约，不受买卖合同的约束，开证银行以及其他参与信用证业务的银行只需按信用证的规定办理即可。最后，信用证业务是一种单据买卖，银行凭表面合格的单据付款，而不以货物为准。

2. 信用证结算的业务程序

采用信用证结算方式，其基本业务程序如图2-1所示。

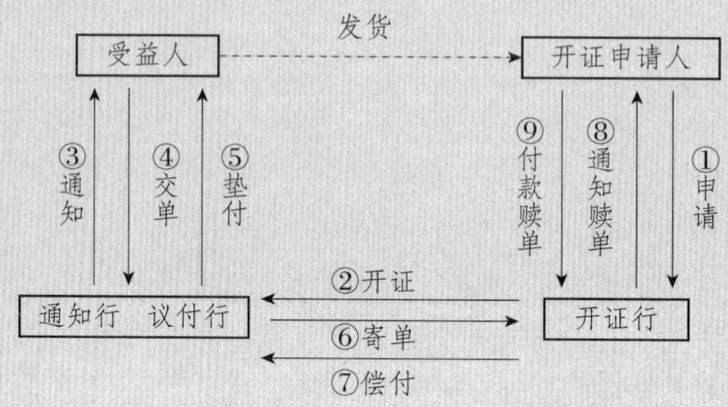


**图2-1　信用证结算业务程序图**

（1）申请。进出口双方在交易合同中规定采用信用证结算方式，为了履行合同，开证申请人（进口商）向当地银行填制开证申请书，依照合同的有关条款填制申请书的各项要求，并按照规定缴纳押金或提供其他保证，请开证行开具信用证。

（2）开证。开证银行审核无误后，根据开证申请书的有关内容，向受益人（出口商）开出信用证，并将信用证寄交受益人所在地银行（即通知银行）。

（3）通知。通知银行收到开证银行开来的信用证后，经核对印鉴密押无误后，根据开证行的要求缮制通知书，及时、正确地通知受益人。

（4）交单。受益人接受信用证后，按照信用证的条款办事，在规定的装运期内装货，取得运输单据并备齐信用证所要求的其他单据，开出汇票，一并送交当地银行（议付银行）。

（5）垫付。议付银行按信用证的有关条款对受益人提供的单据进行审核，审核无误后按照汇票金额扣除应付利息后垫付给受益人。

（6）寄单。议付银行将汇票和有关单据寄交给开证银行（或开证银行指定的付款银行），以索取货款。

（7）偿付。开证银行（或开证银行指定的付款银行）审核有关单据，认为符合信用证要求的，即向议付银行偿付垫付款项。

（8）开证银行通知开证申请人向银行付款赎单。

（9）开证申请人接开证银行通知后，即向开证银行付款，从而获取单据凭以提取货物。

## 三、结售汇制度

### （一）结汇

结汇是指外汇收入所有者将其外汇收入出售给外汇指定银行，外汇指定银行按一定汇率付给等值的本币的行为。结汇有强制结汇、意愿结汇和限额结汇等多种形式。目前，我国全部采用意愿结汇制度。

出口货物装运出口之后，进出口公司即应按照信用证的规定，正确缮制单据（装箱单、发票、提单、出口产地证明、出口结汇等），在信用证规定的交单有效期内，递交银行办理议付结汇手续。除采用信用证结汇外，其他付款的汇款方式一般有汇付和托收，其中汇付包括电汇、票汇、信汇等方式。由于电子化的高速发展，现在汇款主要使用电汇方式。

在我国出口业务中，使用议付信用证比较多，对于这种信用证的出口结汇办法主要有三种：

1. 收妥结汇或收妥付款

收妥结汇是指议付行收到外贸公司的出口单据后，经审核无误，将单据移交国外付款行以索取货款。待收到付款行将货款拨入议付行账户的贷汇通知书时，即按当日外汇牌价折算成人民币拨付给外贸公司。银行并不垫付资金，这即为收妥付款。这种方式不利于促进外贸企业扩大出口，但是这种方式对议付行来说相对安全，所以经常运用。

2. 定期结汇

定期结汇是指我国银行根据向国外银行索偿所需时间，预先确定一个固定的结汇期限（例如银行审单认可后 7 天或 14 天不等），到期不管是否收妥票款，主动将应收款项结算成人民币记入外贸企业账户。

3. 出口押汇

出口押汇又称买单结汇，是指议付行在审单无误的情况下，按信用证条款买入受益人（出口方）的汇票和单据，从票面金额中扣除从议付日到估计收到票款之日的利息，将余款按议付日外汇牌价折算成人民币拨付外贸公司。议付行向受益人垫付资金买入跟单汇票后，即成为汇票持有人，可凭票向付款行索取货款。银行叙作出口押汇是为了对外贸企业提供资金融通，有利于外贸公司的资金周转。但是目前银行对信用证的安全程度也不能完全保证，所以这种结汇方式目前已经不多用。

（二）售汇

售汇是指境内企事业单位、机关、社会团体和个人因对外支付需要用外汇时，可按照《中华人民共和国外汇管理条例》规定，持有关证件、文件材料等，用人民币到外汇指定银行购买所需外汇。从用汇单位和个人角度讲，售汇又称购汇。

**四、福费廷**

福费廷（Forfeiting）是指银行或其他金融机构无追索权地从出口商那里买断由于出口商品或劳务而产生的应收账款。相对于其他贸易融资业务，福费廷业务的最大特点在于无追索权，也就是出口企业通过办理福费廷业务，无须占用银行授信额度，就可从银行获得 100%的便利快捷的资金融通，改善其资产负债比率，还可以有效地规避利率、汇率、信用等各种风险，为在对外贸易谈判中争取有利的地位和价格条款、扩大贸易机会创造条件。

## 学习测试

### 一、单项选择题

1. 电汇的缩写方式为（　　）。

A. M/T　　B. T/T　　C. D/D　　D. A/T

2. 在（　　）形式下，出口商开具的汇票对出口商无追索权。

A. 买方信贷　　B. 卖方信贷　　C. 福费廷　　D. 混合信贷

3. 我国现在汇款主要使用（　　）方式。

A. 电汇　　B. 票汇　　C. 信汇　　D. 托收

4. 售汇又称（　　）。

A. 卖汇　　B. 结汇　　C. 押汇　　D. 购汇

### 二、多项选择题

1. 结售汇制度具体分为（　　）。

A. 强制结售汇　　B. 自行结售汇　　C. 指定结售汇　　D. 意愿结售汇

2. 议付信用证的出口结汇办法主要有（　　）。

A. 收妥结汇　　B. 定期结汇　　C. 出口押汇　　D. 收妥付款

3. 外汇账户具体包括哪些类型？（　　）

A. 经常项目账户　　B. 资本项目账户

C. 内部外汇账户　　D. 转账账户

4. 国际收支统计申报范围为中国（　　）（包括在中国境内依法成立的企事业法人等）与（　　）之间发生的一切经济交易。

A. 居民　　B. 公民　　C. 非居民　　D. 中国驻外机构

5. 银行对出口商信贷的方式主要有（　　）。

A. 透支　　B. 打包放款　　C. 出口押汇　　D. 预付货款

### 三、判断题

1. 强制结售汇是指所有的外汇必须卖给银行，所有的外汇支出向银行购买，除国家规定的外汇账户可以保留外，企业和个人必须将多余的外汇卖给外汇指定银行，外汇指定银行必须把高于国家外汇管理局头寸的外汇在银行间市场卖出。（　　）

2. 开立外汇账户只需要外汇银行批准即可。（　　）

3. 人民币跨境结算是指经常账户和资本账户下均放开，全部用人民币结算。（　　）

4. 目前我国全部采用意愿结汇制度。（　　）

5. 外贸企业对外支付外汇分为两种方式：一是从银行购汇后支付，二是从企业现汇账户中直接支付。（　　）

6. 企业日常发生外币购销业务时，要在期末按照期末即期汇率将外币购销结算金额折算为记账本位币加以核算处理。（　　）

## 四、实务题

甲公司从俄罗斯购入一批产品，需要1 000 000卢布，在没有现汇的条件下，决定用人民币兑换1 000 000卢布，银行当天的卢布即期汇率卖出价为1卢布＝0.109 6元人民币，中间价为1卢布＝0.109 2元人民币，在期末集中结转汇兑差额的情况下，进行账务处理。

# 任务三
# 掌握外汇借款及投资的核算

## 任务概述

通过本任务的学习，学生应了解外汇业务的记账方法及分类，熟悉外币统账制和外币分账制，熟悉外汇借款的种类和特点，掌握外汇借款和投资的账务处理。

## 基础知识

### 一、外汇借款概述

#### （一）外汇借款的概念

外汇借款是指银行对境内依法设立的机构发放的外汇贷款以及外国政府、国际金融组织转贷款和进出口信贷。企业从银行等金融机构取得外币贷款时，应按照借入外币时的即期汇率折算为记账本位币登记入账。

#### （二）外汇借款的种类

外汇借款的种类主要包括：外汇现汇贷款、外汇转贷款、外汇质押贷款、外汇打包放款和备用信用证担保贷款等。贷款的主要币种有美元、欧元、日元、港币、英镑。在各类外汇借款中，外汇现汇贷款占有很大的比重，它是外贸企业在开展进出口业务中普遍选择的融资方式之一。贷款利率既可以采用浮动利率，也可以采用固定利率。浮动利率一般参照伦敦金融市场银行同业拆放利率掉期固定利率。与外国政府贷款和国外银行的买方信贷相比，现汇贷款用途广泛，可用于向任何国家或地区采购设备和材料。

一般来说，外汇现汇贷款既可以满足企业流动资金方面的需求，也可以满足企业固定资产投资的需求，贷款种类既包括短期贷款，也包括中长期贷款。

#### （三）外汇借款的条件

外汇现汇贷款只对企业发放，凡是具有企业法人资格的经济实体，在中国银行开立账户，具有偿还贷款能力的，均可以申请现汇贷款。申请贷款的主要条件是：

（1）借款人应当经市场监督管理机关（或主管机关）核准。

（2）借款用途必须正当合理，具有经济效益。

（3）借款人应有相应的外汇资金来源，若借款人没有外汇收入，应有外汇管理部门同意购汇还贷的证明文件。

（4）符合银行其他有关贷款规定要求。

### （四）外汇贷款的使用范围

外贸企业得到的外汇贷款一般用于在进出口贸易中的对国外支付，不允许在境内结汇成人民币使用。使用范围具体如下：

（1）购买原辅材料、包装物料。

（2）引进或进口国外技术、设备、零部件。

（3）支付外币运费、保险费和佣金。

（4）其他经外汇局和银行同意的用途。

### （五）外汇借款的清偿

根据“借外汇，用外汇，还外汇”的原则，贷款的发放和收回要求币种一致。外汇贷款的偿还可以用借款人的自有外汇归还外汇贷款本息，借款人如没有外汇，或自有外汇不足的，可以购汇还贷。

因此，外汇清偿的来源主要有：

（1）出口收汇归还贷款。这是外贸企业主要的还贷方式，即出口的外汇销售收入到账后不予结汇，直接归还银行的外汇借款。

（2）借款到期时，若外汇短缺，则可以用人民币向银行买汇归还贷款。

（3）偿债基金方式，即企业按照外债余额的一定比例建立基金，将出口收入直接存入偿债现汇专户，专门用于归还外汇借款。

## 二、外汇借款和投资的账户设置

### （一）外汇借款的账户设置

根据借款的需要，外汇借款应设置的账户主要有：

（1）“银行存款——外汇存款”：资产类账户，核算企业借入和支付外汇的业务。企业借入外汇，记本账户借方；企业支付外汇，记本账户贷方；期末若有余额，一定在借方。

（2）“短期借款——外汇借款”：负债类账户，核算企业借入和偿还的短期外汇业务。企业借入短期外汇，记本账户贷方；企业偿还外汇贷款，记本账户借方；期末若有余额，一定在贷方。

（3）“财务费用——汇兑损益”：损益类账户，核算企业外汇在不同时点由于汇率变动而产生的汇兑损失或收益。

### （二）外汇投资的账户设置

企业收到投资者以外币投入的资本，应当采用交易发生日即期汇率折算，不得采用合同约定汇率和即期汇率的近似汇率折算。外币投入资本与相应的货币性项目的记账本位币金额之间不产生外币资本折算差额，也不会产生资本公积。收到投入的资金时，借记“银行存款——外汇存款（原币×交易发生日即期汇率）”，贷记“实收资本或股本（原币×交易发生日即期汇率）”。

# 任务实施

## 外汇借款和投资的账务处理

### 任务描述

完成外汇借款和投资业务的账务处理，能够根据业务流程，审核原始凭证，完成收到外汇或者付出外汇及填制凭证任务。

### 任务分析

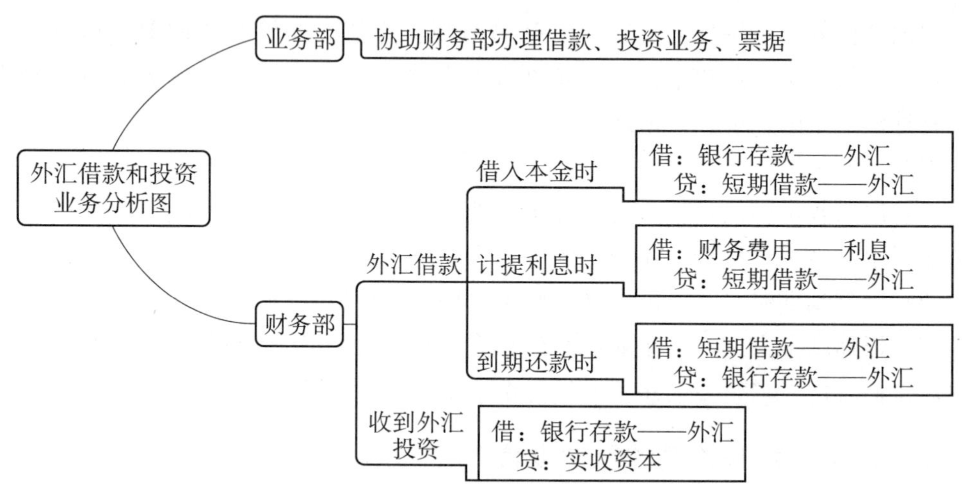


### 任务完成

1. 外汇借款的账务处理

【例 2-10】ABC 进出口公司记账本位币为人民币，且采用业务发生时的即期汇率对外币业务进行核算。202×年 9 月 8 日，该企业从银行借入 100 000 美元贷款，期限为 9 个月，借款年利率为 6%，每月预提，暂存企业存款账户。借入时，即期汇率为 1 美元=6.836 元人民币，将外币借款按即期汇率折算为记账本位币登记入账，则会计分录为：

借：银行存款——美元户（USD100 000）　　683 600

　　贷：短期借款——美元户（USD100 000）　　683 600

202×年 10 月 8 日计提利息时，汇率是 1 美元=6.849 元人民币，则会计分录为：

借：财务费用——利息　　3 424.50

　　贷：短期借款——美元户（USD500）　　3 424.50

第二年 6 月 8 日，该企业到期归还 100 000 美元借款本金，还款日即期汇率为 1 美元=6.906 元人民币，将归还外币按即期汇率折算为记账本位币登记入账。

因汇率变动形成的取得外币借款与归还外币借款折算记账本位币之间的差额，待期末确认汇兑损益时计算调整，则会计分录为：

借：短期借款——美元户（USD104 500）　　721 677

　贷：银行存款——美元户（USD104 500）　　721 677

2. 收到外汇投资的账务处理

**【例 2-11】** 202×年 6 月 18 日，ABC 进出口公司收到外商投资者投入的外币资本 200 000 美元。收款当日的即期汇率为 1 美元＝7.158 元人民币。按照规定，会计分录为：

借：银行存款——美元户（USD200 000）　　1 431 600

　贷：实收资本　　1 431 600

## 拓展知识

### 外汇业务记账方法

外汇业务记账方法有两种：一种是外币统账制，另一种是外币分账制。企业可根据实际情况选择。

一、外币统账制

外币统账制也称记账本位币制，是以一种货币（我国是人民币）作为记账本位币来统一记账金额的记账方法。在这种记账方法下，所有外币的收支都应及时折算为记账本位币进行反映，非记账本位币金额只在账上作为补充资料进行反映。其又分为两种，一种是以人民币作为记账本位币，称为人民币记账法；另一种是以某种外币作为记账本位币，称为单一外币记账法。

这种方法主要适用于涉及外币种类少，且外币业务量不多的企业。我国外贸企业多以外币统账制核算外币业务，只有银行等少数金融企业由于外币收支频繁而采用外币分账制核算其外币业务。本书主要介绍外币统账制的会计处理。

**【例 2-12】** ABC 进出口公司出售产品获得销售收入 1 000 美元，当日的汇率为 1 美元＝7.156 元人民币，则会计分录为：

借：银行存款——外汇存款（USD1 000）　　7 156

　贷：主营业务收入　　7 156

二、外币分账制

外币分账制又称原币记账制或分别记账制。在这种方法下，企业的记账本位币业务和外币业务均应分别设立账户反映，即有几种币种入账，就应设立几套账户。在发生外币业务时，以原币记账，而不立即折算为记账本位币记账。

采用分账制记账方法，只是账务处理方法不同，其产生的汇兑差额的确认、计量的结果和列报，应当与统账制处理结果一致。这种方法主要适用于外币业务繁多的企业（如银行）。

**【例 2-13】** ABC 进出口公司存入银行 3 万美元现钞，要求银行作活期存款现钞户。银行会计分录为：

借：库存现金　　USD30 000

　贷：吸收存款——现钞户　　USD30 000

一笔业务涉及两种不同货币时，由于一个分录不能出现两种货币，因此应通过“货币兑换”科目进行核算，该科目是不同货币之间账务处理的桥梁。

设置“货币兑换”科目来核算企业（金融企业），采用分账制核算外币交易所产生的不同币种之间的兑换，并按币种进行明细核算。

“货币兑换”科目是实行外汇分账制的特设科目，凡外汇业务涉及不同货币时，其账务处理均应通过此科目进行核算。“货币兑换”科目在会计核算和账务处理中起联系和平衡作用：一方面，它是联系外币和人民币账务系统的桥梁；另一方面，它使原外币和人民币账务系统各自保持平衡。

**【例 2-14】** 银行兑入 2 万美元现钞，美元钞买价为 1∶7.220，钞卖价为 1∶7.225。

银行受理这笔业务后，收进 2 万美元，付出 14.45 万元人民币现钞。这笔业务发生后，涉及美元和人民币两种货币，因此应通过“货币兑换”科目来编制会计分录：

借：库存现金　　USD20 000

　贷：货币兑换——钞买价　　USD20 000

借：货币兑换——钞买价　　RMB144 500

　贷：库存现金　　RMB144 500

年终决算时，除按原币决算外，还对各种分账的货币按规定的方法将外币折算成人民币，再与原人民币会计报表合并，形成本外币汇总的会计报表。

## 外汇账户的设立与管理

### 一、外汇账户的类型

（1）经常项目外汇账户：一般结算账户、待核查账户。

（2）资本项目外汇账户：国内外汇贷款专户、外债专户、外商投资企业外汇资本金账户。

（3）内部外汇账户：外汇保证金账户。

### 二、开立经常项目外汇账户业务流程图

需要说明的是，外汇账户的开立单位为外汇银行，但其开立必须经过外汇管理局批准。开立经常项目外汇账户流程如图 2-2 所示。

符合如下条件的境内机构，可以按如下步骤申请开立经常项目外汇账户：（1）经有权管理部门核准或备案具有涉外经营权或有经常项目外汇收入；（2）具有捐赠、援助、国际邮政汇兑等特殊来源和指定用途的外汇收入

步骤一：凡未开立过经常项目外汇账户的境内机构，持如下材料到外汇局进行机构基本信息登记：
1. 营业执照或社团登记证等有效证明的原件和复印件
2. 组织机构代码证的原件和复印件
（注：境内机构的机构名称、机构性质、组织机构代码等基本情况发生变更时，应及时持如下材料到外汇局办理境内机构基本信息变更手续：（1）变更申请书；（2）变更后的营业执照或社团登记证等有效证明的原件和复印件或变更后的组织机构代码证的原件和复印件；（3）有权管理部门出具的营业执照或社团登记证变更通知书）

步骤二：已经在外汇局登记过基本信息或已经开立过经常项目外汇账户的境内机构，持如下材料到金融机构申请开立经常项目外汇账户：（1）开户申请书；（2）营业执照或社团登记证等有效证明的原件和复印件；（3）组织机构代码证的原件和复印件等

**图 2-2　开立经常项目外汇账户流程图**

## 三、境内机构开立外币现钞账户流程图

境内机构开立外币现钞账户流程如图 2-3 所示。

司法和行政执法机构等因特殊业务需求，需要开立外币现钞账户的，持如下材料向外汇局申请：（1）境内机构正式公函形式的开户申请书；（2）境内机构设立的有效证明文件和复印件

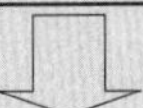

外汇局审核无误后，为境内机构出具“国家外汇管理局经常项目外汇业务核准件”

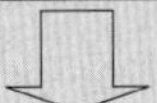

开户金融机构凭“国家外汇管理局经常项目外汇业务核准件”为境内机构开立现钞账户

**图 2-3　境内机构开立外币现钞账户流程图**

## 四、账户开户需要提交的资料

### （一）一般结算账户

（1）开户申请书（加盖公章）。

（2）中国人民银行颁发的开户许可证原件和复印件（复印件加盖公章）。

（3）营业执照的原件和复印件（复印件加盖公章）。

（4）税务登记证的原件和复印件（复印件加盖公章）。

（5）组织机构代码证的原件和复印件（复印件加盖公章）。

（6）外汇局外汇账户信息交互平台单位基础信息查询结果（打印）。

（7）经办人及法人身份证，法人授权书（如需）。

（二）待核查账户

（1）开户申请书（加盖公章）。

（2）中国人民银行颁发的开户许可证原件和复印件（复印件加盖公章）。

（3）营业执照的原件和复印件（复印件加盖公章）。

（4）税务登记证的原件和复印件（复印件加盖公章）。

（5）组织机构代码证的原件和复印件（复印件加盖公章）。

（6）外汇局外汇账户信息交互平台单位基础信息查询结果（打印）。

（7）经办人及法人身份证，法人授权书（如需）。

（8）对外贸易经营者备案登记表（加盖备案登记印章）原件和复印件（复印件加盖公章）。

（三）国内外汇贷款专户

（1）开户申请书（加盖公章）。

（2）中国人民银行颁发的开户许可证原件和复印件（复印件加盖公章）。

（3）营业执照的原件和复印件（复印件加盖公章）。

（4）税务登记证的原件和复印件（复印件加盖公章）。

（5）组织机构代码证的原件和复印件（复印件加盖公章）。

（6）自营外汇贷款专户开户需要业务部门提供的经会计部和放款中心批准的开户申请及贷款合同；他营外汇贷款专户开（销）户的需要贷款银行开具的经签字和加盖公章的开（销）户通知书。

（四）外债专户

（1）外汇管理局的纸质核准件。

（2）开户申请书（加盖公章）。

（3）中国人民银行颁发的开户许可证原件和复印件（复印件加盖公章）。

（4）营业执照的原件和复印件（复印件加盖公章）。

（5）税务登记证的原件和复印件（复印件加盖公章）。

（6）组织机构代码证的原件和复印件（复印件加盖公章）。

（7）外汇局外汇账户信息交互平台单位基础信息查询结果（打印）。

（8）经办人及法人身份证，法人授权书（如需）。

（五）外商投资企业外汇资本金账户

（1）开户申请书（加盖公章）。

（2）中国人民银行颁发的开户许可证原件和复印件（复印件加盖公章）。

（3）营业执照的原件和复印件（复印件加盖公章）。

（4）税务登记证的原件和复印件（复印件加盖公章）。

（5）组织机构代码证的原件和复印件（复印件加盖公章）。

（6）外汇局外汇账户信息交互平台单位基础信息查询结果（打印）。

（7）经办人及法人身份证，法人授权书（如需）。

（六）外汇保证金账户

（1）开户申请书（加盖公章）。

（2）中国人民银行颁发的开户许可证原件和复印件（复印件加盖公章）。

（3）营业执照的原件和复印件（复印件加盖公章）。

（4）税务登记证的原件和复印件（复印件加盖公章）。

（5）组织机构代码证的原件和复印件（复印件加盖公章）。

（6）经办人及法人身份证，法人授权书（如需）。

中国农业银行经常项目外汇账户开立、变更、关闭登记凭证参考格式说明：纸张统一使用 A4 规格，一式三联套印。第一联为外汇账户申请书，由银行留存；第二联为外汇账户通知书，由开户单位留存；第三联为外汇账户登记书，向外汇局备案。这三联分别见表 2-3 至表 2-5。

**表 2-3　中国农业银行经常项目外汇账户申请书**

申请要项：□开立　□变更　□关闭　　　　No.

<table>
<tr><td>单位名称</td><td colspan="2"></td><td colspan="2">组织机构代码</td><td></td></tr>
<tr><td>地址</td><td colspan="2"></td><td colspan="2">邮政编码</td><td></td></tr>
<tr><td>注册地外汇局名称</td><td colspan="2"></td><td colspan="2">联系人</td><td></td></tr>
<tr><td>营业执照或社团<br>登记证编号</td><td colspan="2"></td><td colspan="2">联系电话</td><td></td></tr>
<tr><td>经济区标志</td><td colspan="5">□一般贸易区　□保税区　□出口加工区　□钻石交易所</td></tr>
<tr><td colspan="6">以下栏目由开户银行填写</td></tr>
<tr><td>开户银行</td><td colspan="5">银行　　　　分（支）行</td></tr>
<tr><td>账户性质</td><td colspan="2"></td><td colspan="2">代码</td><td></td></tr>
<tr><td rowspan="2">账户收支<br>范围</td><td>收入</td><td colspan="4"></td></tr>
<tr><td>支出</td><td colspan="4"></td></tr>
<tr><td rowspan="2">币种</td><td></td><td rowspan="2">账号</td><td colspan="3"></td></tr>
<tr><td></td><td colspan="3"></td></tr>
<tr><td>变更事由</td><td colspan="5"></td></tr>
<tr><td rowspan="2">关户情况</td><td>类型</td><td colspan="4">□正常关闭　□违规撤销</td></tr>
<tr><td>余额处理</td><td colspan="4">□结汇　□划转至　　　　银行账号</td></tr>
<tr><td colspan="3">法定代表人或负责人<br>（签章）　　单位（公章）<br>年　月　日</td><td colspan="3">银行审核意见：<br>经办人　　　负责人<br>银行（业务公章）<br>年　月　日</td></tr>
</table>

第一联：银行留存联，盖章后生效

**表 2-4　中国农业银行经常项目外汇账户通知书**

申请要项：□开立　□变更　□关闭　　　　No.

| 单位名称 | | 组织机构代码 | |
|---|---|---|---|
| 地址 | | 邮政编码 | |
| 注册地外汇局名称 | | 联系人 | |
| 营业执照或社团登记证编号 | | 联系电话 | |
| 经济区标志 | □一般贸易区　□保税区　□出口加工区　□钻石交易所 | | |
| 以下栏目由开户银行填写 | | | |
| 开户银行 | 银行　　分（支）行 | | |
| 账户性质 | | 代码 | |
| 账户收支范围 | 收入 | | |
| | 支出 | | |
| 币种 | | 账号 | |
| | | | |
| 变更事由 | | | |
| 关户情况 | 类型 | □正常关闭　□违规撤销 | |
| | 余额处理 | □结汇　□划转至　　银行账号 | |
| 法定代表人或负责人（签章）　单位（公章）　年　月　日 | | 银行审核意见：经办人　负责人　银行（业务公章）　年　月　日 | |

第二联：开户单位留存联，盖章后生效

**表 2-5　中国农业银行经常项目外汇账户登记书**

申请要项：□开立　□变更　□关闭　　　　No.

| 单位名称 | | 组织机构代码 | |
|---|---|---|---|
| 地址 | | 邮政编码 | |
| 注册地外汇局名称 | | 联系人 | |
| 营业执照或社团登记证编号 | | 联系电话 | |
| 经济区标志 | □一般贸易区　□保税区　□出口加工区　□钻石交易所 | | |
| 以下栏目由开户银行填写 | | | |
| 开户银行 | 银行　　分（支）行 | | |
| 账户性质 | | 代码 | |
| 账户收支范围 | 收入 | | |
| | 支出 | | |
| 币种 | | 账号 | |
| | | | |
| 变更事由 | | | |
| 关户情况 | 类型 | □正常关闭　□违规撤销 | |
| | 余额处理 | □结汇　□划转至　　银行账号 | |
| 法定代表人或负责人（签章）　单位（公章）　年　月　日 | | 银行审核意见：经办人　负责人　银行（业务公章）　年　月　日 | |

第三联：外汇局备案联，盖章后生效

## ⌘ 学习测试

### 一、单项选择题

1. 下列各项中，不得使用即期汇率的近似汇率进行折算的是（　　）。

A. 接受投资收到的外币　　B. 购入原材料应支付的外币

C. 取得借款收到的外币　　D. 销售商品应收取的外币

2. 外汇统账制也称为（　　）。

A. 原币记账制　　B. 分别记账制

C. 记账本位币制　　D. 人民币记账制

3. 企业收到投资者以外币投入的资本，应当采用（　　）折算。

A. 即期汇率　　B. 合同约定汇率

C. 期初汇率　　D. 交易发生日即期汇率

### 二、多项选择题

1. 外汇借款种类主要包括（　　）。

A. 外汇现汇贷款　　B. 外汇转贷款

C. 外汇质押贷款　　D. 备用信用证担保贷款

2. 外汇清偿的来源主要有（　　）。

A. 出口收汇归还贷款　　B. 用人民币向银行购汇

C. 偿债基金方式　　D. 借汇

3. 外币业务记账方法有（　　）。

A. 外币统账制　　B. 外币分账制　　C. 集中结转法　　D. 逐笔结转法

4. 外汇贷款的主要币种有下列哪些？（　　）

A. 日元　　B. 美元　　C. 港币　　D. 欧元

### 三、判断题

1. 外币业务记账方法有记账本位币制和分别记账制两种。（　　）

2. 外汇核算业务主要包括：外汇兑换业务、外汇债权的结算、外汇债务的结算，以及由此引起的汇兑损益等业务。（　　）

3. 外汇借款种类主要包括：美元、欧元、日元、港币、英镑。（　　）

4. 外贸企业得到的外汇贷款一般用于在进出口贸易中的对国外支付，不允许在境内结汇成人民币使用。引进或进口国外技术、设备、零部件可以使用外汇贷款。（　　）

5. 外贸企业主要的还贷方式是偿债基金方式。（　　）

### 四、实务题

202×年 11 月 2 日，甲公司收到外商投资者投入的外币资本 1 000 000 港币。收款当日的即期汇率为 1 港币＝0. 880 7 元人民币。请写出会计分录。

# 任务四

# 掌握汇兑损益的核算

## 任务概述

通过本任务的学习，学生应了解汇兑损益的概念、产生途径，熟悉汇兑损益的确认方法和结转方法，掌握汇兑损益的计算与账务处理。

汇兑损益

## 基础知识

### 一、汇兑损益概述

#### （一）汇兑损益的概念

汇兑损益又称为汇兑差额，是指企业在进行外币业务会计处理时，由于采用不同的汇率而产生的记账本位币金额上的差额。也就是说，外贸企业发生外币业务时，应当按外币原币登记外币账户，同时选用一定的汇率将外币金额折算为记账本位币金额，而外汇汇率总是在不断地变化，导致同一外币数额在不同的时点会对应不同的记账本位币数额，两者间相互折算时就会形成汇兑差额。

汇兑损益影响企业的收益和损失，它是反映企业外汇风险的一个指标。企业外汇风险的大小直接体现为汇兑收益和损失的程度。

#### （二）汇兑损益的产生途径

汇兑损益的产生主要有三个途径：

1. 交易外币汇兑损益

交易外币汇兑损益是指在发生以外币计价的交易业务时，因收回或偿付债权、债务而产生的汇兑损益。这项损益主要是由债权、债务在实际结算时，由入账汇率与结算日汇率不同而产生的差额。

2. 兑换外币汇兑损益

兑换外币汇兑损益是指在发生外币与记账本位币或一种外币与另一种外币进行兑换时产生的汇兑损益。这项损益是由于实际兑换的汇率与记账汇率不同而产生的差额。兑换时采用的是汇率的买入价或卖出价，而记账汇率是业务发生时当日汇率中间价，所以汇率很可能不同，从而产生差额。

3. 调整外币汇兑损益

调整外币汇兑损益是指在现行准则下，会计期末将所有外币性债权、债务和外币性货币资金账户，按期末汇率进行调整而产生的汇兑损益。

### （三）汇兑损益的确认观点

#### 1. 实际实现观点

实际实现观点认为：本期汇兑损益的确认应以实现为准，即实际的外币买入卖出业务已经发生、外币性的债权债务在本期已经结算完成的外币业务，对其已发生的汇兑损益才能入账，计入当期损益。而对尚未使用外币货币资金和各项尚未结算完成的债权债务等，则不能确认其汇兑损益；即便确认，也应递延到以后会计期间计入损益，而不能计入当期损益。这种以实现为准确认汇兑损益的方法较为符合企业的实际情况，这实际上是采用了收付实现制的会计原则。这样可以同汇兑差额的真正含义相吻合，但是按照这样的观点，不利于外汇风险的充分体现和及时防范。

#### 2. 应列记观点

应列记观点认为：将实际已实现和尚未实现的汇兑损益全部计入当期损益，即只要汇率实际发生变动，不论其是否实现，都应确认为汇兑损益，并计入当期损益。这样，首先它符合权责发生制原则，也符合客观性原则，汇率变动是存在的，它对企业资产和负债的影响也是客观存在的，将汇率变动产生的损益计入当期损益，能使每期反映的经营成果和财务状况更加接近客观实际情况；其次也符合及时性原则，可及时、充分地反映外汇风险，防止由于汇率在一定时期内变动较大，或者外币账户结算期较长，从而使外币性债权债务结算时产生较大的汇兑损益，对该期的利润产生影响，满足会计信息使用者的需要。

根据国际惯例，在现行汇率制度下，更多的是采用后一种处理方法。目前，我国外币业务会计主要采用这种处理方法。

### （四）汇兑损益的结转方法

#### 1. 逐笔结转法

逐笔结转法即对每笔外币业务均应当采用交易发生日的即期汇率将外币金额折算为记账本位币金额反映，每结算一次或收付一次，依据账面汇率计算一次汇兑损益，期末再按市场汇率进行调整，调整后的期末人民币余额与原账面人民币余额的差额作为当期汇兑损益。

#### 2. 集中结转法

集中结转法即对每笔外币业务均应当采用交易发生日的即期汇率将外币金额折算为记账本位币金额反映，在银行存款、债权债务业务减少时，不注销原账户的账面汇率，除外币兑换业务外，平时不确认汇兑损益，待期末进行汇率调整后汇总确认汇兑损益。

不论采用逐笔结转法还是采用集中结转法，年末（12 月 31 日）必须按当日汇价即即时市场汇率（即期汇率）计算调整各外汇账户人民币余额与原账面余额的差额，计入汇兑差额。但要注意：《企业会计准则》规定，上列两种方法应根据不同的外币业务而使用，但当不同货币兑换时，如企业日常核算用即期汇率的中间价，而兑换所用汇率为银行的买入价与卖出价，此时汇兑差额应当当即产生确认。

## 二、期末汇兑损益的计算

我国《小企业会计准则》规定：因资产负债表日即期汇率与初始确认时或者前一资产负债表日即期汇率不同而产生的汇兑差额，计入当期损益。其中，属于汇兑收益的，计入营业外收入；属于汇兑损失的，计入财务费用。

外币货币性项目的汇兑损益的账务处理原则如下：

（1）与购建固定资产有关的外币专门借款产生的汇兑差额，按照借款费用的处理原则进行处理。也就是说，因专门借款而发生的利息、折价或溢价的摊销和汇兑差额，在符合资本化条件的情况下，应当予以资本化，计入该项固定资产的购建成本；其他借款利息、折价或溢价的摊销和汇兑差额，应当于发生当期确认记入“财务费用——汇兑损益”账户。

（2）企业项目筹建期间发生的汇兑差额，属于开办费的应计入长期待摊费用，自企业投产营业之日起一次摊销计入损益（管理费用）。

（3）为购入无形资产发生的汇兑损益，全部计入无形资产价值。

（4）除上述情况以外，因银行结售汇或者不同币种之间的兑换而产生的银行买入价、卖出价与企业折算汇率（即期汇率）之间的差额，包括对外投资及收回投资时发生的汇兑损益，企业支付投资者利润发生的汇兑损益，企业经营期间外币货币性项目业务，即因采购、销售商品、提供劳务等业务发生的汇兑损益，应记入当期“财务费用——汇兑损益”账户。

另外，对于以公允价值计量的股票、基金等非货币性项目，如果期末的公允价值以外币反映，则应当先将该外币按照公允价值确定当日的即期汇率折算为记账本位币金额，再与原记账本位币金额进行比较，其差额作为公允价值变动损益计入当期损益。

期末计算不同性质外币账户的汇兑损益应有所区别，具体计算公式为：

（1）外币资产类账户：

账面外币借方余额×期末即期汇率－账面记账本位币借方余额
＝期末汇兑损益

（“＋”为收益，“－”为损失）

（2）外币负债类账户：

账面外币贷方余额×期末即期汇率－账面记账本位币贷方余额
＝期末汇兑损益

（“＋”为损失，“－”为收益）

## 任务实施

### 期末汇兑损益的账务处理

#### 任务描述

根据外贸企业的业务，完成各项业务的账务处理，能够根据业务流程，审核原始凭证，完成填制凭证任务，并且结转汇兑损益。

#### 任务分析

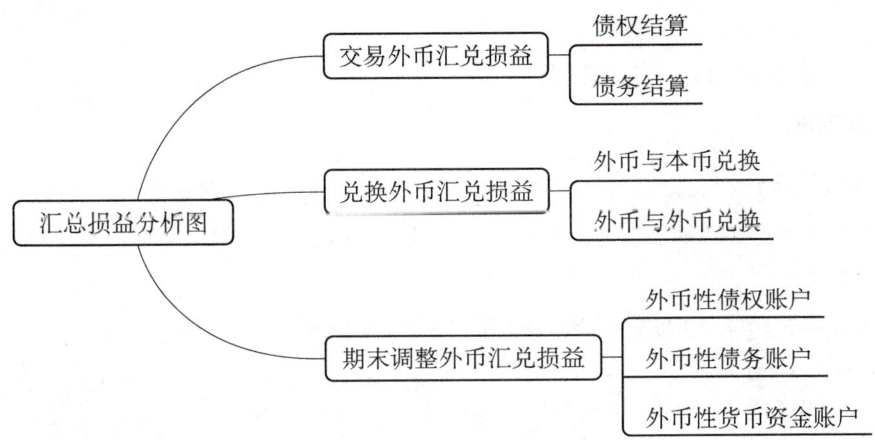


先计算出期末汇兑损益额，再进行相应的账务处理。一方面，将汇兑损益额调整发生差额的各外币资产及负债类账户期末余额，均按期末统一即期汇率折算成记账本位币金额；另一方面，对期末产生的汇兑损益额，应根据外币业务的不同性质及会计有关划分收益性支出与资本性支出的原则，将其计入当期损益或作资本化处理。

汇兑差额的结转及账务处理分录：

(1) 出口销售商品，尚未收到货款（按当日即期汇率）：

借：应收账款——应收外汇账款

　贷：主营业务收入——自营出口销售收入

(2) 收到应收账款（按当日即期汇率）：

借：银行存款

　贷：应收账款——应收外汇账款

(3) 进口商品，货款尚未支付（按当日即期汇率）：

借：在途物资

　贷：应付账款——应付外汇账款

(4) 支付尚未支付的货款（按当日即期汇率）：

借：应付账款——应付外汇账款

　贷：银行存款

（5）卖出外币时：

借：银行存款——人民币户（买入价）

　　财务费用——汇兑损益

　贷：银行存款——美元户（中间价）

（6）年末结转：按年末当日汇价调整各外汇账户余额并与原账面余额的差额计入汇兑损益。会计处理时，损失（年末当日汇价调整各外汇账户余额<原账面余额）记借方，收益（年末当日汇价调整各外汇账户余额>原账面余额）记贷方。

借：银行存款（外汇账户）

　　应收账款

　贷：应付账款

　　　财务费用——汇兑损益

## 任务完成

**【例 2-15】** 20××年 6 月 1 日，ABC 进出口公司"应收账款——应收外汇账款"账户余额为 10 000 美元，当日美元汇率为 1 美元＝6.12 元人民币。本题采用集中结转法。

（1）6 月 10 日，ABC 进出口公司销售给美国甲公司电器一批，发票金额是 50 000 美元，当日美元汇率中间价为 6.21 元。出口销售商品，尚未收到货款（按当日即期汇率），会计分录如下：

借：应收账款——应收外汇账款（USD50 000）　　310 500

　贷：主营业务收入——自营出口销售收入　　310 500

（2）6 月 19 日，银行收妥上月结欠外汇借款 100 000 美元，转来收汇通知，当日美元汇率中间价为 6.21 元。收到应收账款（按当日即期汇款）会计分录如下：

借：银行存款——外币存款（USD100 000）　　621 000

　贷：应收账款——应收外汇账款（USD100 000）　　621 000

（3）6 月 24 日，ABC 进出口公司销售给美国乙公司电器一批，发票金额是 75 000 美元，当日美元汇率的中间价是 6.23 元。会计分录如下：

借：应收账款——应收外汇账款（USD75 000）　　467 250

　贷：主营业务收入——自营出口销售收入　　467 250

（4）汇兑差额的年末结转：按年末当日汇价调整各外汇账户余额并与原账面余额的差额计入汇兑损益。会计处理时，损失（年末当日汇价调整各外汇账户余额<原账面余额）记借方，收益（年末当日汇价调整各外汇账户余额>原账面余额）记贷方。

6 月 30 日，美元市场汇率中间价为 6.23 元，计算汇兑损益如下：

　　应收外汇账户按期末市场计算记账本位币余额

　　＝(50 000＋75 000)×6.23＝778 750（元）

应集中结转的汇兑损益＝778 750＋621 000－612 000－310 500 －467 250＝10 000（元）

根据计算的结果结转汇兑损益，会计分录如下：

借：应收账款　　10 000

　贷：财务费用——汇兑损益　　10 000

## 拓展知识

### 跨境人民币结算规定

人民币跨境结算分为经常项目项下和资本项下，经常项目项下以贸易结算为主，是放开的；对于资本项下的人民币业务还处于监管状态。跨境贸易人民币结算是与传统的国际贸易结算相比，除了从采用美元结算转为采用人民币结算，并没有其他大的变化；与国内人民币结算相比，其含义也相差不大，只是在操作上和形式上存在一些差异。从某种程度上来讲，我们可以把人民币跨境结算简单化地看作国内人民币结算，两者都是人民币结算，只不过区域的大小不同而已。

**一、企业办理跨境贸易人民币结算流程**

企业办理跨境贸易人民币结算流程如图 2－4 所示。

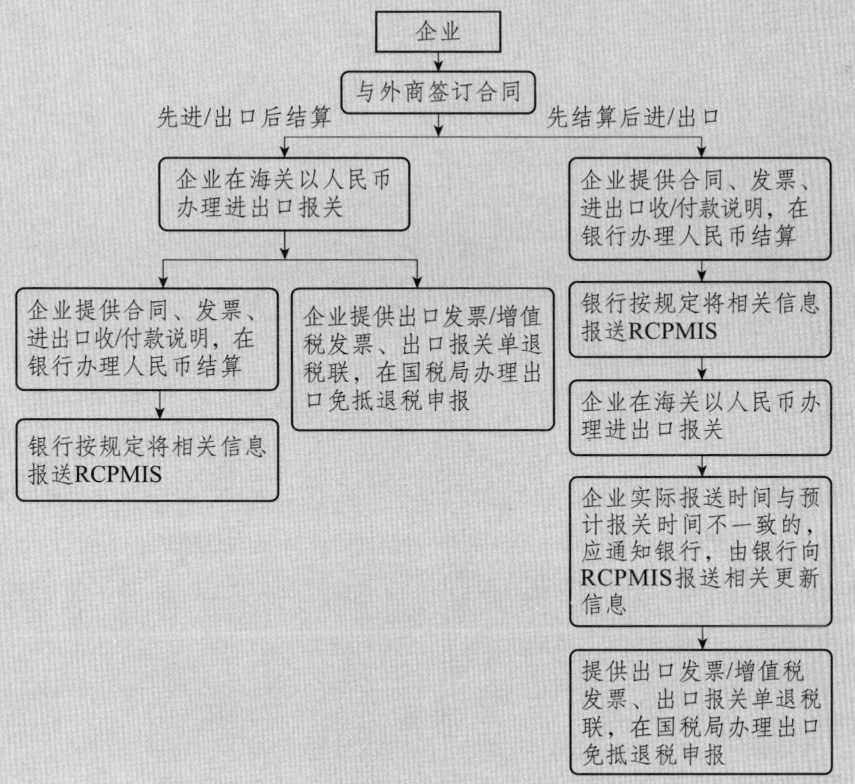


**图 2－4　企业办理跨境贸易人民币结算流程图**

图中，RCPMIS是指人民币跨境收付信息管理系统。

对先进/出口后结算的情形，即先发货后收款，企业办理业务的流程是：

（1）企业与外方签订人民币计价结算的贸易合同，并按合同约定进行生产和交货。

（2）企业按合同规定及货物装船到（发）货的情况，以人民币向海关报关。

（3）企业凭发票、增值税发票和出口报关单退税联（需要退税的须在海关打印）向当地税务机关办理出口免抵退税的申报。

（4）企业向银行提供合同、发票、进（出）口收（付）款说明，在银行办理收款入账或付款。银行按规定将相关信息报送RCPMIS。

对先结算后进/出口的情形，即先付款后发货，企业办理业务的流程是：

（1）企业与外方签订人民币计价结算的贸易合同，并按合同约定进行生产和交货。

（2）企业向银行提供合同、发票、进（出）口收（付）款说明，在银行办理收款入账或付款（进口预付或出口预收）。银行按规定将相关信息报送RCPMIS。

（3）企业按合同规定及货物装船到（发）货的情况，以人民币向海关报关。

（4）实际报关时间与预计报关时间不一致的，企业应通知银行，由银行向RCPMIS报送相关更新信息。

（5）企业凭发票、增值税发票和出口报关单退税联（需要退税的需在海关打印）向当地税务机关办理出口免抵退税的申报。

### 二、商业银行开展跨境贸易人民币结算业务的操作模式

商业银行开展跨境贸易人民币结算业务有两种，即代理行模式和清算行模式，如图2-5所示。

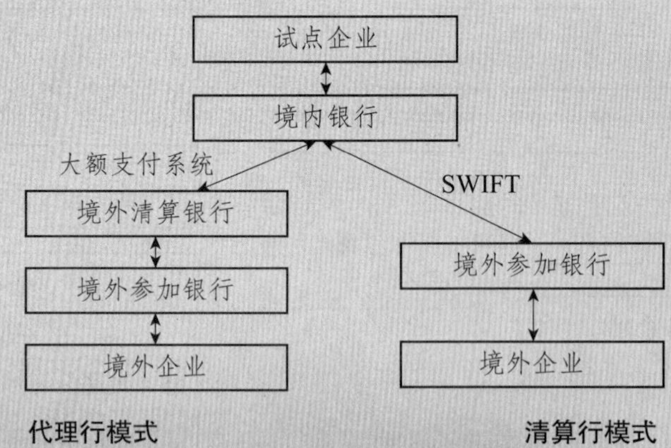


**代理行模式**

- 清算系统：SWIFT网络、行内系统
- 境外地域：全球
- 清算渠道：境外参加银行在境内代理银行开立的人民币同业往来账户
- 标准化SWIFT报文，信息全面，国际通用，便于转汇
- 清算时间相对灵活，清算协议约定

**清算行模式**

- 清算系统：中国现代化支付系统
- 境外地域：目前仅限于香港、澳门
- 清算渠道：中银香港、中银澳门
- 便于中国人民银行监管
- 清算时间要遵循中国人民银行大额支付清算时间
- 属于跨行清算路径

**图2-5　商业银行开展跨境贸易人民币结算业务操作模式图**

人民币跨境清算可自由选择两条路径：一是通过境外人民币业务清算行进行人民币资金的跨境结算和清算；二是通过境内商业银行代理境外商业银行进行人民币资金的跨境结算和清算。（说明：境外清算行等同于境内中国人民银行清算中心。）

## 学习测试

### 一、单项选择题

1. 根据现行企业会计制度规定，项目筹建期内发生的汇兑差额，属于开办费的应计入（　　）。

A. 经营费用　　B. 制造费用　　C. 在建工程　　D. 长期待摊费用

2. 外贸企业借入外汇借款用于购建固定资产，其汇率变动产生的差额在办理固定资产竣工决算后应计入（　　）。

A. 固定资产　　B. 财务费用　　C. 汇兑损益　　D. 在建工程

3. 下列各项中，不得使用即期汇率的近似汇率进行折算的是（　　）。

A. 接受投资收到的外币　　B. 购入原材料应支付的外币

C. 取得借款收到的外币　　D. 销售商品应收取的外币

4. 因外币借款相关汇率变化所导致的汇兑差额属于企业（　　）。

A. 其他业务成本的有机组成部分

B. 对外销售费用的有机组成部分

C. 借款费用的有机组成部分

D. 内部管理费用的有机组成部分

5. M股份有限公司对外币业务采用业务发生时的市场汇率进行折算，按月计算汇兑损益。该公开于1月10日销售价款为60万美元的产品一批，货款尚未收到，当日的市场汇率为1美元＝6.30元人民币。1月31日的市场汇率为1美元＝6.37元人民币。2月28日的市场汇率为1美元＝6.34元人民币，货款将于3月3日收回。该外币债权在2月份发生的汇兑收益为（　　）万元人民币。

A. 0.30　　B. 0.20　　C. 1.8　　D. －1.8

6. 甲股份有限公司对外币业务采用交易发生日的即期汇率折算，按月结算汇兑损益。3月20日，该公司自银行购入140万美元，银行当日的美元卖出价为1美元＝6.35元人民币，当日市场汇率为1美元＝6.31元人民币。3月31日的市场汇率为1美元＝6.32元人民币。甲股份有限公司购入的140万美元于本年3月所产生的汇兑损失为（　　）万元人民币。

A. 1.4　　B. 2.8　　C. 4.2　　D. 5.6

7. 甲公司对外币交易采用交易发生时的即期汇率折算，按季计算汇兑损益。4月10日，甲公司向美国某公司出口商品，价款为800万美元，交易时未收到价款，确认为应收款项；当日即期汇率为 1 美元＝6.3 元人民币。5 月 12 日，甲公司收到货款 300 万美元并存入银行，当日即期汇率为 1 美元＝6.28 元人民币。6 月 30 日，即期汇率为 1 美元＝6.27 元人民币。甲公司因该外币应收账款在第二季度发生的汇兑损失为（　　）万元人民币。

A. 3　　B. 12　　C. 9　　D. 24

8. 甲公司的记账本位币为人民币。12 月 5 日，甲公司以每股 2 美元的价格购入 5 000 股乙公司股票作为交易性金融资产，当日汇率为 1 美元＝7.6 元人民币，款项已经支付。12 月 31 日，当月购入的乙公司股票市价变为每股 2.1 美元，当日汇率为 1 美元＝7.4 元人民币。假定不考虑相关税费的影响，甲公司期末应计入当期损益的金额为（　　）元人民币。

A. 1 700　　B. 400　　C. 5 000　　D. 2 300

9. A 外商投资企业采用交易发生日的即期汇率折算外币业务，期初即期汇率为 1 美元＝6.78 元人民币。本期收到外商作为投资而投入的设备一台，投资各方确认价值为 45 万美元，交易发生日的即期汇率为 1 美元＝6.60 元人民币，另发生运杂费 4.5 万元人民币、进口关税 11.25 万元人民币、安装调试费 6.75 万元人民币，不考虑其他相关税费，则该设备的入账价值为（　　）万元人民币。

A. 316.35　　B. 327.6　　C. 303.75　　D. 319.5

10. A 公司的记账本位币为人民币，11 月 20 日，A 公司与某外商签订投资合同，当日收到外商投入的资本为 30 万美元，当日的即期汇率为 1 美元＝6.3 元人民币，假定投资合同约定的汇率为 1 美元＝6.8 元人民币，对于该事项，A 公司计入实收资本的金额为（　　）万元人民币。

A. 189　　B. 198　　C. 204　　D. 234

## 二、多项选择题

1. 下列会产生汇兑损益的业务途径有（　　）。

A. 不同外币之间的兑换

B. 不同外币与记账本位币之间的兑换

C. 不同汇率之间的折算

D. 不同汇率之间的兑换

2. 企业对境外经营的财务报表进行折算时，下列项目中可用资产负债表日的即期汇率折算的有（　　）。

A. 预收款项　　B. 交易性金融资产

C. 持有至到期投资　　D. 盈余公积

## 三、判断题

1. 汇兑损益的确认方法有逐笔结转法和集中结转法。（　　）

2. 为购入无形资产而发生的汇兑损益，一次摊销计入损益（管理费用）。（　　）

3. 按年末当日汇价调整各外汇账户余额并与原账面余额的差额计入汇兑损益。会计处理时，损失（年末当日汇价调整各外汇账户余额＜原账面余额）记借方，收益（年末当日汇价调整各外汇账户余额＞原账面余额）记贷方。（　）

**四、实务题**

1. 海宏公司的外币交易采用交易发生时的市场汇率进行折算，并按月计算汇兑损益。20××年 11 月 30 日，市场汇率为 1 美元＝6.5 元人民币。有关外币账户期末余额如下：

| 项目 | 外币账户金额（美元）（万元） | 汇率 | 记账本位币金额（人民币）（万元） |
|---|---|---|---|
| 银行存款 | 500 | 6.5 | 3 250 |
| 应收账款 | 20 | 6.5 | 130 |
| 应付账款 | 10 | 6.5 | 65 |
| 长期借款 | 80 | 6.5 | 520 |

海宏公司 12 月发生如下外币业务（假设不考虑有关税费）：

（1）12 月 1 日，海宏公司以每股 5 美元的价格购入甲公司的股票 100 万股，作为交易性金融资产核算，当日的汇率为 1 美元＝6.46 元人民币，款项已用美元支付。

（2）12 月 10 日，海宏公司对外销售一批商品，售价为 30 万美元，当日的市场汇率为 1 美元＝6.6 元人民币，款项尚未收到。

（3）12 月 16 日，海宏公司收到国外的投资 500 万美元，合同约定的汇率为 1 美元＝6.8 元人民币，款项已收到，当日的市场汇率为 1 美元＝6.53 元人民币。

（4）12 月 20 日，海宏公司购入一批原材料，该批原材料的价款为 50 万美元，款项尚未支付，当日的市场汇率为 1 美元＝6.56 元人民币。

（5）12 月 23 日，海宏公司收到上月应收货款 20 万美元，款项已存入银行，当日的市场汇率为 1 美元＝6.55 元人民币。

（6）12 月 31 日，海宏公司计提长期借款利息为 5 万美元，利息尚未支付，该项长期借款是在 20××年 1 月 1 日借入的，用于建造固定资产，到期一次还本付息，该项固定资产在 20××年 1 月 1 日已开始建造，同年末尚未完工。

（7）12 月 31 日，海宏公司当月购入的甲公司的股票公允价值为每股 4.6 美元，当日的市场汇率为 1 美元＝6.56 元人民币。

要求：

（1）编制上述业务的相关会计处理。

（2）计算期末汇兑损益并做出相关的账务处理（假定不考虑税费的影响）。

2. A 股份有限公司（以下简称 A 公司）对外币业务采用交易发生日的即期汇率折算，按月计算汇兑损益。20××年 10 月 30 日市场汇率为 1 美元＝6.25 元人民币。20××年 10 月 30 日有关外币账户期末余额如下：

| 项目 | 外币（美元）金额 | 折算汇率 | 折合人民币金额 |
| --- | --- | --- | --- |
| 银行存款 | 100 000 | 6.25 | 625 000 |
| 应收账款 | 500 000 | 6.25 | 3 125 000 |
| 应付账款 | 200 000 | 6.25 | 1 250 000 |

A 公司 20××年 11 月发生以下外币业务：

（1）11 月 15 日，A 公司收到某外商投入的外币资本 500 000 美元，当日的市场汇率为 1 美元＝6.24 元人民币，款项已由银行收存。

（2）11 月 18 日，A 公司进口一台不需要安装的机器设备，设备价款为 400 000 美元，尚未支付，当日的市场汇率为 1 美元＝6.23 元人民币。

（3）11 月 20 日，A 公司对外销售产品一批，价款共计 200 000 美元，当日的市场汇率为 1 美元＝6.22 元人民币，款项尚未收到。

（4）11 月 28 日，A 公司以外币存款偿还 6 月发生的应付账款 200 000 美元，当日的市场汇率为 1 美元＝6.21 元人民币。

（5）11 月 30 日，A 公司收到 6 月发生的应收账款 300 000 美元，当日的市场汇率为 1 美元＝6.20 元人民币。

（6）假定不考虑上述交易中的相关税费。

要求：

（1）编制 11 月发生的外币业务的会计分录。

（2）分别计算 11 月末各外币项目的汇兑损益，并列出计算过程。

（3）编制期末外币账户汇兑损益的会计分录。

# 项目三

# 掌握出口业务核算

## ● 案例导入

小张所在的外贸公司主要经营服装出口业务，该公司最近接到一批国外的订单，外国客户拟从该公司采购一批服装，单价为“CIF 纽约 30 美元”。你知道该价格术语的含义吗？如果该公司完成了这笔订单，应该在什么时间作为公司的出口销售收入呢？

# 任务一

# 掌握出口商品收购业务的核算

## 任务概述

通过本任务的学习，学生应了解出口业务的种类及流程，熟悉出口商品收购和交接的方式，掌握出口商品收购业务的核算。

## 基础知识

### 一、出口商品收购业务种类

出口销售业务按照经营性质不同，可以分为自营出口业务、代理出口业务、加工补偿出口业务以及援外出口业务。

自营出口业务是指外贸企业自己经营出口业务，并自负出口贸易盈亏的业务。代理出口业务是指外贸企业代理国内委托方办理对外洽谈、签约、托运、交单和结汇等全过程的出口业务，外贸企业作为代理方不承担盈亏，只收取一定比例的手续费。加工补偿出口业务也称“三来一补”业务，即来料加工、来件加工、来件装配和补偿贸易业务。“三来”业务是指外商提供一定的原材料、零部件等，必要时提供一些设备，由我方按对方的要求进行加工或装配产成品交给对方销售，我方收取外汇加工业务费的业务；补偿贸易业务是指由外商提供生产技术、设备和必要的材料，由我方生产，然后用生产的产品分期归还外商的业务。援外出口业务是指援外企业利用中国政府的援外优惠贷款和援外合资合作项目基金出口货物的业务。

### 二、出口商品收购和交接的方式

#### （一）出口商品收购的方式

出口商品收购的方式主要有两种，即直接收购和间接收购。

1. 直接收购

直接收购是指出口企业直接向工矿企业、农场及有关单位直接签订购销合同或协议收购出口产品。它适用于收购大宗工矿产品、农副产品和土特产品。

2. 间接收购

间接收购又称委托代购，是指出口企业以支付手续费的形式委托商业、粮食和供销社等单位收购出口产品。它适用于收购货源零星分散的农副土特产品。

### （二）出口商品交接的方式

#### 1. 送货制

送货制是指供货单位将商品送到出口企业指定的仓库或其他地点，由出口企业验收入库的一种方式，适用于本地收购。

#### 2. 提货制

提货制又称取货制，是指出口企业指派专人到供货单位指定的仓库或其他地点提取并验收商品的一种方式，也是本地收购常用的方式。

#### 3. 发货制

发货制是指供货单位根据购销合同规定的发货日期、品种、规格和数量等条件，将商品委托运输单位由铁路或公路、水路运送到所在地或其他指定地区，如车站或码头等，由出口企业领取并验收入库的一种方式，适用于外地采购商品。

#### 4. 厂商就地保管制

厂商就地保管制是指出口企业委托供货厂商代为保管商品，到时凭保管凭证办理商品交接的一种方式，这种方式本地、异地采购均可使用。

## 三、出口商品收购的账户设置

国内收购用于出口的商品，其核算方法与国内购进用于国内销售的商品购进的核算方法是相同的。

### （一）“在途物资”账户

该账户是资产类账户，核算企业采用实际成本进行商品核算的情况下，购入尚在途中或虽已运达但尚未验收入库的购入商品的采购成本。该账户的借方登记购入商品付款数以及应计入成本的收购费用，还包括在采购商品过程中发生的运输费、保险费以及其他可直接归属于存货采购成本的进货费用等；贷方登记转至“库存商品”账户的商品采购成本；期末借方余额表示企业在途商品的实际采购成本。该账户可根据需要分别按进口商品采购和出口商品采购进行明细核算。

### （二）“库存商品”账户

该账户是资产类账户，用来核算全部自有的库存商品，包括存放在仓库、门市部和寄存在外库的商品，委托其他单位代管、代销的商品，陈列展览的商品等。该账户的借方登记由“在途物资”账户转来购入商品的采购成本及盘盈之数，贷方登记商品销售及盘亏之数，期末借方余额表示库存商品的实存数额。该账户可按“库存出口商品”“库存进口商品”“其他库存商品”等设置明细账，并按商品大类或商品品名进行明细核算。

## 任务实施

### 出口商品收购的账务处理

#### 任务描述

完成出口企业商品收购业务的账务处理，能够根据业务流程，审核原始凭证，完成支付货款及填制凭证任务。

#### 任务分析

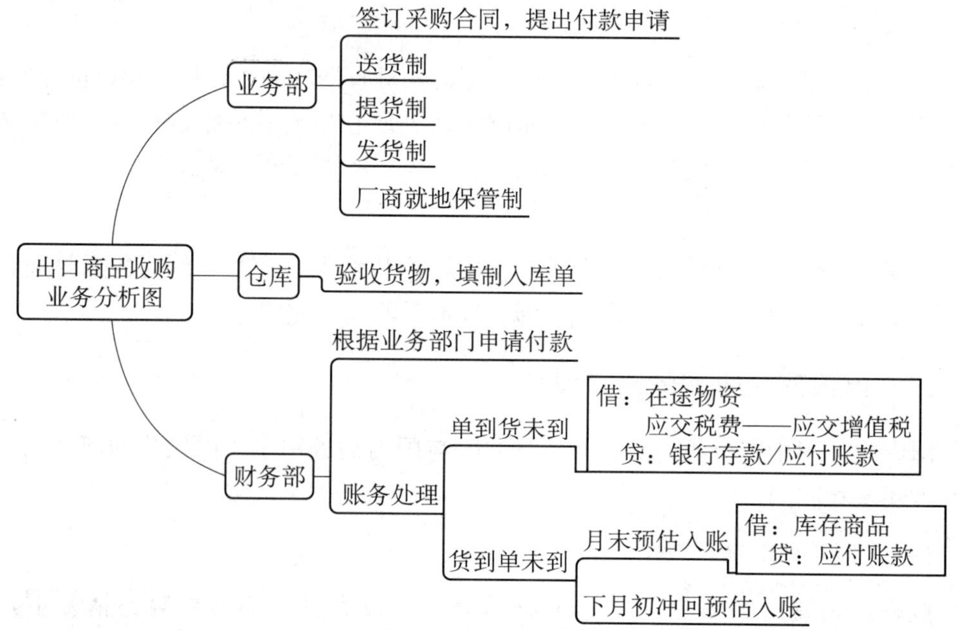


在送货制方式下，出口企业进货人员在审查供货单位签发的销货发票无误后，即填制商品进仓通知单交给供货单位，通知其将商品送到指定的仓库。仓库验收后，在进仓通知单上加盖“收讫”戳记，据以办理货款结算。

在采用提货制方式下，出口企业进货人员对供货单位开给的提货单和销货发票审核无误后，即可办理货款结算手续。同时，由业务部门填制商品进仓通知单连同提货单交储运部门办理提货进仓手续。财务部门根据进仓单和供货单位发票及结算凭证等，进行会计处理。

通常，财务部门会根据业务部门送来的增值税专用发票和进仓单，审核无误后，作为付款依据，借记“在途物资”账户；根据列明的增值税，借记“应交税费”账户；根据价税合计，贷记“银行存款”账户。储运部门根据进仓单验收商品，财务部门根据储运部门送来的、加盖“收讫”戳记的进仓单，借记“库存商品”账户，贷记“在途物资”账户。

## ▶▶ 任务完成

1. 本地商品收购的核算

**【例 3-1】** ABC 进出口公司购进出口用服装 500 件，每件 600 元，共计 300 000 元，增值税税率为 13%，款项尚未支付，商品已验收入库。编制会计分录如下：

借：库存商品——库存出口商品（服装）　300 000
　　应交税费——应交增值税（进项税额）　39 000
　贷：应付账款——某服装厂　339 000

2. 异地商品收购的核算

(1) 单到货未到。

在托收凭证先到、商品后到的情况下，出口企业在接到开户银行转来的托收凭证后，应先由业务部门对托收凭证所附的其他单证列出的商品品种、规格、数量、价格等对照合同的有关规定进行详细审核，然后将各项单证提交财务部门，财务部门复核无误后，进行相应的会计处理。企业对在途的商品所有权可以予以确认，先通过"在途物资"核算，等商品运达并验收入库后，再结转到"库存商品——库存出口商品"账户上。

**【例 3-2】** ABC 进出口公司购进用于出口的冰箱 300 台，每台价格为 3 000 元，共计货款 900 000 元，增值税税率为 13%，采用托收承付结算方式，结算凭证已到，商品尚未到达，合同规定验单付款。编制会计分录如下：

借：在途物资——出口商品采购（冰箱）　900 000
　　应交税费——应交增值税（进项税额）　117 000
　贷：银行存款——某冰箱厂　1 017 000

上述商品运到后，验收合格并入库，应编制会计分录如下：

借：库存商品——库存出口商品（冰箱）　900 000
　贷：在途物资——出口商品采购（冰箱）　900 000

(2) 货到单未到。

在商品先到、托收凭证后到的情况下，出口企业根据运输部门的到货通知单，先由储运部门提货验收进仓，财务部门一般暂不做会计处理，待收到有关结算凭证并支付货款时再做有关的会计处理。如果月末仍未收到结算凭证，则按暂估价入账，下月初红字冲回。等结算凭证到达时，再按正常程序核算。

**【例 3-3】** ABC 进出口公司 9 月 26 日从外地某企业购进用于出口的丝巾一批，商品已到，结算凭证于 10 月 10 日收到并通知开户银行付款，价款为 62 000 元，增值税税率为 13%，该批商品暂估价为 60 000 元。

9 月末按暂估价 60 000 元入账。编制会计分录如下：

借：库存商品——库存出口商品（丝巾） 60 000
　贷：应付账款——暂估应付款 60 000

10 月初用红字冲回原暂估价款。编制会计分录如下：

借：库存商品——库存出口商品（丝巾） 60 000
　贷：应付账款——暂估应付款 60 000

10 月 10 日收到银行转来的托收凭证并支付货款。编制会计分录如下：

借：库存商品——库存出口商品（丝巾） 62 000
　　应交税费——应交增值税（进项税额） 8 060
　贷：银行存款 70 060

## 拓展知识

### 出口业务的业务流程

在国际贸易中，出口产品一般是以产品的询价、报价作为贸易的开始。比较常用的报价方式有：FOB（船上交货）、CFR（成本加运费）、CIF（成本、保险费加运费）等形式。比较常用的国际付款方式有三种，即信用证付款方式、TT 付款方式和直接付款方式。我们以出口信用证付款方式及 CIF 为例，说明出口业务的主要业务流程，如图 3-1 所示。

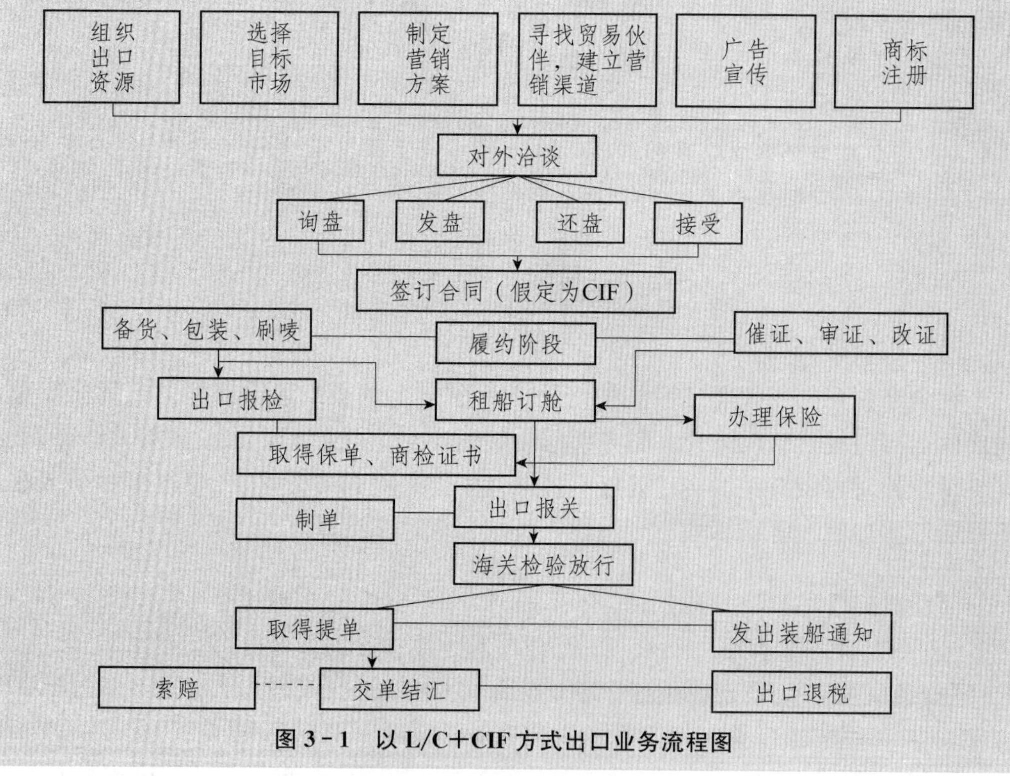


图 3-1　以 L/C+CIF 方式出口业务流程图

## ⌘ 学习测试

### 一、单项选择题

1. 提货制又称为（　　）。

A. 送货制　　B. 保管制　　C. 取货制　　D. 发货制

2. 外贸企业自己经营出口业务，并自负出口贸易盈亏的业务属于（　　）。

A. 自营出口业务　　B. 代理出口业务

C. 援外出口业务　　D. 来料加工业务

3. 外贸企业作为代理方不承担盈亏，只收取一定比例的手续费的业务属于（　　）。

A. 自营出口业务　　B. 代理出口业务

C. 援外出口业务　　D. 来料加工业务

4. 供货单位将商品送到出口企业指定的仓库或其他地点，由出口企业验收入库的一种方式，是（　　）。

A. 送货制　　B. 厂商就地保管制

C. 提货制　　D. 发货制

5. 出口企业采购商品，若是托收凭证先到、商品后到的情况，属于（　　）。

A. 单到货未到　　B. 货到单未到

C. 单货同时到　　D. 以上都正确

### 二、多项选择题

1. 出口商品的交接方式有（　　）。

A. 送货制　　B. 厂商就地保管制

C. 提货制　　D. 发货制

2. 采用明佣支付方式时，出口商在销售发票上只列明（　　）。

A. 销售金额　　B. 佣金率　　C. 佣金金额　　D. 销售净额

3. 在商品先到、托收凭证后到的情况下，出口企业根据运输部门的到货通知单，先由储运部门提货验收进仓，财务部门正确的做法是（　　）。

A. 一般暂不做会计处理

B. 月末按暂估价入账，下月初红字冲回

C. 根据到货通知单做“借：库存商品”

D. 一定要等到托收单到了才能入账

### 三、判断题

1. 现金折扣是指外贸企业购进的商品，因品种、规格和质量等原因，从销货单位所取得的价格上的减让。（　　）

2. 单到货未到的情况下，不影响企业财务部门的会计处理。（　　）

3. 财务部门应根据业务部门送来的增值税专用发票和进仓单，审核无误后，办理付款手续，取得银行回单后，借记“在途物资”账户，贷记“应付账款”账户。 （ ）

## 四、实务题

某进出口有限公司因出口需要，从玻璃厂采购 10 000 个玻璃杯，玻璃杯单价为 10 元，增值税税率为 13%，对方已经将货物送到公司，仓库办理了验收手续，财务部门根据业务部门申请，办理了付款手续。请做出该公司的账务处理。

# 任务二
# 掌握自营出口业务的核算

## 任务概述

通过本任务的学习，学生应掌握自营出口业务核算的会计处理原则，熟悉自营出口业务的账户设置，掌握自营出口业务的财务处理。

自营出口业务确认的原则

## 基础知识

### 一、自营出口业务的会计处理原则

自营出口业务是指出口企业自备出口货源，对国外自营出口商品，并自负盈亏的出口销售业务。自营需要保证两个要件：自负盈亏和自办业务。它的销售收入归出口企业所有，出口商品进价和出口业务有关的国内外一切费用，以及佣金、索赔、理赔、罚款等均由出口企业负担，经营的盈亏也归属出口企业的总损益额内。自营出口销售是出口企业的一项主营业务。

#### （一）确认时间

在企业出口销售业务中，销售收入的确认应以商品装运出口、取得各种运输单证（陆运取得承运货物收据或铁路联运运单、海运取得出口已装船提单、空运取得运单）并向银行交单的时间为准。向银行交单标志着货物所有权的转移，出口企业获得了收取货款的权利。实际工作中，会计部门是以收到储运部门或业务部门交来的出口销售发票上所列的时间作为销售收入的入账时间。

#### （二）确认标准

出口企业自营出口成交所选用的贸易术语不同，价格条件中所包含的权利、义务各不相同，因而不能单纯以发票价格作为确认收入的标准。目前企业自营出口销售收入统一以FOB价格作为确认销售收入的标准。如果出口商品按CFR、CIF等价格条件对外成交，那么销售收入先按合同价入账，对实际支付的国外运费、保险费、佣金等国外费用，采用红字冲减销售收入的方法进行会计核算。

### 二、佣金的种类

根据支付的方式不同，佣金有明佣、暗佣和累计佣金3种。

明佣是指根据价格条件，在出口发票上注明的内扣佣金，即发票中不仅注明销售货款总额，还列明了应扣除的佣金，以及扣除佣金后的销售货款净额。出口企业应根据发票中列明的销售货款的净额收取货款，不再另付佣金。但在账务处理上，以出口发票为原始凭证要分别反映销售货款总额及扣除的佣金金额。

暗佣又称发票外佣金，是指不在发票上列明，而是在合同中规定佣金率及支付方法的佣金。出口发票上只列销售货款总额，佣金另外支付。暗佣的支付方法有两种：一种是议付佣金，即出口后向银行议付信用证时，由银行按规定的佣金率，将佣金在结汇款中代扣，并将佣金汇付国外客户；二是汇付佣金，即出口方在收妥全部货款后，将佣金另行汇付国外客户。

累计佣金是指出口企业同国外包销、代理客户签订协议，规定在一定时间内按其累计销货金额和佣金率计算并支付的佣金。佣金率可以是累计计算的，即销货金额越大，佣金率越高。这种佣金一般在到期汇付时入账。能直接认定到具体出口商品的累计佣金，可同样作冲减销售收入处理；如无法认定，则可列入“销售费用”账户。

## 三、自营出口业务的账户设置

为了核算企业自营出口销售的业务内容，企业应设置如下账户，进行会计核算。

### （一）“主营业务收入——自营出口销售收入”账户

该账户是损益类账户，核算企业自营出口销售收入的增减变化情况。账户的贷方登记自营出口销售的收入以及以红字冲减收入的国外费用、出口理赔、出口退货等；借方登记发生出口销售退回冲减的收入数；期末将余额转入“本年利润”账户；期末转账后该账户无余额。该账户可按出口商品的类别和品种设置明细账户。账户明细账的格式可采用多栏式明细账（贷方多栏），在贷方分别开设收入、国外运费、国外保险费、佣金等专栏，以分别反映各项内容。

### （二）“主营业务成本——自营出口销售成本”账户

该账户是损益类账户，核算企业已出口商品销售成本的结转。账户借方登记自营出口商品销售成本，以及转入的当期出口货物不予免征、抵扣和退税的增值税部分；贷方登记销售退回而转回的退货成本及取得的消费税退税收入；期末将余额转入“本年利润”账户，结转后本账户无余额。该账户可按出口商品的类别和品种设置明细账户。该账户的明细分类账户的开设应与“主营业务收入”账户口径一致，以便于两者的配比，期末该账户与“主营业务收入——自营出口销售收入”账户相配比，反映自营出口销售的盈亏。

### （三）“应收账款——应收外汇账款”账户

该账户是资产类账户，核算企业因出口销售商品、向国外提供劳务等应向外商收取的但尚未收到的外汇账款。向银行交单时应记入借方，出口结汇收回外汇账款及其他原因结清应收账款时记入贷方，月末借方余额为企业应收未收外汇账款总额。在二级账户下，可按国外客户名称设置明细账户，以记载企业与国外客户的债权关系。

（四）“预收账款——预收外汇账款”账户

该账户是负债类账户，核算在出口业务中，在商品出口销售前预收的国外客户的货款、定金、样品款等。收到外汇预收款时记入贷方，商品出口或其他原因结清预收款时记入借方。贷方余额反映预收的外汇货款。该账户的二级明细账户的开设方法及账页格式与应收账款相同。

（五）“发出商品”账户

该账户是资产类账户，核算企业在出口商品销售中，已出库发往码头、车站待运，但尚未确认销售的商品。发出待运时记入借方，销售确认并结转销售成本时记入贷方，借方余额表示期末已发往码头、车站的待运商品成本。该账户的明细账户可按商品类别或品种设置。

## 任务实施

### 自营出口业务的账务处理

#### 任务描述

根据业务流程完成审核自营出口业务的原始凭证，并完成账务处理。

#### 任务分析

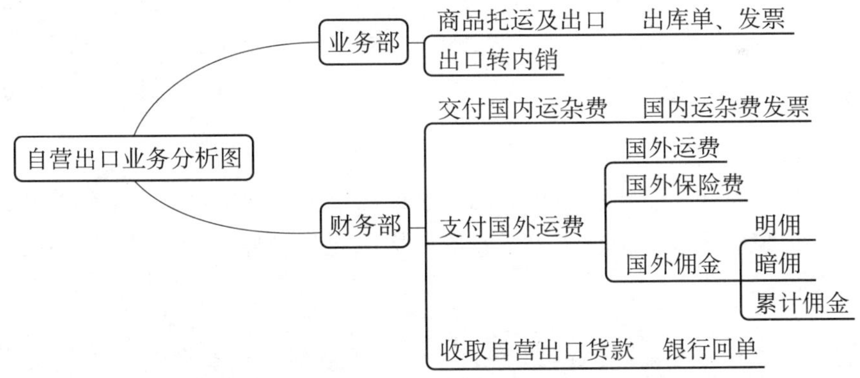


业务部门根据出口合同办理商品托运及出口等手续，财务部门办理支付国内运杂费、国外运保费、佣金，收取进口商支付的货款。本任务所涉及的原始凭证主要有出库单、增值税发票、出口发票、装箱单、提单、国外运保费发票、银行回单等。

#### 任务完成

1. 自营出口业务的账务处理

（1）商品托运及出口。

**【例 3-4】** 9月，ABC进出口公司根据出口贸易合同，销售给日本酒业公司白酒200吨，采用信用证结算。记账汇率采用当日即期汇率，汇兑差额采用集中结转法。

(1) 9月1日，ABC进出口公司收到储运部门转来的出库单（记账联）列明出库白酒200吨，每吨2 000元。编制会计分录如下：

借：发出商品——白酒　　400 000

　贷：库存商品——库存出口商品（白酒）　　400 000

(2) 9月8日，ABC进出口公司收到业务部门转来的销售白酒的发票副本和银行回单，发票开列白酒200吨，每吨400美元CIF价格，共计货款80 000美元，当日美元汇率的中间价为6.32元。编制会计分录如下：

借：应收账款——应收外汇账款（日本酒业）（USD80 000×6.32）

　　505 600

　贷：主营业务收入——自营出口销售收入（白酒）　　505 600

(3) ABC进出口公司同时根据出库单（转账联）结转出口白酒销售成本。编制会计分录如下：

借：主营业务成本——自营出口销售成本（白酒）　　400 000

　贷：发出商品——白酒　　400 000

(4) 9月18日，ABC进出口公司收到银行收汇通知，80 000美元已收汇。银行扣除100美元手续费后将其余部分已存入外汇存款账户，当日美元汇率中间价为6.35元。编制会计分录如下：

借：银行存款——外币存款（USD79 900×6.35）　　507 365

　　财务费用——手续费（USD100×6.35）　　635

　贷：应收账款——应收外汇账款（日本酒业）（USD80 000×6.35）

　　508 000

(2) 支付国内费用。

出口商品国内费用是指商品自货源单位或出口企业到出口口岸上船为止的费用，如报关费、检验费、港杂费、国内运费等，均应凭各项原始单据支付，并记入“销售费用”账户。

**【例3-5】** 9月7日，ABC进出口公司签发转账支票支付运输公司将白酒运送至上海港的运杂费5 000元，并信汇上海港白酒的装卸费1 800元。编制会计分录如下：

借：销售费用——运杂费　　5 000

　　　　　——装卸费　　1 800

　贷：银行存款　　6 800

(3) 支付国外费用。

国外费用主要有运费、保险费和国外佣金。这些费用包括在不同的价格条件中，在会计处理上作为冲减销售收入处理，账务处理上可以红字贷记或蓝字借记“主营业务收入——自营出口销售收入”账户。

1）支付国外运费和保险费。

**【例 3-6】** 9 月 5 日，ABC 进出口公司收到外轮运输公司发票一张，金额 3 000 美元，系 200 吨白酒的运费，当即从外币账户汇付对方，当日美元汇率的中间价为 6.31 元。6 日，按白酒销售发票金额 80 000 美元的 110%向保险公司投保，保费率为 2‰，签发转账支票从外币账户支付，当日美元汇率中间价为 6.3 元。编制会计分录如下：

借：主营业务收入——自营出口销售收入（白酒）　　18 930
　贷：银行存款——外币存款（USD3 000×6.31）　　18 930
　　保险费＝USD80 000×110%×2‰＝USD176
借：主营业务收入——自营出口销售收入（白酒）　　1 108.80
　贷：银行存款——外币存款（USD176×6.3）　　1 108.80

2）支付国外佣金。

**【例 3-7】** 如果上述出口业务是明佣，出口发票内注明内扣佣金率为 2%。

(1) 9 月 8 日，确认销售时，当日即期汇率为 6.32。编制会计分录如下：

借：应收账款——应收外汇账款（日本酒业）（USD78 400×6.32）
　　495 488
　贷：主营业务收入——自营出口销售收入（白酒）　　505 600
　　主营业务收入——自营出口销售收入（白酒）　　10 112

(2) 9 月 18 日，收取货款时，当日即期汇率为 6.35。会计分录如下：

借：银行存款——外币存款（USD78 300×6.35）　　497 205
　　财务费用——手续费（USD100×6.35）　　635
　贷：应收账款——应收外汇账款（日本酒业）（USD78 400×6.35）
　　497 840

**【例 3-8】** 如果上述出口业务是暗佣，采用汇付佣金的支付方式，佣金率为 3%。

(1) 9 月 8 日，确认销售时，将应付客户暗佣入账，当日即期汇率为 6.32。编制会计分录如下：

借：主营业务收入——自营出口销售收入（白酒）　　15 168
　贷：应付账款——应付外汇账款（应付佣金）（USD2 400×6.32）　　15 168

(2) 9 月 18 日，货款收到，将佣金汇付中间商，当日即期汇率为 6.35。编制会计分录如下：

借：应付账款——应付外汇账款（应付佣金）（USD2 400×6.35）
　　15 240
　贷：银行存款——外币存款（USD2 400×6.35）　　15 240

**【例 3-9】** 若上例为议付佣金方式。

（1）9 月 8 日，确认销售时，将应付客户暗佣入账，当日即期汇率为 6.32。编制会计分录如下：

借：主营业务收入——自营出口销售收入（白酒）　　15 168

　贷：应付账款——应付外汇账款（应付佣金）（USD2 400×6.32）　　15 168

（2）9 月 18 日，在结汇款中扣除佣金，当日即期汇率为 6.35。编制会计分录如下：

借：银行存款——外币存款（USD77 500×6.35）　　492 125

　　财务费用——手续费（USD100×6.35）　　635

　　应付账款——应付外汇账款（应付佣金）（USD2 400×6.35）　　15 240

　贷：应收账款——应收外汇账款（日本酒业）（USD80 000×6.35）　　508 000

**【例 3-10】** 假如 ABC 进出口公司支付的是无法认定到具体商品的累计佣金 3 000 美元，以银行存款支付，当日即期汇率为 6.34。编制会计分录如下：

借：销售费用——累计佣金　　19 020

　贷：银行存款——外币存款（USD3 000×6.34）　　19 020

（4）预估国外费用。

企业出口业务销售收入确认的时间与支付国外运费、保险费和佣金的时间往往不一致。为正确核算期间盈亏及出口成本，在季度、半年结算或年终决算时，对已作出口销售处理，但尚未支付的国外运费、保险费及尚未支付的佣金，应分别进行预估转账。

**【例 3-11】** ABC 进出口公司根据出口贸易合同，销售给日本酒业公司白酒一批，已入账。

（1）12 月 31 日，预估白酒国外运费为 2 500 美元，保险费为 1 200 美元，当日即期汇率为 6.34。编制会计分录如下：

借：主营业务收入——自营出口销售收入（白酒）　　15 850

　　主营业务收入——自营出口销售收入（白酒）　　7 608

　贷：应付账款——应付外汇账款（预估国外费用）（USD3 700×6.34）　　23 458

（2）次年 1 月 10 日，签发转账支票支付国外运费 2 800 美元，支付保险费 1 200 美元，当日即期汇率为 6.35。编制会计分录如下：

借：应付账款——应付外汇账款（预估国外费用）（USD3 700×6.35）　　23 495

　　以前年度损益调整　　1 905

　贷：银行存款——外币存款（USD4 000×6.35）　　25 400

2. 出口转内销的账务处理

出口转内销是指本来打算出口国外的产品，因为各种原因（如贸易壁垒、国家政策的变更，本国与外国的关系发生变化等）不能出口到国际市场，厂家或商家为了减少损失，将货物在本国国内销售。

**【例 3-12】** ABC进出口公司购进服装1 000套，每套250元，共计250 000元。后因质量问题，国外客户取消订单，遂转作内销处理，作价每套240元，并开具了增值税专用发票，货款已回笼。编制会计分录如下：

|  |  |  |
|---|---|---|
| 借：库存商品——库存内销商品（服装） | 250 000 | |
| 　贷：库存商品——库存出口商品（服装） | | 250 000 |
| 借：银行存款 | 271 200 | |
| 　贷：其他业务收入 | | 240 000 |
| 　　应交税费——应交增值税（销项税额） | | 31 200 |
| 借：其他业务成本 | 250 000 | |
| 　贷：库存商品——库存内销商品（服装） | | 250 000 |

一般来讲，出口转内销商品都是亏本处理的，增值税进项金额大于销项金额，无须缴纳增值税。

## 学习测试

### 一、单项选择题

1. 我国出口某商品时，价格可写为（　　）。

A. FOB上海100美元　　B. 每箱98英镑CIF伦敦

C. CIF纽约每件88元　　D. 每箱208美元CIF美国

2. 自营出口销售收入入账值为（　　）。

A. 以CIF价格扣除佣金后计价

B. CIF价格扣除运费后计价

C. 以CFR价格扣除佣金后计价

D. 以FOB价格扣除佣金后计价

3. 自营出口销售时，发生的国外费用应（　　）。

A. 计入销售费用　　B. 计入管理费用

C. 计入主营业务成本　　D. 冲减主营业务收入

4. 外贸企业自营出口销售不论以什么价格成交，均以（　　）扣除佣金后计价。

A. 成本加运费价格　　B. 成本、保险费加运费价格

C. 船上交货价格　　D. 成交价格

5. 暗佣是不在（　　）上注明的佣金。

A. 出口合同　　B. 出口发票

C. 出口报关单　　D. 出口提单

6. 外贸企业发生的（　　）应列入销售费用。

A. 国内运费　　B. 国外运费

C. 国外保险费　　D. 明佣

7. 出口商品销售所发生的明佣，在贷记相应科目的同时，应（　　）。

A. 借记“销售折扣与折让”科目

B. 红字贷记（或蓝字借记）“主营业务收入”科目

C. 借记“销售费用”科目

D. 借记“主营业务成本”科目

## 二、多项选择题

1. 国际贸易常用的国际付款方式有（　　）。

A. 信用证付款方式　　B. T/T 付款方式

C. 直接付款方式　　D. 现金

2. 国际结算工具有（　　）。

A. 联票　　B. 汇票　　C. 本票　　D. 支票

3. 国际结算方式主要有（　　）。

A. 汇付　　B. 打包放款　　C. 托收　　D. 信用证

4. 以下通过冲减“主营业务收入”账户来核算的有（　　）。

A. 国外运费　　B. 国内费用　　C. 国外保险费　　D. 暗佣

5. 最常用的价格术语有（　　）。

A. FOB　　B. CIF　　C. CFR　　D. CRB

6. 出口商品销售业务的国外费用包括（　　）。

A. 国外运费　　B. 外宾招待费

C. 国外保险费　　D. 国外佣金

7. 下列项目中，属于 CIF 价格构成的有（　　）。

A. 成本　　B. 运费

C. 保险费　　D. 佣金

## 三、判断题

1. 佣金是给卖方付给买方的报酬。（　　）

2. 电汇简称 T/T。（　　）

3. 在实际业务中一般按成交额作为计算佣金的基数。（　　）

4. 对于外贸企业出口销售业务中发生的佣金，不论是明佣、暗佣还是累计佣金，外贸企业都是在发生时记入“销售费用”账户。（　　）

5. 外贸企业销货退回商品发生的国内外费用，如属于对方的责任，经批准应转入“销售费用”账户。（　）

6. 外贸企业以向银行交单，作为确立出口销售的依据。（　）

7. 外贸企业自营出口发生的明佣和暗佣均冲减“主营业务收入”账户，而发生的累计佣金则列入“销售费用”账户。（　）

8. 明佣，又称发票内佣金，发生时记入“主营业务收入”账户。（　）

9. 外贸企业发生的国内和国外运费均记入“销售费用”账户。（　）

**四、实务题**

1. 甲进出口公司是一家商业外贸公司，为一般纳税企业，以人民币为记账本位币，对外币交易采用交易日即期汇率折算，该公司本期发生以下业务：

（1）该公司根据一份对日本出口合同，向本市玻璃厂购入 8mm 钢化玻璃 500 片，所取得的增值税专用发票注明该批玻璃的价款金额为 56 000 元，进项税额为 7 280 元。上列款项以银行存款支付，所购商品已验收入库。

（2）该公司将上列钢化玻璃全部向日本出口，当上列外销钢化玻璃已经装船并已取得装船提单后，该公司根据信用证规定将全套出口单证向银行办理交单手续。上列出口商品外销发票总金额为 CFR 大阪每片 USD22，佣金为 3%。财务部门今确认外销收入并结转出口商品成本，当日即期汇率为 1 美元＝7.105 元人民币。

（3）银行在收妥上列外汇后转入 A 公司的待核查账户，当日即期汇率为 1 美元＝7.112 元人民币。

（4）在该批出口商品出口过程中发生国内运费 800 元，今以银行存款支付。

（5）今收到某远洋货运公司开来的运费发票，应付上列外销玻璃海运运费计 550 美元，当日即期汇率为 1 美元＝7.118 元人民币。

（6）上列商品外销后，今按规定填制了“出口货物退（免）税申报表”并收齐了有关单证，信息核对无误后，向公司所在地退税机关申报办理出口退税，A 公司该批外销钢化玻璃的退税率为 11%。

（7）今收到税务机关退还的出口退税款。

要求：根据该公司上列各项业务，编制必要的会计分录。

2. 安徽安远进出口有限公司为一般纳税企业，以人民币为记账本位币，对外币交易采用交易日即期汇率折算，该公司 20××年 10 月发生以下业务：

（1）根据外销合同规定对外出口浴室配件一批，共 200 箱，每箱重量为 7.7kg。由宁波发往科佩尔，发票金额为 CIF 科佩尔 10 147.76 美元，今日交单出口，当日即期汇率为 1 美元＝6.56 元人民币。货款尚未收到，该商品采购成本为每公吨 60 000 元。发票、提单、出口货物成本核算单分别如表 3－1、表 3－2、表 3－3 所示。根据上述单据进行账务处理，并填写记账凭证（见表 3－4、表 3－5）。

**表 3-1　发票**

| Issuer<br>A. H. ANYUAN INTERNATIONAL CO.，LTD.<br>SHENG AN MANSION，555 TUNXI ROAD，HEFEI ANHUI，CHINA | | COMMERCIAL INVOICE | | | |
|---|---|---|---|---|---|
| To<br>ALPEXIPIPE IMPEX KFT<br>HUNGARY 1099 BUDAPEST，<br>Jozsef Korut 99<br>MOBILE：0036202560460 | | No.<br>HZ12ZB101-3293 | | Date<br>OCT. 30，20×× | |
| Transport Details<br>FROM NINGBO TO KOPER BY SEA | | S/C No.<br>H13EZA102090020 | | L/C No.<br>AH20××1314 | |
| | | Terms of Payment<br>T/T 30% DEPOSIT，BALANCE AGAINST B/L COPY | | | |
| Marks and numbers | Number and kind of packages | Description of goods | Quantity | Unit price | Amount |
| | | | | CIF KOPER | |
| ALPEXIPIPE | 200CTNS | BATHROOM ACCESSORIES | 2 800PCS | USD3. 624 2/PC | USD10 147. 76 |
| TOTAL | 200CTNS | （LCL） | 2 800PCS | | USD10 147. 76 |
| | _ GR WT：1 540KGS<br>_ NT WT：1 360KGS<br>_ PACKING：STANDARD PACKING AS USUAL | | | | |

中远集装箱运输有限公司
COSCO CONTAINER LINES
ORIGINAL
TLX: 8876 COSCO CN
FAX: +86 7889 7394
PORT TO PORT OR COMBINED TRANSPORT BILL OF LADING

**表 3－2　提单**

<table>
<tr><td colspan="3" rowspan="2">Shipper　Insert Name Address and Phone/Fax<br>A. H. ANYUAN INTERNATIONAL CO.，LTD.<br>SHENG AN MANSION，555 TUNXI ROAD，HEFEI<br>ANHUI，CHINA</td><td colspan="3">Booking No.</td><td colspan="2">Bill of Lading No.<br>DNHY801001</td></tr>
<tr><td colspan="5">Export Reference</td></tr>
<tr><td colspan="3">Consignee Insert Name Address and Phone/Fax<br>ALPEXIPIPE IMPEX KFT<br>HUNGARY 1099 BUDAPEST，Jozsef Korut 99<br>MOBILE：0036202560460</td><td colspan="5">Forwarding Agent and References<br>FMC/CHB No.<br>宁波中海船务代理有限公司<br>刘兵<br>Point and Country of Origin</td></tr>
<tr><td colspan="3">Notify Party Insert Name Address and Phone/Fax<br>(It is agreed that no responsibility shall attach to The Carrier or his agents for failure to notify)<br>ALPEXIPIPE IMPEX KFT<br>HUNGARY 1099 BUDAPEST，Jozsef Korut 99<br>MOBILE：0036202560460</td><td colspan="5" rowspan="2">Also Notify Party-routing &Instruction</td></tr>
<tr><td colspan="2">Combined Transport Pre-carriage by</td><td>Combined Transport Place of Receipt</td></tr>
<tr><td colspan="2">Ocean Vessel Voy. No.<br>XIN YA ZHOU V. 0023W</td><td>Port of Loading<br>NINGBO PORT CHINA</td><td colspan="3">Service Contract No.<br>H13EZA102090020</td><td colspan="2">Commodity Code</td></tr>
<tr><td colspan="2">Port of Discharge<br>KOPER SLOVENIA</td><td>Combined Transport Place of Delivery<br>KOPER SLOVENIA</td><td colspan="5">Type of Movement<br>FCL CY/CY</td></tr>
<tr><td>Marks & Nos. Container/ Seal No.</td><td>No. of Containers or Packages</td><td colspan="3">Description of Goods (If Dangerous Goods，See Clause 20)</td><td colspan="2">Gross Weight</td><td>Measurement</td></tr>
<tr><td>N/M<br>COSU<br>17638970/276483</td><td>1×40′RH<br>200CTNS</td><td colspan="3">BATHROOM ACCESSORIES<br>200CTNS　2 800PCS<br>AS PER ORDER NO.<br>HZ12ZB101-3293</td><td colspan="2">1 540KGS</td><td>25m³</td></tr>
<tr><td colspan="2">Declared Cargo Value USD</td><td colspan="6">Description of Contents for Shipper's Use Only (NOT part of This B/L Contract)</td></tr>
<tr><td colspan="8">Total Number of Container and/or Package (in words)<br>Subject to Clause 7 Limitation</td></tr>
<tr><td>FREIGHT & Charges</td><td>Revenue Tons</td><td>Rate</td><td>Per</td><td>Amount</td><td>Prepaid</td><td>Collect</td><td>Freight & Charge Payable at/by</td></tr>
<tr><td>FREIGHT PREPAID</td><td></td><td></td><td></td><td></td><td></td><td></td><td></td></tr>
<tr><td colspan="5" rowspan="2">Received in external apparent good order and condition except as otherwise noted. The total number of the packages or units stuffed in the container，the description of the goods and the weights shown in this Bill of Lading are furnished by the Merchants，and which the carrier has no reasonable means of checking and is not a part of this Bill of Lading contract. The carrier has issued <u>3</u> original Bill of Lading，all of this tenor and date，one of the original Bill of Lading must be surrendered and endorsed or signed against the delivery of the shipment and whereupon any other original Bill of Lading shall be void. The merchants agree to be bound by the terms and conditions of this Bill of Lading as if each had personally signed this Bill of Lading.<br>* Applicable Only When Document Used as a Combined Transport Bill of Lading.</td><td colspan="3">Date Laden on Board</td></tr>
<tr><td colspan="3">Signed by:<br>COSCO CONTAINER LINES<br>* * *</td></tr>
<tr><td colspan="3">Date of Issue</td><td colspan="2">Place of Issue</td><td colspan="3">Signed for the Carrier，COSCO CONTAINER LINES</td></tr>
</table>

**表 3-3　出口货物成本核算单——浴室配件**

| 外销合同号 | L/C NO. | 船名 | 提单号 | 出口日期 |
|---|---|---|---|---|
| AHWX560897 | AH20××1314 | XIN YA ZHOU | DNHY801001 | 20××.10.16 |

**收入**

| 收　汇 | 发票金额 | 国外扣费 | 净收汇 | 结汇日期 | 总收入 |
|---|---|---|---|---|---|
| | $10 147.76 | $1 104.63 | ￥59 232.50 | | ￥64 432.5 |
| 退　税 | 报关单金额 | 退税率 | 应退税款 | 收款日期 | |
| | $10 147.76 | 13% | 5 200 | | |

**费用**

| 分类 | 结算标准 | 价格 | 金额 | 收款单位 | 付款情况 |
|---|---|---|---|---|---|
| 货　款 | | | 40 000 | 安徽宁国铝制品加工厂 | 已付 |
| | | | | | |
| 包装袋费 | | | | | |
| 仓储费 | | | | | |
| 集港运费 | | | | | |
| 港杂费 | | | | | |
| 海运费 | | $521.33 | 3 414.71 | | |
| 佣　金 | | $507.39 | 3 323.40 | | |
| 商检费 | | | | | |
| 银行费用 | | | | | |
| 利　息 | | | | | |
| 保险费 | | $75.91 | 497.21 | | |
| 管理费 | | | | | |
| 其他费用 | | | | | |
| 费用总计 | ￥47 235.32 | 净利润 | ￥17 197.18 | | |

经理审核：吴昊　　　　财务审核：　　　　部门复核：　　　　制表：张兰

**表 3-4　记账凭证（1）**

记　账　凭　证

年　　月　　日　　　　　　　　　　　　　　制单编号：

| 摘　要 | 总账科目 | 明细科目 | 外币金额 | | 汇率 | 借　方 | | | | | | | | | | 记账符号 | 贷　方 | | | | | | | | | | 记账符号 |
|---|---|---|---|---|---|---|---|---|---|---|---|---|---|---|---|---|---|---|---|---|---|---|---|---|---|---|---|
| | | | 币种 | 金额 | | 千 | 百 | 十 | 万 | 千 | 百 | 十 | 元 | 角 | 分 | | 千 | 百 | 十 | 万 | 千 | 百 | 十 | 元 | 角 | 分 | |
| | | | | | | | | | | | | | | | | | | | | | | | | | | | |
| | | | | | | | | | | | | | | | | | | | | | | | | | | | |
| | | | | | | | | | | | | | | | | | | | | | | | | | | | |
| | | | | | | | | | | | | | | | | | | | | | | | | | | | |
| | | | | | | | | | | | | | | | | | | | | | | | | | | | |
| | | | | | | | | | | | | | | | | | | | | | | | | | | | |
| | | | | | | | | | | | | | | | | | | | | | | | | | | | |
| 结算方式及票号： | | | | | | | | | | | | | | | | | | | | | | | | | | | |

附单据　张

会计主管：　　记账：　　稽核：　　出纳：　　制单：　　经办人：

**表 3-5 记账凭证（2）**

记 账 凭 证

年 月 日 制单编号：

| 摘 要 | 总账科目 | 明细科目 | 外币金额 | | 汇率 | 借 方 | | | | | | | | | | 记账符号 | 贷 方 | | | | | | | | | | 记账符号 |
|---|---|---|---|---|---|---|---|---|---|---|---|---|---|---|---|---|---|---|---|---|---|---|---|---|---|---|---|
| | | | 币种 | 金额 | | 千 | 百 | 十 | 万 | 千 | 百 | 十 | 元 | 角 | 分 | | 千 | 百 | 十 | 万 | 千 | 百 | 十 | 元 | 角 | 分 | |
| | | | | | | | | | | | | | | | | | | | | | | | | | | | |
| | | | | | | | | | | | | | | | | | | | | | | | | | | | |
| | | | | | | | | | | | | | | | | | | | | | | | | | | | |
| | | | | | | | | | | | | | | | | | | | | | | | | | | | |
| | | | | | | | | | | | | | | | | | | | | | | | | | | | |
| | | | | | | | | | | | | | | | | | | | | | | | | | | | |
| | | | | | | | | | | | | | | | | | | | | | | | | | | | |
| | | | | | | | | | | | | | | | | | | | | | | | | | | | |
| 结算方式及票号： | | | | | | | | | | | | | | | | | | | | | | | | | | | |

附单据 张

会计主管： 记账： 稽核： 出纳： 制单： 经办人：

（2）上列出口商品根据合同规定应付国外中间商 0.6%佣金，当日即期汇率为 1 美元=6.55 元人民币。售货合同、佣金协议书分别见表 3-6、表 3-7。请进行账务处理，填写记账凭证（见表 3-8）。

**表 3-6 售货合同**

售货合同

SALES CONTRACT

合同编号（Contract No.）：AHWX560897

签约时间（Signing Date）：20××.01.08

签约地点（Signing Place）：HEFEI

卖方（The Seller）：A. H. ANYUAN INTERNATIONAL CO.，LTD.

地址（Address）：SHENG AN MANSION，555 TUNXI ROAD，HEFEI ANHUI，CHINA

电话（Tel）：0551-668197777 传真（Fax）：0551-66819999

买方（The Buyer）：ALPEXIPIPE IMPEX KFT

地址（Address）：HUNGARY 1099 BUDAPEST，Jozsef Korut 99

电话（Tel）：0036202560460 传真（Fax）：0036202560460

卖方与买方经协商同意签订本合同，按如下条款由买方购进卖方售出以下商品：

The Seller agrees to sell and The Buyer agrees to buy the under-mentioned goods on terms and conditions as stipulated below：

1.

| 序号 No. | 商品名称及规格 Name of Commodity & Specification | 数量/重量 Quantity/Weight | 单价 Unit Price | 总价 Total Price |
|---|---|---|---|---|
| | BATHROOM ACCESSORIES | 200CTNS<br>2 800PCS | USD3.624 2/PC | USD10 147.76 |

合计金额（Total Value）：TEN THOUSAND ONE HUNDRED AND FORTY-SEVEN AND SEVENTY-SIX CENTS.

续表

注：允许 %的溢短装。
Note：overweight or underweight within % of the total contract weight shall be permitted.
本合同使用的FOB、CFR、CIF等术语，除另有规定外，均遵行国际商会2010年制定的《国际贸易术语解释通则》。
The terms FOB，CFR，CIF etc. in the Contract shall subject to INCOTERMS 2010 provided by the International Chamber of Commerce unless otherwise stipulated herein.
2. 包装（Packing）：略
3. 装运唛头（Shipping Mark）：略
4. 保险（Insurance）：
卖方应按发票金额的110%投保一切险。附加险包括：
Insurance shall be procured by The Seller for 110% of the invoice value against All Risks. Additional insurance shall include：________________________________________.
5. 装运港（Port of Shipment）：NINGBO
6. 目的港（Port of Destination）：KOPER
7. 装运期限（Time of Shipment）：略
8. 付款条件（Terms of Payment）：

□买方应于装运期前________天内通过卖方同意的银行开出以卖方为受益人的全额的、保兑的、不可撤销的、无追索的、允许转船和分批装运的、可转让和分割的即期（或________天远期）信用证，并在装运期后21天内保留结汇有效。如卖方因故不能按上述装运期出运，则有关信用证的装运期和有效期将自动延长15天。

□By full amount，confirmed，irrevocable，without recourse，allowing transshipment and partial shipment，transferable and divisible Letter of Credit to be available by sight draft（or at ________ days sight draft）to reach The seller ________ days before shipment and to remain valid for negotiation in China until the 21st day after the aforesaid time of shipment. In case shipment is not effected within the specified time of shipment，an automatic extension of 15 days shall be allowed both for the time of shipment and the expiration of the relevant L/C.

□装运前电汇。

□By T/T before shipment

☑见票付款交单。

□By D/P at sight

9. 装船条件（Terms of Shipment）：________________________________________
10. 商品检验及索赔（Inspection and Claim）：

10.1 双方同意，货物的质量及数量或重量以国家出入境检验检疫局或生产者验证为准。如果买方对所运货物质量有异议，则可以在货到目的港30天内向卖方提出索赔。如果买方对所运货物数量或重量有异议，则可以在货到目的港15天内向卖方提出索赔。买方向卖方索赔时，应提供卖方同意的检验机构出具的检验报告。卖方对于由于自然原因或属于保险公司、船公司、其他运输机构或邮局责任造成的损失，不承担任何责任。

The two parties agree that the inspection on quality & quantity/weight will be based on Inspection Certificate issued by The State Administration For Entry-Exit Inspection And Quarantine of The People's Republic of China or the Manufacturers with their standards. In case of a quality discrepancy，The Buyer，shall within 30 days after arrival of the goods at the port of destination，lodge against The Seller's claim. In case of a quantity/weight discrepancy，The Buyer shall，within 15 days after arrival of the goods at the port of the destination，lodge against The Seller's claim. The claim（s）should be supported by Inspection Certificate issued by a public surveyor

续表

approved by The Seller. It is understood that The Seller shall not be liable for any discrepancy of the goods shipped due to natural causes, or causes falling within the responsibilities of the insurance company, shipping company, other transportation organization or post office.

10.2　买方有义务根据需要取得进口许可证，并安排开立信用证并/或按合同要求付款。如果买方不能在合同规定期限内将信用证开到卖方或按合同规定付款或开来的信用证不符合合同规定，而在接到卖方通知后10天内仍不能及时办妥修正，则卖方有权撤销合同或延期交货，并有权提出索赔。

The Buyer shall undertake to take the necessary steps to obtain import license if required and to arrange the opening of L/C and/or effect remittances as required in this contract. In case the Letter of Credit or the remittances dose not reach The Seller within the time stipulated in this contract, or the Letter of Credit opened by The Buyer does not correspond to the stipulations of this contract and The Buyer fails to amend thereafter its terms within 10 days after the receipt of notification from The Seller, The Seller shall have the right to terminate the contract or to postpone the delivery of the goods and shall have also the right to lodge a claim for compensation.

11. 不可抗力（Force Majeure）：

11.1　合同任何一方因不可抗力事件不能履行合同的全部或部分义务时，不承担任何责任。

Non-performance by a party is excused if that party proves that the non-performance was due to Force Majeure.

11.2　本合同所称不可抗力事件是指合同双方在订立合同时不能预见、对其发生和后果不能避免并不能克服的事件，如战争、火灾、地震、政策变化等。

Force Majeure in this contract refers to an impediment beyond control and that it could not reasonably be expected to have taken the impediment into account at the time of the conclusion of the contract or to have avoided or overcome it or its consequences. Such impediment includes war, fire, earthquake and governmental order or regulation, etc.

11.3　遭受不可抗力的一方必须在事故发生时立即电告另一方并在事故发生后15天内将事故发生地相关机构出具的事故证明书用航空邮寄另一方为证。

The party who fails to perform must notify the other party by cable within the shortest possible time of the occurrence of the Force Majeure and within 15 days therein send by registered airmail to the other party a Certificate as evidence issued by the relevant authorities of the place where the accident occurs for confirmation by the other party.

12. 仲裁（Arbitration）：

一切因本合同而发生的或与本合同有关的争议均应提交北京中国国际经济贸易仲裁委员会，并根据该会的仲裁规则进行仲裁。该仲裁的裁决为终局裁决，对双方均有约束力。

Any dispute arising from or in connection with this Contract shall be submitted to China International Economic and Trade Arbitration Commission in Beijing for arbitration which shall be conducted in accordance with the Commission's arbitration rules in effect at the time of applying for arbitration. The arbitral award is final and binding upon both parties.

13. 其他（Miscellaneous）：（备选条款 for choice）

如果由买方提供商标和包装设计方案，买方应在装船期前60天将经确认的设计样本及其他相关材料的最后确认以快件寄送卖方。如发生违反有关专利、商标法律的情况，由买方承担责任。

If the trademark and the design for packing are provided by The Buyer, the approved design and final clarification of all relative details shall be sent by express mail to The Seller and reaching

续表

| |
|---|
| The Seller 60 days before the time of shipment. The Buyer will be held responsible for violation, if any, of the laws in regard to patent design and trademark.<br>14. 合同效力（Effectiveness of Contract）：<br>14.1 本合同以中文书就正本两份，双方各执一份。本合同自双方代表签字之日起生效。<br>This contract shall be written in English with two originals and one copy for each party. This contract shall come into effect immediately after being signed by the representatives of both parties.<br>14.2 买方应在收到合同书后的7个工作日内将其中一份经签署且无任何修改的合同书寄送卖方。<br>The Buyer should sign one copy and return it without any modification to The Seller within 7 days after receipt.<br>14.3 本合同共________页，双方代表须在每一页上签字。<br>There are totally ________ pages in this contract, and signatures of the representatives on behalf of the two parties are required on each page.<br>卖方<br>The Seller<br>A. H. ANYUAN INTERNATIONAL CO., LTD.<br>安徽安远进出口有限公司 合同专用章<br>买方<br>The Buyer<br>ALPEXIPIPE IMPEX KFT |

**表3-7 佣金协议书**

| |
|---|
| **佣金协议书**<br>甲方：安徽安远进出口有限公司<br>乙方：ALPEXIPIPE IMPEX KFT<br>本着互惠互利的原则，经友好协商，甲、乙双方决定互相信任，在出口贸易方面达成合作，并签订佣金合同，双方约定如下：<br>一、可以在甲、乙双方签订内贸合同的基础上以乙方的名义与外方客户签订国际贸易合同，甲、乙双方保证严格遵守和执行内贸合同，甲方对于乙方的生产订单予以优先和优惠供给。<br>二、也可以经乙方介绍，在甲、乙双方签订佣金协议的基础上，由外方客户直接与甲方签订国际贸易供销合同，甲、乙双方保证严格执行佣金协议。<br>佣金费率：5%<br>佣金支付方式：电汇<br>佣金支付期限：<br>出口贸易合同约定以信用证结算方式下，甲方收到与国际贸易合同主要条款（如货物描述、最迟装船期、信用证有效期、价格术语、付款条件等）一致的可执行的信用证通知书之日起30个工作日内，支付乙方佣金；如信用证与合同不符，须修改，则在收到与合同主要条款一致的修改后30个工作日内，支付乙方佣金；如开来的信用证无法与原国际贸易合同达成一致，导致甲方无法接受该信用证，并主动将该信用证正本及银行通知书退回原通知行，则无须支付乙方佣金。<br>出口贸易合同约定以汇款方式结算，其中含有一定比例的预付货款和货到付款，则在甲方必须在收到预收款和货到收款且货物验收合格入库后30个工作日分别支付乙方等比例佣金。<br>出口贸易合同约定以出口托收方式结算，则甲方必须在收到托收款项之日且货物验收合格入库后30个工作日内支付乙方佣金。乙方开发出口客户的费用，原则上由乙方自行负责。如有特殊情况，甲、乙双方可在本合同的基础上，协商解决。<br>安徽安远进出口有限公司 合同专用章 |

续表

| 三、合同期限。本合同的期限为从签订之日起一年，期满后，如果双方认为本合同有必要延长，可对本合同进行修改补充后延长，也可另签新的合同。合同期满前，经双方同意，也可提前终止合同；合同期满后，甲方仍须按照本合同支付乙方佣金，直到结清为止。由不可抗力造成的合同提前终止或不能执行，双方均免责。<br>四、违约罚金。佣金合同签订后，双方必须严格遵守，如甲方无正当理由不能按时支付佣金，则按照每逾期1个月（不足月的按照足月计算）增加原应支付金额10%违约罚金的比例重新计算佣金和罚金数额，一并支付。<br>五、争议解决。在合同执行期间如果双方发生争议，双方应友好协商解决。如果协商不成，双方同意提交甲方当地人民法院通过法律解决。本合同如有未尽事宜，双方协商解决。本合同一式两份，双方各执一份，经签字、盖章生效，两份合同具有同等效力。<br>甲方：安徽安远进出口有限公司　　　乙方：ALPEXIPIPE IMPEX KFT<br>日期：　　　日期： |
|---|

**表3-8　记账凭证**

记　账　凭　证

年　月　日　　　　制单编号：

| 摘要 | 总账科目 | 明细科目 | 外币金额 | | 汇率 | 借方 | | | | | | | | | | 记账 | 贷方 | | | | | | | | | | 记账 |
|---|---|---|---|---|---|---|---|---|---|---|---|---|---|---|---|---|---|---|---|---|---|---|---|---|---|---|---|
| | | | 币种 | 金额 | | 千 | 百 | 十 | 万 | 千 | 百 | 十 | 元 | 角 | 分 | 符号 | 千 | 百 | 十 | 万 | 千 | 百 | 十 | 元 | 角 | 分 | 符号 |
| | | | | | | | | | | | | | | | | | | | | | | | | | | | |
| | | | | | | | | | | | | | | | | | | | | | | | | | | | |
| | | | | | | | | | | | | | | | | | | | | | | | | | | | |
| | | | | | | | | | | | | | | | | | | | | | | | | | | | |
| | | | | | | | | | | | | | | | | | | | | | | | | | | | |
| | | | | | | | | | | | | | | | | | | | | | | | | | | | |
| | | | | | | | | | | | | | | | | | | | | | | | | | | | |
| | | | | | | | | | | | | | | | | | | | | | | | | | | | |
| 结算方式及票号： | | | | | | | | | | | | | | | | | | | | | | | | | | | |

附单据　张

会计主管：　　记账：　　稽核：　　出纳：　　制单：　　经办人：

（3）支付船公司运费521.33美元，当日即期汇率为1美元=6.53元人民币，船公司发票如表3-9所示。请进行账务处理，填写记账凭证（见表3-10）。

**表3-9　国际货物运输代理业发票**

国际货物运输代理业专用发票
INTERNATIONAL FREIGHT
FORWARDING SPECIAL INVOICE

发票代码：000000002011
发票号码：00002011

购　付　汇　联
FOREIGN EXCHANGE

付款单位：安徽安远进出口有限公司　开票日期：20××-02-06
PAYER　DATE ISSUED
船名/航次、航班、车次　提（运）单号 DNHY801001　开航日期 20××.02.15
VESSEL/VOY. /FRT. /TRAIN NO.　B/L NO.
启运港　宁波　卸货港　目的港　KOPER　SLOVENIA
LOAD PORT　DIS. PORT　DESTINATION

| 收费内容（货物名称、数量、单价）<br>PARTICELARS (DESCRIPTIONS, QUANTITY, UNIT PRICE) | 金额<br>AMOUNT | 备注<br>REMARKS |
|---|---|---|

续表

| 海运费 | | USD521.33 | |
|---|---|---|---|
| 金额合计（大写）<br>TOTAL IN CAPITAL | 美元：伍佰贰拾壹美元叁拾叁美分 | USD521.33 | |
| 企业签章：<br>BUSINESS SEAL | 统一社会信用代码：略<br>Unified Social Credit Code | 复核：高兴　制单：吴云<br>（手开无效）<br>HAND WRITING NULL AND VOID | |

**表 3-10　记账凭证**

记　账　凭　证

年　月　日　　　　制单编号：

| 摘　要 | 总账科目 | 明细科目 | 外币金额 | | 汇率 | 借　方 | | | | | | | | | | 记账 | 贷　方 | | | | | | | | | | 记账 |
|---|---|---|---|---|---|---|---|---|---|---|---|---|---|---|---|---|---|---|---|---|---|---|---|---|---|---|---|
| | | | 币种 | 金额 | | 千 | 百 | 十 | 万 | 千 | 百 | 十 | 元 | 角 | 分 | 符号 | 千 | 百 | 十 | 万 | 千 | 百 | 十 | 元 | 角 | 分 | 符号 |
| | | | | | | | | | | | | | | | | | | | | | | | | | | | |
| | | | | | | | | | | | | | | | | | | | | | | | | | | | |
| | | | | | | | | | | | | | | | | | | | | | | | | | | | |
| | | | | | | | | | | | | | | | | | | | | | | | | | | | |
| | | | | | | | | | | | | | | | | | | | | | | | | | | | |
| | | | | | | | | | | | | | | | | | | | | | | | | | | | |
| | | | | | | | | | | | | | | | | | | | | | | | | | | | |
| | | | | | | | | | | | | | | | | | | | | | | | | | | | |
| 结算方式及票号： | | | | | | | | | | | | | | | | | | | | | | | | | | | |

附单据　张

会计主管：　记账：　稽核：　出纳：　制单：　经办人：

（4）支付该批商品的保险费 75.91 美元。当日即期汇率为 1 美元＝6.53 元人民币。该月仅此一笔出口业务，出口退税率为 13%，月末出口退税单证已收齐。3 月申报出口退税，出口退税汇总申报表如表 3-11 所示。请进行账务处理，填写记账凭证（见表 3-12）。

**表 3-11　外贸企业出口退税汇总申报表**

（适用于增值税一般纳税人）

| 海关企业代码 | | | | |
|---|---|---|---|---|
| 纳税人名称： | 安徽安远进出口有限公司（公章） | | | |
| 统一社会信用代码 | 略 | 申报年月：<br>20××.02 | 申报批次： | 金额单位：元至角分 |
| 出口企业申报 | | | | |
| 出口退税出口明细申报表 | 1 份， | 记录 | | 条 |
| | | 出口额 | | 美元 |
| 出口货物报关单 | 1 张， | | | |
| 代理出口货物证明 | 张， | | | |
| 出口收汇核销单 | 张， | 收汇额 | | 美元 |
| 远期收汇证明 | 张， | 其他凭证 | | 张 |
| | | | | |
| 出口退税进货明细申报表 | 份， | 记录 | | 条 |
| 增值税专用发票 | 1 张， | 消费税专用税票 | | 张 |

续表

| | | | |
|---|---|---|---|
| 海关进口增值税专用缴款书 | 张， | 海关进口消费税专用缴款书 | 张 |
| 外贸企业出口退税进货分批申报单 | 张， | 总进货金额 | 元 |
| 总进货税额 | 40 000 元， | | |
| 其中：增值税 | 元， | 消费税 | 元 |
| | | | |
| 本月申报退税额 | 5 200 元， | | |
| 其中：增值税 | 5 200 元， | 消费税 | 元 |
| 本月实收已退税额 | 元， | 本年累计实收已退税额 | 元 |
| 本月实收已退增值税退税额 | 元， | 本年累计实收已退增值税退税额 | 元 |
| 本月实收已退消费税退税额 | 元， | 本年累计实收已退消费税退税额 | 元 |
| 申请开具单证 | | | |
| 代理出口货物证明 | 份， | 记录 | 条 |
| 代理进口货物证明 | 份， | 记录 | 条 |
| 来料加工出口货物免税证明 | 份， | 记录 | 条 |
| 来料加工出口货物免税核销证明 | 份， | 记录 | 条 |
| 出口货物转内销证明 | 份， | 记录 | 条 |
| 退运已补税证明 | 份， | 记录 | 条 |
| 补办报关单证明 | 份， | 记录 | 条 |
| 补办收汇核销单证明 | 份， | 记录 | 条 |
| 补办代理出口证明 | 份， | 记录 | 条 |
| 出口企业出口含税产品免税证明 | 份， | 记录 | 条 |
| 申报人申明 | | 授权人申明 | |
| 此表各栏填报内容是真实、合法的，与实际出口货物情况相符。<br>此次申报的出口业务不属于“四自三不见”等违背正常出口经营程序的出口业务。否则，本企业愿意承担由此产生的相关责任。 | | （如果你已委托代理申报人，请填写下列资料）<br>为代理出口货物退税申报事宜，现授权____为本纳税人的代理申报人，任何与本申报表有关的往来文件都可寄与此人。 | |
| 经办人：张超<br>财务负责人：姚杰<br>法定代表人（负责人）：　　年　月　日 | | 授权人签字：　印 曾建（盖章）<br>年　月　日 | |

**表 3-12　记账凭证**

记　账　凭　证

年　　月　　日　　　　制单编号：

| 摘　要 | 总账科目 | 明细科目 | 外币金额 | | 汇率 | 借　方 | | | | | | | | | | 记账符号 | 贷　方 | | | | | | | | | | 记账符号 |
|---|---|---|---|---|---|---|---|---|---|---|---|---|---|---|---|---|---|---|---|---|---|---|---|---|---|---|---|
| | | | 币种 | 金额 | | 千 | 百 | 十 | 万 | 千 | 百 | 十 | 元 | 角 | 分 | | 千 | 百 | 十 | 万 | 千 | 百 | 十 | 元 | 角 | 分 | |
| | | | | | | | | | | | | | | | | | | | | | | | | | | | |
| | | | | | | | | | | | | | | | | | | | | | | | | | | | |
| | | | | | | | | | | | | | | | | | | | | | | | | | | | |
| | | | | | | | | | | | | | | | | | | | | | | | | | | | |
| | | | | | | | | | | | | | | | | | | | | | | | | | | | |
| | | | | | | | | | | | | | | | | | | | | | | | | | | | |
| | | | | | | | | | | | | | | | | | | | | | | | | | | | |
| | | | | | | | | | | | | | | | | | | | | | | | | | | | |
| 结算方式及票号： | | | | | | | | | | | | | | | | | | | | | | | | | | | |

附单据　张

会计主管：　　记账：　　稽核：　　出纳：　　制单：　　经办人：

# 任务三 掌握代理出口业务的核算

## 任务概述

通过本任务的学习，学生应了解代理出口业务的特点，熟悉代理出口业务的账户设置，掌握代理出口业务的账务处理。

代理出口业务与自营出口业务的区别

## 基础知识

### 一、代理出口业务的概念

代理出口是指出口企业接受国内其他单位的委托，代其对外销售出口商品，并代办出口结汇，向委托方收取一定比例手续费的出口销售业务。代理出口可分为两种情况：一种是出口企业为委托方代办出口成交、商品出运、制单、交单结汇等全套工作，称为代理出口业务；另一种是出口企业只为委托单位代办商品的加工、整理、改装等部分工作，而不代办结汇，称为代办业务。代理出口业务与代办业务的区别就在于是否代办出口结汇。

### 二、代理出口业务的特点

与自营出口业务相比，代理出口业务有以下特点：

（1）受托、委托双方应事先签订代理出口协议，明确规定经营商品、代理范围、商品交接、储存运输、手续费率、外汇划拨、索赔处理、货款结算以及双方有关职责等。

（2）受托企业经办代理出口业务，不垫付商品资金，不负担基本费用，不承担出口销售盈亏，仅收取手续费。

（3）受托企业按出口销货发票的金额及规定的手续费率，向委托方收取手续费，作为经办代理出口业务的管理费用开支和收益。

（4）代理出口商品的出口退税归委托方，一般由受托企业负责去所在地的税务局开具代理出口退税证明，由委托方持有关证明向当地税务机关办理退税。

### 三、代理出口业务的账户设置

#### （一）“应收账款”与“应付账款”账户

“应收账款”是资产类账户，“应付账款”是负债类账户。这两个账户用来核算委托方与受托方之间代理出口业务的货款结算。

（二）“主营业务收入——代理出口销售收入”账户

该账户是损益类账户，为避免受托企业和委托方对同一商品出口业务重复反映销售收入和销售成本的现象，在会计实务中采取委托方按自营出口处理，受托企业不再重复反映代理出口销售收入和销售成本，只把代理手续费确认为销售收入的方法。

（三）“代管商品物资”账户

该账户为表外账户，经办代理出口的受托方设置该账户用来反映代理物资的流转。

## 任务实施

### 代理出口业务的账务处理

#### 任务描述

完成代理出口业务的账务处理，能够根据业务流程，审核原始凭证，完成支付货款及填制凭证任务。

#### 任务分析

财务部门根据业务部门以及储运部门交来的单据，完成向银行交单、垫付国内外费用、确认代理手续费收入、代理出口销售收汇的有关业务。

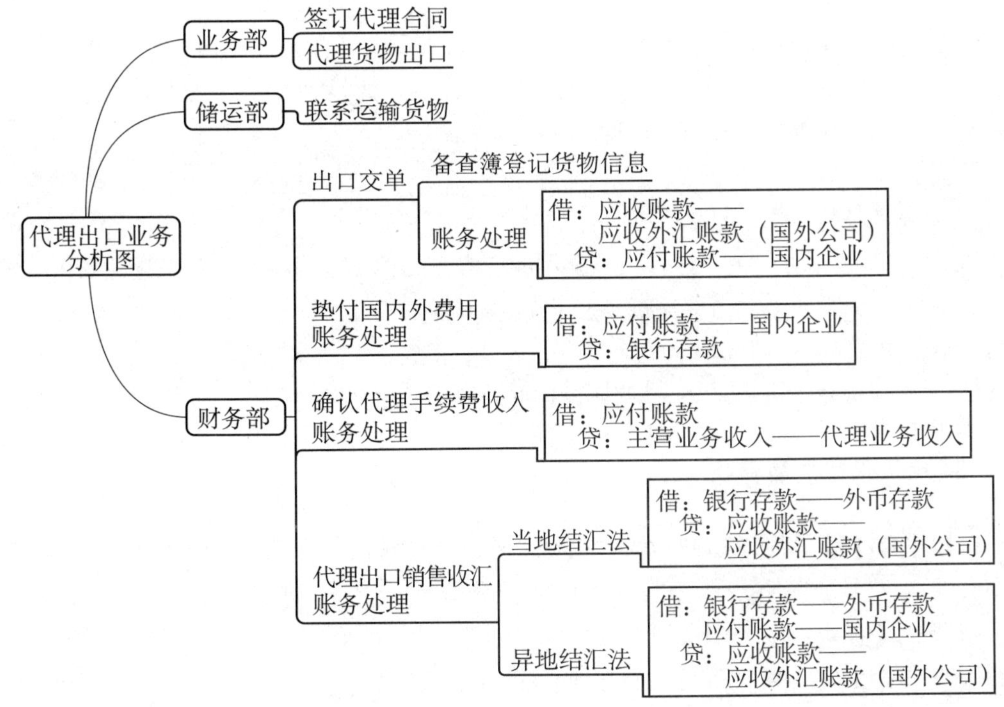

## 任务完成

1. 代理出口商品收发及交单

【例 3-13】ABC 进出口公司代理服装厂出口服装业务，服装已运到。

（1）9 月 20 日，ABC 进出口公司收到储运部门转来的代理出口商品入库单，列明入库服装 200 套，每套 300 元。

工作人员在备查簿上做单式登记，借：代管商品物资——服装 60 000 元（200 套）。

（2）9 月 25 日，ABC 进出口公司收到储运部门转来的代理出口商品出库单，列明出库服装 200 套，每套 300 元。

工作人员在备查簿上做单式登记，借：代管商品物资——待运和发出商品 60 000 元（200 套）；同时做单式登记，贷：代管商品物资——服装 60 000 元（200 套）。

（3）服装销售给韩国公司，10 月 8 日，ABC 进出口公司收到业务部门转来代理销售服装的发票副本和银行回单，发票列明服装 200 套，每套 CIF 价为 80 美元，共计货款 16 000 美元，明佣 300 美元，当日即期汇率为 7.11。编制会计分录如下：

借：应收账款——应收外汇账款（韩国公司）（USD15 700×7.11）　111 627

　贷：应付账款——服装厂　111 627

同时，工作人员根据代理业务出库单（转账联）在备查簿上做单式登记，贷：代管商品物资——待运和发出商品 60 000 元（200 套）。

2. 垫付国内外费用

【例 3-14】ABC 进出口公司代理服装厂出口服装业务，发生国内外基本费用。

（1）9 月 26 日，支付运输公司将服装运往港口的运杂费 500 元，支付港口装船费 300 元。编制会计分录如下：

借：应付账款——服装厂　800

　贷：银行存款　800

（2）10 月 4 日，支付外轮运输公司运费 500 美元、保险公司保险费 100 美元，当日即期汇率为 7.15。编制会计分录如下：

借：应付账款——服装厂　4 290

　贷：银行存款——外币存款（USD600×7.15）　4 290

3. 确认代理手续费收入

【例 3-15】ABC 进出口公司按照代理合同收取代理手续费 640 美元，当日即期汇率为 7.15。编制会计分录如下：

借：应付账款——服装厂　4 576

　贷：主营业务收入——代理出口销售收入　4 576

4. 代理出口销售收汇

出口企业代理出口销售结汇时，有两种结汇方法：当地结汇法和异地结汇法。若采用当地结汇法，银行会将全部出口货款向代理出口企业结汇，由代理出口企业扣除其为委托方垫付的各种费用和代理出口手续费后，将余额划转给委托方；若采用异地结汇法，银行则于出口货款结汇后即进行货款的分割，将手续费和代垫费用划转给代理出口企业，其余部分款项划转给国内委托方。

**【例 3-16】** ABC 进出口公司代理销售服装，发生收汇业务。

（1）采用当地结汇法，10 月 15 日，ABC 进出口公司收到银行转来的收汇通知，扣除垫付及手续费后，将差额汇付委托单位，当日即期汇率为 7.11。编制会计分录如下：

借：银行存款——外币存款（USD15 700×7.11）　　111 627
　贷：应收账款——应收外汇账款（韩国公司）（USD15 700×7.11）　　111 627
借：应付账款——服装厂　　101 961
　贷：银行存款　　101 961

（2）采用异地结汇法，10 月 15 日，ABC 进出口公司收到银行转来分割结汇的收账通知，其中代理业务代垫国内运杂费 500 元，装船费为 300 元；代垫国外运费 500 美元，保险费为 100 美元；代理手续费为 640 美元；同时根据银行转来的分割结汇通知，划拨服装厂外汇余额。当日即期汇率为 7.11。编制会计分录如下：

借：银行存款　　9 616.4
　　应付账款——服装厂［USD（15 700－600－640）×7.11－800］
　　102 010.6
　贷：应收账款——应收外汇账款（韩国公司）（USD15 700×7.11）
　　111 627

## 拓展知识

### 两部门发布 4 件骗取出口退税案例共计金额近 3 亿元，两人被判无期

针对不法分子以假报出口等手段骗取出口退税行为，最高人民检察院、公安部会同有关部门部署开展了打击虚开骗税专项行动，查办了一批案件。2024 年 8 月 23 日，最高检、公安部联合发布 4 件依法惩治骗取出口退税犯罪典型案例。

案例体现了司法机关对骗取出口退税犯罪从严打击、全链条打击、准确打击。根据发布的案情，4 件案例中的涉案企业、人员共骗取出口退税近 3 亿元，其中单个案例骗取最大金额超 1.5 亿元。

这件案例显示，2014年3月至2019年6月，何某斌、黄某平等人为了骗取出口退税，以S公司等三家企业的名义，在没有实际货物交易的情况下，向他人购买货物出口的单证信息，伪造购销合同、资金回流，并指使陈某江、张某鹏、梁某芬为上述三家企业虚开增值税专用发票，并通过何某斌的香港公司、黄某平的J公司等多种方式购买外汇虚假结汇。

通过上述“买单”“配票”“买汇”环节，何某斌等人虚构三家企业已实际出口货物的事实，骗取国家出口退税款项共计1.51亿余元。

陈某江、张某鹏、梁某芬在没有实际货物交易的情况下，分别为三家企业虚开增值税专用发票。其中，陈某江虚开增值税专用发票4 266份，价税合计4.43亿元，税额0.64亿元；张某鹏、梁某芬虚开增值税专用发票5 541份，价税合计5.75亿元，税额0.82亿元。上述增值税专用发票均被用于骗取出口退税。

经公安机关移送审查起诉、检察机关提起公诉，2021年9月8日，广东省佛山市中级人民法院作出判决，认定S公司等三家企业、何某斌等10人犯骗取出口退税罪，判处S公司等三家企业7 500万元到3 200万元不等罚金；判处何某斌、黄某平无期徒刑，剥夺政治权利终身，并处没收个人全部财产；判处其余8名被告人有期徒刑十五年至三年六个月不等的刑罚，并处罚金。认定陈某江等3人犯虚开增值税专用发票罪，判处有期徒刑十三年到四年六个月不等的刑罚，并处没收个人财产300万元到罚金不等。宣判后，何某斌等人提出上诉。2023年7月，广东省高级人民法院裁定驳回上诉，维持原判。

最高检表示，对作为单位直接负责主管人员的何某斌、黄某平判处无期徒刑，剥夺政治权利终身，充分体现了对罪行严重的骗取出口退税犯罪从严打击。实践中，犯罪分子为逃避国家监管，将骗取出口退税犯罪行为伪装成正常商业交易，往往在一个地区催生出黑灰产业链。对此，司法机关将坚持全链条打击理念，摧毁骗取出口退税犯罪生态链。

资料来源：行海洋．两部门发布4件骗取出口退税案例共计金额近3亿元，两人被判无期［EB/OL］．新京报官网，2024-08-23.

## ⌘ 学习测试

### 一、单项选择题

1. 外贸企业代理出口销售业务确认代理手续收入涉及的账户有（　　）。

A. 应付账款　　　　B. 应收账款

C. 预付账款　　　　D. 预收账款

2. 外贸企业代理出口商品销售收入销售成立时应记入（　　）账户。

A. 应付账款　　　　B. 主营业务收入

C. 其他业务支出　　D. 营业外收入

3. 代理出口商品的出口退税一般归（　　）。

A. 委托方　　B. 代理企业

C. 税务局　　D. 财政部

4. 代管商品物资属于（　　）性质的账户。

A. 资产　　B. 负债

C. 费用　　D. 所有者权益

## 二、多项选择题

1. 代理出口销售收入发生的以下（　　），通过应付账款账户核算。

A. 国外运费　　B. 国内费用

C. 国外保险费　　D. 暗佣

2. 采用当地结汇法时，受托外贸企业收汇后，扣除（　　），将外汇余额通过银行转付委托单位。

A. 垫付的国内外直接费用　　B. 国内外间接费用

C. 代理手续费用　　D. 佣金

3. 外贸企业垫付的国外运保费，涉及的账户是（　　）。

A. 银行存款　　B. 应收账款

C. 应付账款　　D. 应交税费——应交增值税

## 三、判断题

1. “代理商品物资”账户为表外账户，该账户可以采用单式记账的方法进行记账。（　　）

2. 代理出口销售是指外贸企业代替国内委托单位办理对外销售、托运、交单等全过程的出口销售业务，不代办出口结汇业务。（　　）

3. 代理出口业务与代办业务的区别，就在于是否代办出口结汇。（　　）

## 四、实务题

安徽安远进出口有限公司代理芜湖振远玻璃杯厂的玻璃杯出口：

（1）2月20日，1万个玻璃杯已经入库，每个价格为20元。

（2）2月25日，安徽安远进出口有限公司收到储运部门转来的代理出口商品出库单，列明出库玻璃杯1万个，每个20元。

（3）玻璃杯销售给韩国公司，3月8日，安徽安远进出口有限公司收到业务部门转来代理销售的发票副本和银行回单，发票列明玻璃杯1万个，每个CIF价6美元，共计货款60 000美元，当日即期汇率为7.14。

（4）3月26日，安徽安远进出口有限公司支付运输公司将货物运往港口的运杂费1 500元，支付港口装船费300元。

（5）4月4日，安徽安远进出口有限公司支付外轮运输公司运费1 500美元、保险公司保险费 300 美元，当日即期汇率为 7.15。

（6）安徽安远进出口有限公司按照代理合同收取代理手续费 3 000 美元，当日即期汇率为 7.15。

（7）4 月 25 日，安徽安远进出口有限公司收到银行转来的收汇通知，扣除垫付及手续费后，将差额汇付委托单位，当日即期汇率为 7.14。

# 项目四

# 掌握进口业务核算

● **案例导入**

小张所在的外贸企业主要经营烟丝的进口业务。该公司最近从美国进口一批卷烟，除了该批卷烟的 FOB 价格、国外运费、保险费，还支付了进口关税、消费税、增值税和国内运杂费。你知道如何计算该批卷烟的进口成本吗？

# 任务一

# 掌握自营进口业务的核算

## 任务概述

通过本任务的学习，学生应了解进口业务的种类和程序，掌握进口商品成本的计算，掌握自营进口业务账户设置和账务核算。

## 基础知识

### 一、进口业务的种类

#### （一）自营进口业务

自营进口是指外贸企业用自有外汇、自借外汇以及自用以进养出外汇等所自行组织的商品进口。自营进口销售的各种费用由外贸企业自行支付，其经营成果由企业自行承担。

#### （二）代理进口业务

代理进口业务是指外贸企业接受委托单位的委托，使用委托单位的外汇进口商品并按代理方式作价加收手续费销售给用货单位的销售业务。代理进口与自营进口不同，代理进口所使用的外汇都是委托单位的外汇（如委托单位的自有外汇、外汇借款、以进养出外汇等），无须占用代理企业的自有资金。

### 二、自营进口业务的程序

自营进口业务涉及市场调研、物色客户、交易磋商、签订合同、办理货物进关、货物检验、购买外汇等一系列程序，一般分为三个阶段：交易前准备、交易磋商和合同订立、合同履行。对于具有自营进口权的外贸企业来说，进出口贸易一般都是先找好买家和卖家，然后签订买卖合同。

### 三、自营进口在途物资成本的构成

#### （一）国外进价

进口商品的进价一律以 CIF 即到岸价格为入账基础。如果采取其他价格如 FOB 或 CFR 成交，那么商品离开对方口岸后的国外运费、保险费等应由进口企业承担并计入商品的进价。进口企业收到的能够直接认定的进口商品的佣金应冲减商品的进价，若无法认定到具体商品，则冲减销售费用。进口商品抵达我国口岸后所发生的费用都应计入销售费用。其中：

运费分为国内运费和国外运费。在CIF及CFR条件下，国外运费应该由出口方支付；在FOB条件下，国外运费应该由进口方支付。外贸企业发生的国内运费计入销售费用。

保险费在CIF及CFR条件下，由出口方支付；在FOB条件下，由进口方支付。国际上一般对出口货物险的投保金额按可保财产的实际价值全额投保，即按启运地的CIF价投保，通常还要加上到达目的地后的预期利润，国际保险市场上通常为加成10%。计算公式为：

保险费＝(FOB＋国外运费)/(1－保险费率×110%)×保险费率×110%

佣金是指在国际贸易中，代理人或经纪人为委托人服务而收取的报酬，或者是中间商、代理商或经纪人为委托人服务而收取的报酬，或者是中间商、代理商在介绍交易成交后而取得的收入。按照支付方式的不同，佣金可以分为明佣、暗佣和累计佣金。其中，明佣是指在买卖合同、信用证或发票等相关单证上公开标明的金额，由国外客户在支付出口货物时直接扣除，因而出口企业无须另付；暗佣是指出口合同中定有佣金，但在价格条件、出口发票上未列明的佣金，其金额应对真正的买主保密，因此它的数额一般不在发票等相关单据上显示，等到卖方（出口商）货款收妥后，再暗中支付给中间商；累计佣金是指出口企业按照一定时期累计销售额给国外包销商、代销商的推销报酬，它对销售商具有一定的刺激作用，因为累计销售额越大，佣金额也就越高。

### （二）进口税金

进口税金是指进口商品在进口环节应缴纳的计入进口商品成本的各种税金，主要包括海关征收的进口关税和消费税等。但是进口环节征收的增值税是价外税，是不能构成进口在途物资成本的，应列入“应交税费”账户处理。其中：

进口关税是一个国家的海关对进口货物和物品征收的关税。计算公式为：

进口关税＝完税价格×进口关税税率

进口增值税是指进口环节征缴的增值税，属于流转税的一种。不同于一般增值税以生产、批发、零售等环节的增值额为征税对象，进口增值税是专门对进口环节的增值额进行征税的一种增值税。计算公式为：

组成计税价格＝关税完税价格＋关税＋消费税

进口增值税＝(关税完税价格＋关税)/(1－消费税税率)×增值税税率

消费税是以消费品的流转额作为征税对象的各种税收的统称。消费税实行价内税，只在应税消费品的生产、委托加工和进口环节缴纳，在以后的批发、零售等环节，因为价款中已包含消费税，所以不用再缴纳消费税，税款最终由消费者承担。计算公式为：

(1) 实行从价定率的（如烟丝）：

进口消费税＝(关税完税价格＋关税)÷(1－消费税比例税率)×消费税比例税率

（2）实行复合计税的（如卷烟）：

进口消费税＝（关税完税价格＋关税＋进口数量×消费税定额税率）÷（1－消费税比例税率）×消费税比例税率＋进口数量×消费税定额税率

## 四、自营进口业务的账户设置

### （一）自营进口在途物资的账户设置

1．“在途物资——进口在途物资”账户

该账户用于归集进口商品在采购过程中的各项支出。借方登记进口商品的国外进口价、支付的国外运保费及进口税金。收到的进口佣金以及红字记入该账户的借方，其借方之和就是某进口商品的采购成本。余额在借方，反映在途商品的进口成本。

2．“库存商品——库存进口商品”账户

该账户用于反映库存进口商品的增减变动和结存情况。借方登记从“在途物资——进口在途物资”账户转入的进口商品成本，贷方登记商品销售后成本的结转数。余额在借方，反映尚未销售的进口商品的成本。

### （二）自营进口商品销售业务的账户设置

1．“主营业务收入——自营进口销售收入”账户

该账户是损益类账户，核算企业以自营方式进口商品的销售收入。贷方登记企业实现的销售收入和以红字冲销的销售收入；借方登记进口商品退货时归还给国内购货单位的退货款；期末须将余额转入“本年利润”账户。

2．“主营业务成本——自营进口销售成本”账户

该账户是损益类账户，核算企业以自营方式进口商品的销售成本。借方登记结转自营进口商品的销售成本和以红字冲减的销售成本；贷方登记进口商品退货而转回的成本；期末须将余额转入“本年利润”账户。

3．“应交税费——应交增值税”账户

根据现行的税法规定，自营进口商品在销售环节应缴纳增值税，计算应缴纳增值税或支付增值税时，应先通过“应交税费——应交增值税”科目核算。贷方用蓝字登记企业销售进口商品应收取的销项税额，用红字登记退回销售货物应冲销的销项税额。

应当注意的是，为了不影响核算年度的进口销售盈亏情况，对于以前年度的应调整自营进口销售收入和成本的事项，在资产负债表日后和财务报告批准报出日之前发生的，应在“以前年度损益调整”账户中核算，之后发生的直接冲减自营进口销售收入和销售成本。

# 任务实施

## 子任务一　自营进口商品采购业务的账务处理

### 任务描述

完成自营进口商品采购业务的账务处理，能够根据业务流程，审核原始凭证，完成支付货款及填制凭证任务。

### 任务分析

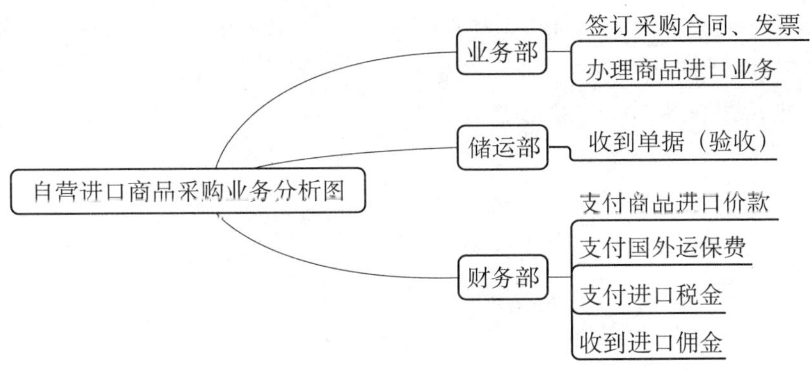


### 任务完成

**【例 4-1】** ABC 进出口公司从美国进口甲类烟卷 500 箱（每箱 250 条，每条 200 支），每箱 FOB 价为 USD100，总计 USD50 000，以信用证方式结算。

（1）3 日，ABC 进出口公司收到银行转来的全套进口单据及结汇付款通知，经审核无误，当即购汇承付货款，当日汇率为 USD1＝CNY6.82。

（2）9 日，ABC 进出口公司收到银行转来的进口结汇水单，支付国外运费 USD1 200、进口保险费 USD600，当日汇率为 USD1＝CNY6.8。

（3）19 日，卷烟运达我国口岸，ABC 进出口公司向海关申报卷烟应纳进口关税70 966 元、应纳消费税 712 376.73 元、应纳增值税 147 962.45 元，当日汇率为 USD1＝CNY6.85。

（4）22 日，ABC 进出口公司收到外商汇来该批商品进口佣金 USD1 500，当日汇率为 USD1＝CNY6.84。

（5）28 日，500 箱进口卷烟验收入库，结转其采购成本。

（6）30 日，ABC 进出口公司以银行存款支付进口卷烟的进口关税、消费税和增值税。

要求：根据上述资料编制会计分录。

（1）借：在途物资——进口在途物资　　341 000

　　贷：银行存款——外币存款（USD50 000×6.82）　　341 000

（2）借：在途物资——进口在途物资　　12 240
　　贷：银行存款（USD1 800×6.8）　　12 240

关税＝51 800×6.85×20%＝70 966（元）

消费税＝(51 800×6.85＋70 966＋500×250×200×0.003)÷(1－56%)×56%＋500×250×200×0.003＝712 376.73（元）

增值税＝(51 800×6.85＋70 966＋712 376.73)×13%＝147 962.45（元）

（3）借：在途物资——进口在途物资　　783 342.73
　　贷：应交税费——应交进口关税　　70 966
　　　　　　　——应交消费税　　712 376.73

（4）借：银行存款（USD1 500×6.84）　　10 260
　　贷：在途物资——进口在途物资　　10 260

（5）借：库存商品——进口卷烟　　1 126 322.73
　　贷：在途物资——进口在途物资　　1 126 322.73

（6）借：应交税费——应交进口关税　　70 966
　　　　　　　——应交消费税　　712 376.73
　　　　　　　——应交增值税（进项税额）　　147 962.45
　　贷：银行存款　　931 305.18

## 子任务二　自营进口商品销售业务的账务处理

### 任务描述

完成自营进口商品销售业务的账务处理，能够根据业务流程，审核原始凭证，完成收到货款及填制凭证任务。

### 任务分析

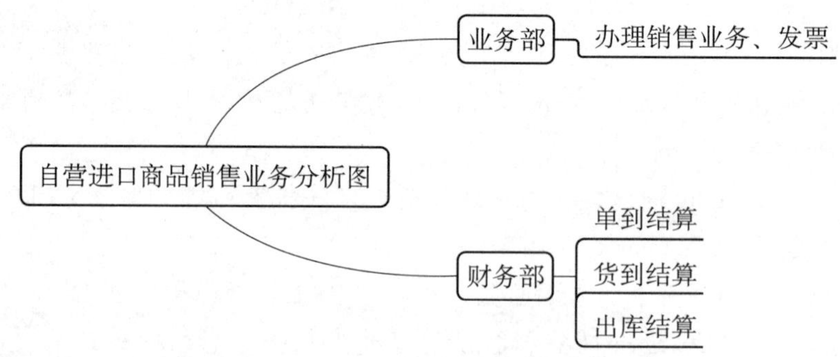


### 任务完成

1. 单到结算

企业在收到银行转来的国外全套单据后，就可以向国内客户办理货款结算了。此时因为进口商品的采购成本尚未核算归集完毕，所以不能同时结转成本。由于商品没有入库就已经销售了，因此可以将归集的在途物资成本直接从“在途物资——进口在途物资”账户转入“主营业务成本——自营进口销售成本”账户。

**【例 4-2】** ABC进出口公司根据协议为某商业批发企业用直接购汇方式从英国进口化纤原料200吨，每吨FOB伦敦80英镑，总计16 000英镑，采用单到结算。

(1) 收到国外凭证，经审核无误，填制外汇付款通知单，交银行承付。当日银行外汇牌价为11元人民币兑1英镑。

(2) 按口岸商业批发价每吨1 500元，填制“进口商品结算单”、“增值税专用发票”(增值税税率为13%)和托收承付结算凭证，向商业批发企业收取货款。

(3) 英国化纤原料运抵我国口岸，向海关申报应纳进口关税17 600元、进口增值税25 168元。

(4) 支付国外运费、保费总计1 200英镑(汇率未变)。

(5) 支付国内外运公司到货费用1 500元。

(6) 结转进口商品的采购成本。

(7) 支付英国化纤原料的进口关税和增值税。

要求：根据上述资料编制会计分录。

| | | |
|---|---|---|
| (1) 借：在途物资——进口化纤原料 | 176 000 | |
| 　　贷：银行存款——外币存款(16 000英镑) | | 176 000 |
| (2) 借：应收账款——某商业批发企业 | 339 000 | |
| 　　贷：主营业务收入——自营进口销售收入 | | 300 000 |
| 　　　　应交税费——应交增值税(销项税额) | | 39 000 |
| (3) 借：在途物资——进口化纤原料 | 17 600 | |
| 　　贷：应交税费——应交进口关税 | | 17 600 |
| (4) 借：在途物资——进口化纤原料 | 13 200 | |
| 　　贷：银行存款——外币存款(1 200英镑) | | 13 200 |
| (5) 借：在途物资——进口化纤原料 | 1 500 | |
| 　　贷：银行存款 | | 1 500 |
| (6) 借：主营业务成本——自营进口销售成本 | 208 300 | |
| 　　贷：在途物资——进口化纤原料 | | 208 300 |
| (7) 借：应交税费——应交增值税(进项税额) | 25 168 | |
| 　　　　　　　——应交进口关税 | 17 600 | |
| 　　贷：银行存款 | | 42 768 |

**【例 4-3】** ABC进出口公司根据合同从日本公司进口照相机200台，采用单到结算方式，并销售给国内甲公司。

(1) 11月5日，ABC进出口公司接到银行转来的国外全套单据，每台CIF价格250美元，计货款50 000美元，佣金1 000美元，审核无误后，已付款。当日美元与人民币市场汇率为 6.8。编制会计分录如下：

借：在途物资——进口在途物资（相机）　　333 200

　贷：银行存款——外币存款（USD49 000×6.8）　　333 200

(2) 11 月 7 日，ABC 进出口公司接到业务部门转来的增值税专用发票，照相机 200 台，每台价格 2 500 元，计货款 500 000 元，增值税税额为 65 000 元，收到甲公司签发的商业汇票。编制会计分录如下：

借：应收票据——甲公司　　565 000

　贷：主营业务收入——自营进口销售收入（相机）　　500 000

　　　应交税费——应交增值税（销项税额）　　65 000

(3) 11 月 16 日，相机运抵我国口岸，ABC 进出口公司向海关申报和缴纳关税 333 200 元、增值税 47 647.6 元。编制会计分录如下：

借：在途物资——进口在途物资（相机）　　333 200

　　应交税费——应交增值税（进项税额）　　47 647.60

　贷：银行存款　　80 967.60

(4) 结转销售商品的销售成本。编制会计分录如下：

借：主营业务成本——自营进口销售成本（相机）　　366 520

　贷：在途物资——进口在途物资（相机）　　366 520

2. 货到结算

在进口商品运达我国港口时，进口在途物资成本的归集已经完成。因此与国内客户办理货款结算时，在反映自营进口商品销售收入的同时，也可以结转其销售成本。具体核算方法与自营进口商品销售采取单到结算的核算方法相同。

3. 出库结算

出库结算情况下，进口商品在验收入库以后，成本已核算完毕并记入“库存商品——库存进口商品”账户，入库的进口商品再出库销售给国内客户，同时结转销售成本。

**【例 4-4】** 承例 4-3，采取出库结算的账务处理方式。

(1) 11 月 16 日，进口相机验收入库。编制会计分录如下：

借：库存商品——库存进口商品（相机）　　366 520

　贷：在途物资——进口在途物资（相机）　　366 520

(2) 11 月 18 日，ABC 进出口公司接到进口商品销售的出库通知单，按合同或协议价格与甲公司办理结算，收到其签发承兑的汇票。编制会计分录如下：

借：应收票据　　565 000

　贷：主营业务收入——自营进口销售收入（相机）　　500 000

　　　应交税费——应交增值税（销项税额）　　65 000

（3）同时，结转成本。编制会计分录如下：

借：主营业务成本——自营进口销售成本（相机）　366 520

　贷：库存商品——库存进口商品（相机）　366 520

## 子任务三　自营进口的索赔和理赔的账务处理

### 任务描述

进口商品到货后，如果发现货物品质、数量、包装等与合同规定不符，应及时获取商品检验部门开具的商检证书、残损证明以及货物的发票、装箱单、提单副本，在合理期限内向责任方提出索赔。

根据不同的问题，分情况确认相关的责任方以确定索赔对象。

（1）由于船方过失，使清洁提单项下的货物发生残损短缺，或者货物少于提单所载的数量。这类损失根据租船合约有关条款规定，可向船公司索赔。

（2）在运输过程中，由于自然灾害、意外事故或运输过程中其他事故的发生致使货物受损，而且又在保险公司承保范围内，应及时向保险公司提出索赔。

（3）若货物的品质、规格与合同规定不符，货物原装短少，包装不良造成货损，不如期交货或拒不交货等，属于国外出口商的责任，则应由外贸企业根据商检证明书，在合同规定的对外索赔期限内向国外出口商提出索赔。一般来说，进口索赔中属于国外卖方责任的居多。这是因为国外有些不法商人唯利是图、不守信用，在交货时，往往投机取巧、弄虚作假、以次充好、以假冒真、以少报多，不按合同规定履行交货义务。

### 任务分析

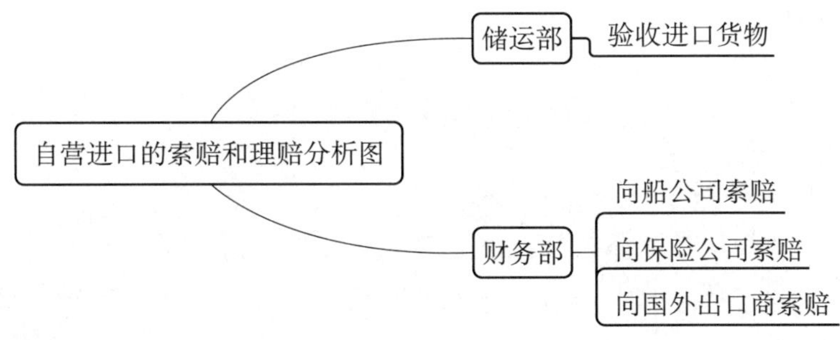


### 任务完成

**【例 4-5】** ABC 进出口公司 7 月从美国达拉斯公司购进黄豆 250 吨，以 CIF 价格计价，每吨 400 美元，佣金为 2 000 美元，当日美元市场价为 7.2 元人民币，进口缴纳关税 70 560 元、增值税 10 090.08 元。这批黄豆采用单到结算方式，以每吨 4 000 元价格售给泰康食油厂，货款为 1 000 000 元，增值税税额为 130 000 元。款已收妥入账。8 月 5 日，黄豆到达港口，检验中发现其中 25 吨已霉烂变质。

（1）8月7日，查黄豆霉烂变质为出口商责任，向外商提出索赔，经协商，外商同意赔偿9 800美元，当日美元市场价为7.2元人民币。编制会计分录如下：

借：应收账款——美元（USD9 800×7.2）　　70 560

　贷：主营业务成本——自营进口　　70 560

同时作销货退回处理。编制会计分录如下：

借：主营业务收入——自营进口　　100 000

　　应交税费——应交增值税（销项税额）　　13 000

　贷：应付账款　　113 000

（2）8月8日，申请退还进口关税和增值税。编制会计分录如下：

借：应交税费——应交关税　　7 056

　贷：主营业务成本——自营进口　　7 056

（3）8月20日，收到美国达拉斯公司付来的赔偿款9 800美元，当日美元市场价为7.25元人民币。

借：银行存款——美元（USD9 800×7.25）　　71 050

　贷：应收账款——美元（USD9 800×7.25）　　71 050

（4）8月31日，收到税务机关退还25吨变质黄豆的关税和增值税。编制会计分录如下：

借：银行存款　　8 065.01

　贷：应交税费——应交关税　　7 056

　　　应交税费——应交增值税（进项税额）　　1 009.01

## 拓展知识

### 进口贸易的业务流程

#### 一、进口贸易前的准备工作

进口贸易前的准备工作包括两个方面：一方面，必须进行市场调研，如对所欲订购的商品的调研、对商品的国际市场价格的调研、对国际市场供应情况的调研、对客户资信情况的调研，并在调研的基础上选择客户并与之建立业务关系；另一方面，进口商品有许多必要的基础手续需要办理，如取得进出口经营权、办理海关登记注册、申请进口配额、申请进口许可证、领取进口付汇核销单、制定进口经营方案等。

#### 二、签订进口贸易合同

外贸企业在与选定的国外客户建立业务关系以后，即可就进口贸易的具体内容与对方进行实质性谈判，就交易进行磋商。磋商的内容主要是买卖货物的各种交易条件。交易磋商既可以通过交换书信、数据电文（包括电报、电传、传真、EDI和电子邮件）等书面形式进行，也可以通过电话、当面谈判的口头形式进行。交易磋商一般要经过询盘、发盘、还盘、接受等环节，但是要达成交易、订立合同的基本程序是：一方向另一方发盘和另一方对该发盘做出接受。除另有约定外，国际货物买卖合同于对发盘的接受生效时即告订立。然而，在实际业务中，为了明确责任，便于履行，或使口头谈成的合同生效，通常还需要当事人双方签署一份有一定格式的书面合同，如进口销售合同或售货确认书。

三、履行进口贸易合同

进口贸易合同签订后，买卖双方按合同规定在享有各自权利的同时必须承担各自的义务。进口合同的履行使进口交易进入一个实质性的阶段，是合同当事人实现合同内容的具体行为。进口合同的履行是进口业务中的重要环节，它涉及进口商、银行、检验检疫机构、海关、运输、保险、有关政府机构等相关部门，只有各部门通力协作，合同履行才能顺利进行。若以FOB价格条件成交，以信用证方式结算货款的合同为例，买方履行合同的程序可以概括为证（申请、开立信用证）、船（租船订舱、保险）、款（审单付款）、货（报关、接货、检验）。如果按CFR或CPT条件并采用托收方式签订进口合同，其履约过程则可免去开立、修改信用证和办理货物运输等环节；如属CIF或CIP合同，则又免去了办理货运保险这一环节。

四、对内销售和结算

根据合同向国内客户销售并办理结算，向国家外汇管理局委托办理进口付汇核销手续的外汇银行办理进口付汇核销手续。

## 学习测试

### 一、单项选择题

1. 进口物资采购成本是由（　　）所组成的。

A. 外商售价、进口税金、进口运费、保险费及入库前的国内费用

B. 外商售价、进口运费、保险费、佣金及入库前的国内费用

C. 外商售价、进口税金、进口运费、保险费、佣金及入库前的国内费用

D. 外商售价、进口税金、进口运费、保险费

2. 我国核算自营出口销售收入时，是以（　　）价格条件为基础的。

A. CIF　　B. CFR　　C. FOB　　D. FCA

3. 进出口企业的库存商品发生短缺、经查属于企业管理不善时，应将这部分损失额计入（　　）。

A. 营业外支出　　B. 管理费用

C. 销售费用　　　　　　　　　　　D. 库存商品

4. 进出口企业承担支出的出口商品展览费应计入（　　）。

A. 销售费用　　　　　　　　　　　B. 管理费用

C. 财务费用　　　　　　　　　　　D. 税后利润

5. 在自营进口业务中，当采用 FOB、CFR、CIF 价格条件时，运输责任险的投保人无论是谁，在运输过程中因人力、不可抗力等的损失（　　）。

A. 可由出口人向运输公司索赔　　　B. 可由进口人向国外公司索赔

C. 可由出口人向保险公司索赔　　　D. 可由进口人向保险公司索赔

6. 在（　　）情况下，进口在途物资和销售是同时进行的。

A. 单到结算　　　　　　　　　　　B. 购货结算

C. 出库结算　　　　　　　　　　　D. 入库结算

7. 在进口业务中，货到结算是指（　　）。

A. 当进口企业收到运输部门转来的到港通知时即作为对国内用户的销售实现

B. 当进口企业收到货款时即作为对国内用户的销售实现

C. 当进口企业收到银行转来的国外提货单等单据对外付款时即作为对国内用户的销售实现

D. 当进口企业收到银行进账单时即作为对国内用户的销售实现

8. 某企业进口货物一批，按照规定应缴纳消费税，该货物关税完税价格折合人民币 1 000 000 元，适用关税税率 20%、消费税税率 10%，则该货物应纳消费税税额为（　　）元。

A. 136 000　　　B. 133 333　　　C. 100 000　　　D. 150 000

9. 某外贸企业从美国进口甲商品，FOB 价格 30 000 美元，为甲商品支付国外运费 1 500 美元、保险费 300 美元；支付甲商品进口关税 53 678 元、增值税税额 55 218 元；支付甲商品国内运杂费 1 500 元（假设均以 1 美元＝7.00 元人民币来换算）。该甲商品的进口成本为（　　）元。

A. 277 778　　　B. 308 078　　　C. 363 296　　　D. 309 578

10. 某外贸企业从法国进口货物一批，该货物关税完税价格折合人民币为 800 000 元，货物到达口岸运抵仓库支付运杂费 10 000 元，该批货物的关税税率为 60%，消费税税率为 10%，增值税税率为 13%，则该批货物的应纳增值税税额为（　　）元。

A. 136 000　　　B. 137 700　　　C. 231 200　　　D. 184 889

## 二、多项选择题

1. 进口环节的消费税可由（　　）向报关地海关申报纳税，由海关代征代缴。

A. 出口商　　　B. 进口人　　　C. 国内企业　　　D. 代理人

2. 进口商品在进口环节应缴纳的税金主要有（　　）。

A. 进口关税　　　　　　　　　　　B. 增值税（进项税额）

C. 增值税（销项税额）　　　　D. 消费税

3. 进口在途物资成本包括（　　）。

A. 国外进价　　B. 进口关税　　C. 进口增值税　　D. 进口消费税

4. 根据国家规定，凡属法定检验的进口商品，都必须在合同规定期限内，由商检部门检验，如发现与合同有不符，可根据造成损失原因及程度向（　　）提出索赔。

A. 国外出口商　　B. 船公司　　C. 保险公司　　D. 外贸企业

## 三、判断题

1. 进口商品销售收入应在货物出库托运时确认入账。（　　）
2. 商品入库后所发生的挑选整理费不应计入库存商品成本。（　　）
3. 进口商品的进口关税是进口商品的采购成本的组成部分。（　　）
4. 进口商品过程中发生的佣金应计入销售费用。（　　）

## 四、实务题

1. 东方食品进出口公司根据进口贸易合同从美国奥尔良公司进口卷烟一批，采用信用证结算。要求：根据该项进口的以下业务编制必要的会计分录。

（1）6 月 1 日，东方食品进出口公司接到银行转来国外全套结算单据，开列卷烟 500 箱，每箱 FOB 价格 96 美元，计货款 48 000 美元，审核无误后，购汇予以支付，当日美元市场汇率为 7.20 元。

（2）6 月 2 日，东方食品进出口公司购汇支付进口卷烟国外运费 1 891 美元、保险费 109 美元，当日美元市场汇率为 7.21 元人民币。

（3）6 月 19 日，卷烟运达我国口岸，东方食品进出口公司向海关申报卷烟应纳进口关税税额 69 120 元，应纳消费税税额 180 951.43 元，应纳增值税税额 77 437.28 元。

（4）6 月 20 日，美国奥尔良公司付来佣金 1 500 美元，当日美元市场汇率为 7.24 元人民币，银行已收。

（5）6 月 21 日，500 箱进口卷烟验收入库。

（6）6 月 26 日，东方食品进出口公司以银行存款支付进口卷烟的进口关税、消费税和增值税。

2. 浦江照相器材进出口公司根据合同从日本大阪公司进口照相机，采用信用证结算，并且采用单到结算方式，销售给静安公司。要求：根据该项进口的以下业务编制必要的会计分录。

（1）7 月 5 日，浦江照相器材进出口公司接到银行转来的国外全套单据，每台 CIF 价格 200 美元，计货款 50 000 美元，佣金 1 000 美元，审核无误后，已付款。当日美元市场汇率为 7.30 元人民币。

（2）7 月 6 日，浦江照相器材进出口公司接到业务部门转来的增值税专用发票，列：照相机250台，每台价格200美元，佣金1 000美元，计货款372 300元，收到静安公司签发承兑的汇票。

（3）7月15日，相机运抵我国口岸，浦江照相器材进出口公司向海关申报和缴纳关税74 460元、增值税58 078.8元。

（4）结转销售商品的销售成本。

# 任务二

# 掌握代理进口业务的核算

## 任务概述

通过本任务的学习，学生应了解代理进口业务的特点，掌握代理进口业务的账户设置和账务处理。

## 基础知识

### 一、代理进口业务的特点

代理进口业务是进口企业代理国内委托单位与外商签订进口贸易合同，并负责对外履行义务的业务，即进口企业接受其他单位的委托，用委托单位的外汇进口商品，并收取一定的手续费。外贸企业经营代理进口业务，实质上是用委托单位的资金进口商品，原价转给委托单位，外方付来的佣金、索赔款全部退给委托单位，不负担盈亏，只收取代理手续费。

代理进口业务会计核算的最大特点是代理企业处于中介服务地位，纯粹是接受其他企业委托，以订立代理合同形式进口。代理方应负责对外洽谈价格条款、技术条款、交货期及签订合同并办理运输、开证、付汇等全过程，若仅负责对外成交、不负责开证付款，均不属于代理进口。

代理进口业务和自营进口业务相比，有以下几个特点：

（1）不垫付资金。外贸企业在向受托方预售购货款或是收妥现汇后，同国外出口商签订购货合同，不垫付资金。

（2）代理进口所发生的费用一般由委托方负担境内外直接费用，包括海外运输费、保险费、银行手续费、代理手续费，外贸企业不承担责任，只按照有关规定收取一定的手续费。发生的佣金、索赔款等全部退回委托方。受托方承担间接费用，包括开证费、电讯费等。

（3）以所收取的手续费来作为代理开支及盈利，一般手续费为1%～3%，按CIF价计算。代理方所收取的手续费应缴纳6%的增值税。

（4）受托方不承担盈亏，外方付来的佣金、索赔款全部退给委托方。

（5）代理进口所需外汇原则上由委托方解决，若需受托方代为购汇，则手续费由委托方负担。

（6）代理的进口关税、增值税及消费税等，由委托方缴付。

（7）代理进口销售的作价，以实际进口商品的成本为准，即进口商品的CIF价格加一定的手续费。代理进口有关成本构成内容如下：

1）国外货款是指进口合同中规定的商品价款。

2）国外运保费是指以 FOB 价以及 CFR 价成交的进口商品，按合同规定支付的国外运费、保险费。

3）银行财务费是指银行办理进口商品国际结算时收取的费用，外贸企业按规定额向委托方收取，一般为 3‰～5‰。

4）外运劳务费是指外运公司办理商品国外运输的代办手续费。

5）代理手续费是指外贸企业办理进口业务收取的手续费，目前一般的比例是 CIF 价格的 1.5%～3%。

## 二、代理进口业务的账户设置

### （一）“预收账款”账户

该账户是负债类账户，核算企业代理进口业务预收委托单位预付的货款。在收到委托单位预付的货款时，记入该账户的贷方；收到国外全套结算单据，向国外出口方支付款项时，记入该账户的借方。

### （二）“主营业务收入——代理进口销售收入”账户

该账户是损益类账户，核算企业发生代理进口业务的手续费收入。贷方登记企业确认的代理进口业务销售收入，期末在结转“本年利润”账户时，记入借方。

## 任务实施

### 代理进口业务的账务处理

#### 任务描述

完成代理进口在途物资业务的账务处理，能够根据业务流程，审核原始凭证，完成支付货款及填制凭证任务。

#### 任务分析

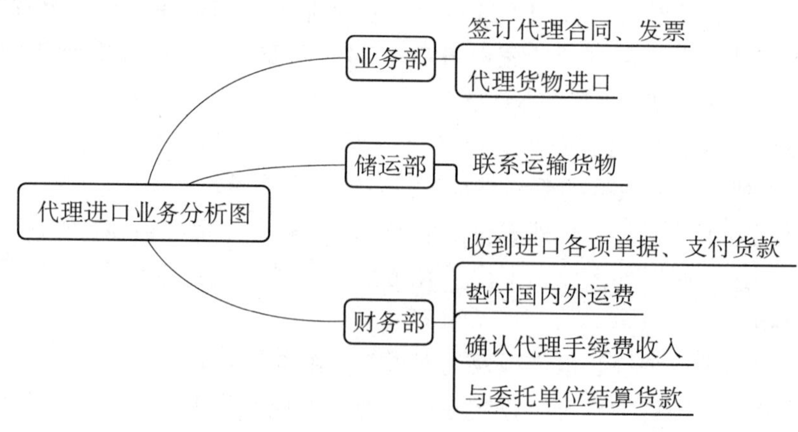

## 任务完成

**【例4-6】**ABC进出口公司接受乙公司委托代为进口日本服装一批。

(1) 11月1日，收到乙公司预付的服装货款200 000元。编制会计分录如下：

借：银行存款 200 000

　贷：预收账款——乙公司 200 000

(2) 11月12日，ABC进出口公司支付进口日本服装的国外运费920美元、保险费80美元，当日美元汇率为7.16元人民币。编制会计分录如下：

借：预收账款——乙公司 7 160

　贷：银行存款——外币存款（USD1 000×7.16） 7 160

(3) 11月15日，ABC进出口公司收到日本公司全套结算单，开列服装200件，FOB价格每件100美元。审核无误，支付货款，当日美元市场汇率为7.15元人民币。编制会计分录如下：

借：预收账款——乙公司 143 000

　贷：银行存款——外币存款（USD20 000×7.15） 143 000

(4) 11月15日，ABC进出口公司按代理进口服装CIF价格的2%计手续费收入420美元。当日美元汇率为7.15元人民币。编制会计分录如下：

借：预收账款——乙公司（USD420×7.15） 3 003

　贷：主营业务收入——代理进口销售收入（服装） 3 003

(5) 11月25日，服装运达我国口岸，ABC进出口公司向海关申报应交关税税额15 078元、增值税税额21 561.54元，当日美元汇率为7.18元人民币。编制会计分录如下：

借：预收账款——乙公司 36 639.54

　贷：应交税费——应交进口关税 15 078

　　　　　　——应交增值税（进项税额） 21 561.54

(6) 11月30日，ABC进出口公司支付代理进口业务的进口关说和增值税。编制会计分录如下：

借：应交税费——应交进口关税 15 078

　　　　　——应交增值税（进项税额） 21 561.54

　贷：银行存款 36 639.54

(7) 11月30日，ABC进出口公司与委托单位结算货款。编制会计分录如下：

借：预收账款——乙公司 10 197.46

　贷：银行存款 10 197.46

## 拓展知识

### 进口业务的类型

**一、按进口贸易和出口贸易的关系分类**

按进口贸易和出口贸易的关系分类，进口业务可以分为单边进口、以进养出进口、易货贸易进口、补偿贸易进口。

（一）单边进口

卖方通过电报、电传和信函往来或当面洽谈等方式与买方在各自国家有关贸易的法律规定范围内自由约定，经过报盘和接受，签订买卖合同。单边出口是一笔出口业务单独进行的国际货物买卖中最一般的交易方法。卖方根据合同的规定履行交货义务，取得货币所有权，出口业务即告结束。

（二）以进养出进口

以进养出进口是指进口国外原材料和技术加工生产成品再出口，是国际贸易中的一种习惯做法。

（三）易货贸易进口

易货贸易进口是指在换货的基础上，把等值的出口货物和进口货物直接结合起来的进口贸易方式。

（四）补偿贸易进口

补偿贸易进口是指以产品偿付进口设备、技术等费用的进口贸易方式。例如，买方以赊购形式向卖方购进机器设备、技术知识等，兴建工厂企业，投产后以所生产的全部产品、部分产品或双方商定的其他商品，在一定期限内，逐步偿还贷款本息。它既是一种贸易方式，也是一种利用外资的形式。

**二、按经营责任分类**

按经营责任分类，进口业务可以分为自营进口和代理进口。

（一）自营进口

外贸企业根据自身经营的需要和可能的外汇来源经营的进口业务，盈亏由自己承担。

（二）代理进口

外贸企业接受其他单位的委托，以各项不同来源的外汇经营的进口业务，盈亏由委托企业承担，代理企业仅收取一定的手续费。

## 学习测试

### 一、单项选择题

1. 外贸企业接受本地或外地有关单位、企业的委托，代办对外销售业务及（　　）

工作的称为代理出口业务。

A. 出口商品出运　　B. 出口商品加工整理

C. 出口商品改装　　D. 出口制单结算

2. 进出口企业代理进口业务按进口（　　）的一定比例向委托方收取外汇代理手续费。

A. FOB 价格　　B. CIF 价格

C. CFR 价格　　D. 商品国外进价

3. 外贸企业代理进口业务的对内结算方式是（　　）。

A. 出库结算　　B. 货到结算　　C. 单到结算　　D. 以上都是

4. 某外贸企业从美国进口甲商品，FOB 价格 30 000 美元，为甲商品支付国外运费 1 500 美元、保险费 500 美元，甲商品进口关税税率为 20%，增值税税率为 13%，则缴纳的增值税为（　　）元人民币。(假设均以 1 美元=7 元人民币来折算)

A. 4 882　　B. 34 944　　C. 5 032　　D. 5 192

## 二、多项选择题

1. 外贸企业代理进口时，应遵循（　　）的原则。

A. 不垫付进口商品资金　　B. 不负担国内运杂费

C. 不负担国外运杂费　　D. 不负担保险费

2. 在代理进口销售业务里，不属于代理商的义务为（　　）。

A. 支付代理手续费　　B. 代垫进口商品资金

C. 承担进口业务盈亏　　D. 负担进口商品所发生的各项税收

3. 进口业务按其经营责任不同，可分为（　　）。

A. 自营进口业务　　B. 代理进口业务

C. 补偿贸易业务　　D. 易货贸易业务

## 三、判断题

1. 外贸企业根据代理进口商品金额 CIF 价格的一定比例收取代理手续费。（　　）

2. 进口业务的类型，按经营责任分类，分为单边进口和多边进口。（　　）

3. 代理进口业务核算涉及“主营业务收入”“主营业务成本”账户。（　　）

## 四、实务题

1. 甲公司受武宁公司委托代为进口法国香水。要求：根据该项进口的以下业务编制必要的会计分录。

(1) 8 月 1 日，甲公司收到武宁公司预付的香水货款 1 336 100 元。

(2) 8 月 12 日，甲公司支付法国塞纳公司香水的国外运费 1 424 美元、保险费 176 美元，当日美元汇率为 7.30 元人民币。

(3) 8 月 15 日，甲公司收到法国塞纳公司全套结算单，开列香水 200 箱，FOB 价格每箱 400 美元，佣金为 1 600 美元。审核无误，扣除佣金支付货款。当日美元汇率为7.28元人民币。

(4) 8月15日，甲公司按代理进口香水CIF价格的2.5%计手续费收入2 000美元。当日美元汇率为7.26元人民币。

(5) 8月25日，香水运达我国口岸，甲公司向海关申报应交关税税额148 680元、消费税税额346 920元、增值税税额196 588元。

(6) 8月31日，甲公司支付代理进口业务的进口关税、消费税和增值税。

2. 远通外贸进出口公司的记账本位币为人民币，对外币交易采用交易日的即期汇率折算，该外贸公司代理本市A工厂从美国进口通信器材一批，价格条件为FOB上海25 000美元。远通外贸进出口公司的代理手续费率为1.2%，当日开出结算清单如下：

| 结算项目 | 外币（美元） | 人民币（元） |
| --- | --- | --- |
| 1. 进口货款 | 25 000（汇率6.78） | （ A ） |
| 2. 国外运费 | 3 000（汇率6.78） | （ B ） |
| 3. 国外保险费 | 2 000（汇率6.78） | （ C ） |
| 4. 进口到岸价 | 30 000（汇率6.78） | （ D ） |
| 5. 进口关税 | —— | 16 750 |
| 6. 银行手续费 | —— | 105 |
| 7. 代理手续费（1.2%） | —— | （ E ） |
| 8. 进口增值税 | —— | （ F ） |
| 9. 结算金额合计 | —— | （ G ） |

要求：(1) 计算上列结算清单括号内的字母所代表的数值。

(2) 根据上列结算单编制下列受托方会计分录：

1) 收到委托方A工厂根据上列结算清单所列金额汇来的预付款。

2) 支付国外货款。

3) 支付国外运保费。

4) 支付银行手续费。

5) 缴纳进口关税与增值税。

6) 向委托方收取代理手续费。

# 项目五

# 掌握加工贸易业务核算

## ● 案例导入

小张所在的外贸公司最近接到一批国外的订单，公司完成这笔订单的方式有两种，进料加工或者来料加工。那么，该公司为了完成这笔订单，若分别采用这两种方式，又是如何分别进行会计业务核算的呢？

# 任务一 掌握进料加工业务的核算

## 任务概述

通过本任务的学习，学生应了解加工贸易的概念及种类，了解进料加工的特点，熟悉进料加工业务的账务设置，掌握进料加工业务的账务处理。

## 基础知识

加工贸易业务概述

### 一、加工贸易业务概述

从广义上讲，加工贸易是外国的企业（通常是工业发达国家和新兴工业化国家和地区的企业）以投资方式把某些生产能力转移到东道国或者利用东道国已有的生产能力为自己加工装配产品，然后运到东道国境外销售。这种跨越国界的生产加工和销售是加工贸易的显著特征。加工贸易同国际投资及国际贸易紧密相连，体现了商品和资本交换的国际化。

从狭义上讲，加工贸易是部分国家对来料或进料加工采用海关保税监管的贸易。一些发展中国家由于面临较多的关税或非关税壁垒，为了扩大对外贸易或吸引外商直接投资，采取对来料或进料方式进口的原材料、零部件由海关实行保税监管的办法。狭义的加工贸易是一种比较新的现象，其特点是出口产品中所含有的进口成分比较高，出口国主要投入劳动力对进口零件进行组装。

《中华人民共和国海关加工贸易货物监管办法》规定，加工贸易是指经营企业进口全部或者部分原辅材料、零部件、元器件、包装物料，经过加工或者装配后，将制成品复出口的经营活动，包括来料加工和进料加工。

加工贸易是一国通过各种不同的方式，进口原料、材料或零件，利用本国的生产能力和技术，加工成成品后再出口，从而获得以外汇体现的附加价值。

#### （二）加工贸易业务的方式

加工贸易是以加工为特征的再出口业务。按照所承接的业务特点不同，常见的加工贸易方式包括：进料加工、来料加工、装配业务和协作生产。

1. 进料加工

进料加工是指用外汇购入国外的原材料、辅料，利用本国的技术、设备和劳力，加工成成品后，销往国外市场，实际上又叫以进养出。这类业务中，经营的企业以买主的身份与国外签订购买原材料的合同，又以卖主的身份签订成品的出口合同。两个合同体现为两笔交易，它们都是以所有权转移为特征的货物买卖。进料加工贸易要注意所加工的成品在国际市场上要有销路，否则，进口原料外汇很难平衡。从这一点看，进料加工要承担价格风险和成品的销售风险。

2. 来料加工

来料加工是指加工一方由国外另一方提供原料、辅料和包装材料，按照双方商定的质量、规格、款式加工为成品，交给对方，自己收取加工费。有的是全部由对方来料，有的是一部分由对方来料、一部分由加工方采用本国原料的辅料。此外，有时对方只提出式样、规格等要求，而由加工方使用当地的原、辅料进行加工生产。这种做法常被称为“来样加工”。

3. 装配业务

装配业务是指由一方提供装配所需设备、技术和有关元件、零件，由另一方装配为成品后交货。来料加工和装配业务包括两个贸易进程：一是进口原料，二是产品出口。但这两个过程是同一笔贸易的两个方面，而不是两笔交易。原材料的提供者和产品的接受者是同一家企业，交易双方不存在买卖关系，而是委托加工关系，加工一方赚取的是劳务费，因而这类贸易属于劳务贸易范畴。它的好处是：加工一方可以发挥本国劳动力资源丰裕的优势，提供更多的就业机会；可以补充国内原料不足，充分发挥本国的生产潜力；可以通过引进国外的先进生产工艺，借鉴国外的先进管理经验，提高本国技术水平和产品质量，提高本国产品在国际市场上的适销能力和竞争能力。当然，来料加工与装配业务只是一种初级阶段的劳务贸易，加工方只能赚取加工费，产品从原料转化为成品过程中的附加价值基本被对方占有。这种贸易方式由于比进料加工风险小，目前在我国开展得比较广泛，因此获得了较好的经济效益。

4. 协作生产

协作生产是指一方提供部分配件或主要部件，而由另一方利用本国生产的其他配件组装成一件产品出口。商标可由双方协商确定，既可用加工方的，也可用对方的。所供配件的价款可在货款中扣除。协作生产的产品一般规定由对方销售全部或一部分，也可规定由第三方销售。

中国改革开放 40 多年以来，外贸事业长足发展，成绩显著，外贸增长迅速。2023 年我国进出口总值 41.76 万亿元。这和加工贸易在我国的蓬勃发展是分不开的。日益壮大的加工贸易已经在我国的国民经济中占据了举足轻重的地位。

### （三）我国加工贸易发展的基本特征

（1）两头在外的特征。用以加工成品的全部或部分材料购自境外，而加工成品又销往境外。

（2）料、件保税的特征。根据加工贸易“两头在外”的基本特征，我国现行的法规规定海关对进口料、件实施保税监管，即对进口料、件实施海关监管下的暂缓缴纳各种进口税费的制度。料、件的保税可以大大降低企业的运行成本，增加出口成品的竞争力，同时又对加工贸易保税料、件监管提出较高的监管要求。料、件保税是加工贸易的灵魂与核心，是区别于一般贸易的重要标志。

(3) 加工增值的特征。企业对外签订加工贸易合同的目的在于通过加工使进口料件增值，从而从中赚取差价或工缴费。加工增值是加工贸易得以发生的企业方面的根本动因。

## 二、进料加工业务概述

### （一）进料加工的概念

进料加工是指我国具有进出口经营权的企业用外汇进口原材料、辅料、零部件、元器件、配套件和包装物料等，加工为成品或半成品后，再由企业复出口的加工贸易。在进料加工方式下，企业在接到外商的订单后，自行付汇在境外购买加工所需要的原材料，自行报关进口，由自己加工或委托国内其他有加工能力的企业加工，加工完成后，再由经营企业将产品直接销售给外商，收取货款。

进料加工实际上由进口、加工及出口三个环节组成。进料加工不仅仅是收取加工费，而是通过自行加工或以委托、作价形式加工成成品后再进行出口的业务。进料加工表现为“两头在外”，即原料来自国外，成品又销往国外。进料加工业务中，原料进口和成品出口是两笔不同的交易，两笔交易均发生所有权转移，且原料供应者与成品购买者之间没有必然的联系。进料加工业务中，企业从国外购进原料，经过加工使价值增值，再销往国外市场，全部产品附加值都由加工企业取得，企业也要承担相应的销售风险。

### （二）进料加工的税务特点

(1) 专为加工出口成品而进口的料、件，海关按实际加工复出口的数量，免征关税和缓交增值税，在复出口退税时抵扣。

(2) 对签有对口合同及以保税工厂监管方式进口用于加工出口产品，而在生产过程中完全消耗掉数量合理的消耗材料，如触媒剂、催化剂、洗涤剂等化学物品等，进口时予以全额保税。

(3) 对用于加工成品必不可少，但在加工过程中并没有完全消耗掉的仍有使用价值的物品和生产过程中产生的副次品和边角料，海关根据其使用价值，分别估价征税或酌情减免税。

(4) 由于改进生产工艺和改善经营管理而节余的料、件或增产的成品转为内销时，海关审核情况属实，其价值在进口料、件总值2%以内，并且总值在人民币5 000元以下的可予免税。

### （三）进料加工料、件的海关监管

（1）保税工厂和备料保税仓库。如果经营单位所属企业专门加工出口产品的工厂、车间或经营单位本身，拥有专门储存进口料、件和加工成品的仓库，建有健全的专用账册，设有专人管理制度，并具备海关严密监管的条件的，海关可以批准其建立保税工厂或备料保税仓库。其料、件进口时先予保税，加工后对实际出口部分所耗进口料、件予以免税。不出口部分予以征税。

（2）对口合同。对签有料、件进口和加工成品出口的对口合同（包括不同客户的对口联号合同）的进料加工，经主管海关批准，可对其进口料、件予以全额保税，加工后，对实际出口部分所耗进口料、件予以免税。

（3）定额保税。对不具备上述（1）、（2）项条件的备料加工项下进口的料、件，海关可根据"进料加工进口料、件免税比例表"的规定减征。如果实际不能出口部分多于或少于已征比例，经海关审核无误后，分别予以补税或退税。

"进料加工进口料、件免税比例表"的大意如下：

第一类，15 种进口料、件按 95%保税，5%作为不能出口部分照章征税，如毛皮、生皮、象牙、玉石珍珠、钻石及毛坯、装配机电产品的零部件、毛条毛纱、64 寸以上宽幅棉布及涤棉布、服装用面料、里料及已制成型的包装用品（品目时有变动）。

第二类，其他料、件均按 85%保税，15%作为不能出口部分照章征税。

（4）全额征税、出口退税。对有违反海关规定行为的经营单位和加工生产企业，海关认为必要时，对其进口料、件在进口时先予征税，待其加工复出口时，按其实际所耗的进口料、件数量予以退税，即先征后退。

### （四）进料加工业务的账户设置

#### 1. "主营业务收入——进料加工出口销售收入"账户

该账户是损益类账户，核算企业进料加工产品后复出口的销售收入。贷方登记企业实现的销售收入，期末须将余额转入"本年利润"账户。

#### 2. "主营业务成本——进料加工出口销售成本"账户

该账户是损益类账户，核算企业进料加工产品的销售成本。借方登记结转自进料加工商品的销售成本，期末须将余额转入"本年利润"账户。

### （五）进料加工贸易的相关表格

#### 1. 外贸企业进料加工贸易申请表

进料加工方式下，进口的料、件和加工成品均不能在境内销售，外贸企业将减（免）税进口料、件用以加工或转售给其他加工企业时，应按销售给加工企业开具增值税专用发票上的金额，填制"外贸企业进料加工贸易申请表"（见表 5-1），经主管退税的税务机关同意签章。

**表 5-1　外贸企业进料加工贸易申请表**

局：　　　　　　　　　　　　　　编号：

我公司　　　　（统一社会信用代码为　　　　　　　　　　）于　　年　月销售的下表所列料、件，属于进料加工复出口贸易，根据出口退税管理办法，准许将销售发票上按规定税率计算的注明税额，从出口退税款中抵扣，而不计征入库。

金额单位：元

| 序号 | 海关登记册号 | 商品代码 | 进料名称 | 计量单位 | 销售数量 | 单价 | 金额 | 增值税专用发票号码 | 增值税专用发票所列税款 | 复出口商品代码 | 复出口商品名称 | 抵扣税率 | 海关代征税额 | 出口退税应抵扣税额 |
|---|---|---|---|---|---|---|---|---|---|---|---|---|---|---|
| 1 | 2 | 3 | 4 | 5 | 6 | 7 | 8 | 9 | 10 | 11 | 12 | 13 | 14 | 15 |
| | | | | | | | | | | | | | | |
| 合计 | | | | | | | | | | | | | | |
| 企业经办人：<br>负责人：　　　　（公章）<br>年　月　日 | | | | | | | | | | | | | | |

本表一式两份，一份企业留存，一份报主管退税机关。

2. 生产企业进料加工进口料、件申报明细表

根据《出口货物退（免）税管理办法（试行）》的规定，进料加工应先填具“生产企业进料加工进口料、件申报明细表”（见表 5-2），报经退税主管机关同意签章后，并据此报征税机关，对进料加工作价部分销项税额不计征入库，出口企业办理退税时，由退税主管机关在退税额中抵扣。

**表 5-2　生产企业进料加工进口料、件申报明细表**

企业代码：
企业名称：
统一社会信用代码：　　　　所属期：　　　　金额单位：元至角分

| 序号 | 海关进料加工手册号 | 进口货物报关单号 | 进口商品代码 | 进口商品名称 | 计量单位 | 进口数量 | 免税进口料、件组成计税价格 | | | | 备注 |
|---|---|---|---|---|---|---|---|---|---|---|---|
| | | | | | | | 到岸价格 | | 海关实征关税和消费税 | 海关核销免税进口料、件组成计税价格 | |
| | | | | | | | 美元 | 人民币 | | | |
| 1 | 2 | 3 | 4 | 5 | 6 | 7 | 8 | 9 | 10 | 11=9+10 | 12 |
| | | | | | | | | | | | |
| | | | | | | | | | | | |
| | | | | | | | | | | | |
| 合计 | | | | | | | | | | | |
| 出口企业 | | | | | | | 退税部门 | | | | |
| 兹声明以上申报无讹并愿意承担一切法律责任。<br>经办人：　　（公章）<br>财务负责人：<br>法定代表人（负责人）：　　年　月　日 | | | | | | | 经办人：　　（章）<br>科（所）长：<br>负责人：　　年　月　日 | | | | |

填表说明：

（1）所属期：根据申报的年月填报，共6位，4位年份，2位月份。

（2）序号：由4位流水号构成。序号要同资料的装订顺序保持一致。

（3）海关进料加工手册号：根据海关核发的“进料加工登记手册”号码填列。

（4）进口货物报关单号：海关进口货物报关单右上角的海关统一编号＋0＋项号，共12位。

（5）进口商品代码：按进口报关单上的商品代码填写。

（6）进口商品名称：按商品关税税率文库中该商品代码对应的名称或商品实际名称填写。

（7）计量单位：填写进口货物报关单上的第一计量单位。

（8）第11栏“海关核销免税进口料、件组成计税价格”＝第9栏“到岸价格”＋第10栏“海关实征关税和消费税”。

## 任务实施

### 进料加工业务的账务处理

#### 任务描述

完成进料加工业务的账务处理。根据业务部门转来的合同、单据、税票做好进口料、件的账务处理；再根据进口料、件加工环节分为委托加工和作价加工的不同，掌握两种方法的账务处理。

#### 任务分析

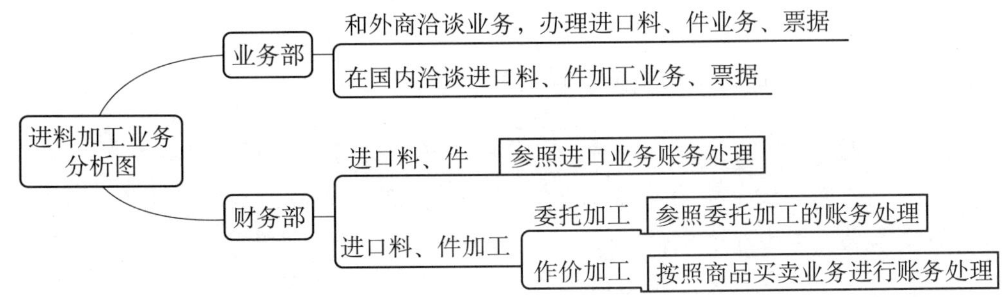


#### 任务完成

1. 进口料、件的核算

进口阶段的会计核算与一般进口业务基本相同。

**【例5-1】** ABC进出口公司与甲外商签订进口原料合同（无对口合同），进口原料一批，CIF价10 000美元，加工生产的成品全部用于复出口。

（1）根据进口合同规定，20××年3月5日对外支付进口原料款（当日即期美元兑人民币汇率为1∶7.134 5）。编制会计分录如下：

借：在途物资——进料加工（原料）　　71 345
　贷：银行存款——外币存款（USD10 000×7.134 5）　　71 345

（2）缴纳进口关税和增值税，海关按规定执行减免 85%、缴纳 15%征税制度，关税税率为 20%，增值税税率为 13%。（注：无对口合同。）

应交关税=71 345×20%×15%=2 140.35（元）

应交增值税=(71 345+2 140.35)×13%×15%=1 432.96（元）

编制会计分录如下：

借：应交税费——应交进口关税　　2 140.35
　　应交税费——应交增值税（进项税额）　　1 432.96
　贷：银行存款　　3 573.31

同时将进口关税计入采购成本中。编制会计分录如下：

借：在途物资——进料加工（原料）　　2 140.35
　贷：应交税费——应交进口关税　　2 140.35

（3）进口原料入库。编制会计分录如下：

借：原材料——进料加工（原料）　　73 485.35
　贷：在途物资——进料加工（原料）　　73 485.35

2. 进口料、件加工的核算

进料加工业务在加工环节存在委托加工和作价加工两种方式。委托加工是企业将国外进口的料、件无偿调拨给加工企业进行加工，加工收回后只付加工费，货物复出口后，凭加工费的增值税专用发票、报关单等规定的资料办理退税。作价加工是企业将进口的料、件作价给加工企业进行加工生产，加工收回时，按照一定价格付款，复出口后凭收回时的增值税专用发票、报关单等规定的资料申报退税。

（1）进口料、件加工采用委托方式进行加工的核算。

**【例 5-2】**ABC 进出口公司对进口原料采用委托方式进行加工，根据所订加工合同，将进口原料无偿调拨委托给华安工厂加工为成品，加工费为26 140 元，适用的增值税税率为 13%。华安工厂完工后交货，ABC 进出口公司支付加工费后，20××年 5 月 5 日将成品全部报关复出口给甲外商，FOB 价格 25 000 美元。（当日即期美元兑人民币汇率为 1∶7.153 1）

（1）将进口原料无偿调拨给华安工厂。编制会计分录如下：

借：委托加工物资——华安工厂（原料）　　73 485.35
　贷：原材料——进料加工（原料）　　73 485.35

（2）加工完成，支付加工费。编制会计分录如下：

借：委托加工物资——华安工厂（原料）　　26 140
　　应交税费——应交增值税（进项税额）　　3 398.20
　贷：银行存款　　29 538.20

（3）完工后，成品入库。编制会计分录如下：

借：库存商品——进料加工商品（成品）　　99 625.35

　贷：委托加工物资——华安工厂（原料）　　99 625.35

（4）复出口给甲外商，出口交单（当日即期美元兑人民币汇率为1∶7.153 1）。编制会计分录如下：

借：应收账款——应收外汇账款（甲外商）（USD25 000×7.153 1）　　178 827.50

　贷：主营业务收入——进料加工出口销售收入　　178 827.50

借：主营业务成本——进料加工出口销售成本　　99 625.35

　贷：库存商品——进料加工商品（成品）　　99 625.35

（2）进口料、件加工采用作价方式进行加工的核算。

**【例5-3】**ABC进出口公司对进口原料采用作价方式进行加工，根据所订加工合同，按实际进料成本作价给加工企业华安工厂，华安工厂加工完成后将成品作价回销给ABC进出口公司，开出的增值税发票注明价款为120 000元，增值税税额为15 600元。ABC进出口公司回购后，20××年5月5日将成品全部报关复出口给甲外商，FOB价25 000美元（当日即期美元兑人民币汇率为1∶7.153 1）。

（1）作价给华安工厂，作销售处理。编制会计分录如下：

借：应收账款——华安工厂　　83 038.45

　贷：其他业务收入——进料作价销售　　73 485.35

　　　应交税费——应交增值税（销项税额）　　9 553.10

借：其他业务成本——进料作价销售　　73 485.35

　贷：原材料——进料加工（原料）　　73 485.35

（2）加工完成，ABC进出口公司收回成品。编制会计分录如下：

借：库存商品——进料加工商品（成品）　　120 000

　　应交税费——应交增值税（进项税额）　　15 600

　贷：应收账款——华安工厂　　135 600

同时，结转华安工厂。编制会计分录如下：

借：应收账款——华安工厂　　52 561.55

　贷：银行存款　　52 561.55

（3）复出口给甲外商，出口交单（当日即期美元兑人民币汇率为1∶7.153 1）。编制会计分录如下：

借：应收账款——应收外汇账款（甲外商）（USD25 000×7.153 1）　　178 827.50

　贷：主营业务收入——进料加工出口销售收入　　178 827.50

借：主营业务成本——进料加工出口销售成本　　120 000

　贷：库存商品——进料加工商品（成品）　　120 000

## 拓展知识

### 加工贸易的程序

选择客户。国外客户的财力和信誉好坏是开展对外加工装配业务的重要前提。因此，对外洽谈时，我们宜选择有财力、信用好、经营能力强的对象，必要时可通过银行及我驻外使馆机构查询，了解落实，防止产生经济损失。

签订合同。签订合同或协议是顺利开展对外采料加工装配业务的保证。加工装配的特点是进口与出口密切结合，不能脱节，因此，双方的责任一定要在协议条文中明确规定，如来料时间、质量标准、检验方法、仓储数量、消耗定额、交货期限、运输方式、费用开支、事故处理、支付方式、使用货币、利息计算、保险索赔、争议仲裁等问题，加以明文规定，以利共同执行。

履行合同。协议一经签订，就要严格遵守，保证按时、按质、按量做好加工装配业务，以维护国家的信誉。外商故意拖欠或因经营不善而无力支付工缴费的，我们应及时采取有效措施，有礼有节地据理催收。双方无论哪方违反协议条款，都应按协议规定承担必要的经济责任。

### 自由贸易区

自由贸易区（Free Trade Zone）是指在贸易和投资等方面比世界贸易组织有关规定更加优惠的贸易安排；在主权国家或地区的关境以外，划出特定的区域，准许外国商品豁免关税自由进出。自由贸易区实质上是采取自由港政策的关税隔离区。狭义上，自由贸易区仅指提供区内加工出口所需原料等货物的进口豁免关税的地区，类似出口加工区；广义上，自由贸易区还包括自由港和转口贸易区。自由贸易区按类型分为商业自由区和工业自由区。前者不允许货物拆包零售和加工制造；后者允许免税进口原料、元件和辅料，并指定加工作业区加工制造。贸易性是自由贸易区的鲜明特点。为利用其位于或邻近国际贸易地区通道的优势，发展转口贸易，某些国家规定只要是主权国家允许进出口的商品，均可进入区内，并可免交关税，不必办理海关手续；商品进区后，可储存、拆散、分级、分类、重新包装、重新标签、与外国或国内商品混合和再出口等。除对这类商品进入所在国其他地区限制较严外，对进出自由港区的活动不加限制。自由贸易区由自由港发展而来，通常设在港口的港区或邻近港口地区，尤以经济发达国家居多。

自由贸易区从自由港发展而来。13 世纪，法国开辟马赛港为自由贸易区。1547 年，意大利正式将热那亚湾的里南那港定名为世界上第一个自由港。其后，为了扩大对外的国际贸易，一些欧洲国家陆续在一些港口城市开辟自由港。20 世纪 50 年代初，美国提出：可在自由贸易区发展以出口加工为主要目标的制造业。

20世纪60年代后期，一些发展中国家也利用这一形式，并将它建成为特殊的工业区，逐步发展成为出口加工区。20世纪80年代以来，许多国家的自由贸易区向高技术、知识和资本密集型发展，形成“科技型自由贸易区”。

自由贸易区在全球范围内数量众多，范围遍及各大洲，是区域经济一体化的主要形式之一，包括中国—东盟自由贸易区、中欧自由贸易区等。

截至2023年，我国自由贸易试验区一共有22个。

自由贸易试验区作为我国改革开放的重要平台，自2013年起陆续设立，旨在推动经济发展和改革开放，吸引外资和促进贸易自由化。天津自由贸易试验区作为我国北方第一个自由贸易试验区，于2015年4月21日挂牌成立。此后，随着时间推移，我国自由贸易试验区的数量不断增加，覆盖了多个地区，包括上海、海南、江苏、山东、河北、黑龙江、云南、广西、安徽、湖南等省份。这些自由贸易试验区的设立，不仅体现了我国对外开放的决心，也展示了我国在促进国际贸易和投资方面的积极作用。

自由贸易试验区的成功运作，不仅吸引了大量外资，推动了当地经济的发展，还通过创新红利的释放，提升了国际贸易和投融资业务的聚集效应。例如，2024年上半年，我国22个自由贸易试验区实际使用外资达到1 039.6亿元，进出口总额达到4.1万亿元，以不到千分之四的国土面积，实现了占全国20.8%的外商投资和19.5%的进出口。这些充分证明了自由贸易试验区在我国经济发展中的重要作用和贡献。

## 学习测试

### 一、单项选择题

1. 进料加工又称（　　）。

A. 以出养进　　B. 以进养出

C. 完全进口　　D. 完全出口

2. 进料加工涉及的二级科目是（　　）。

A. 进料加工出口销售收入　　B. 进料加工

C. 进料加工出口　　D. 进料加工出口销量

3. 进料加工的深加工结转是指（　　）。

A. 加工贸易企业将进口料、件进一步加工后复出口的经营活动

B. 加工贸易企业将保税进口料、件进一步加工后复出口的经营活动

C. 加工贸易企业将进口料、件加工的产品转至另一加工贸易企业进一步加工后复出口的经营活动

D. 加工贸易企业将保税进口料、件加工的产品转至另一加工贸易企业进一步加工后复出口的经营活动

4. 我国加工贸易的显著特点是（　　）。

A. 从境外进口原辅材料、零部件　　B. 将生产的产品出口到国外

C. 跨越国界的生产加工和销售　　D. 进口消费税有优惠政策

## 二、多项选择题

1. 加工贸易业务类型有（　　）。

A. 进料加工　　B. 来料加工　　C. 装配业务　　D. 协作生产

2. 进料加工与来料加工的联系有（　　）。

A. 都是利用国内的技术设备和劳动力

B. 原料进口与成品出口往往是一笔买卖，或是两笔相关的买卖，均发生所有权转移

C. 受国家鼓励，享受相似的政策优惠

D. 都属于“两头在外”的加工贸易方式

3. 进料加工业务涉及的环节包括（　　）。

A. 进口　　B. 加工　　C. 内销　　D. 出口

4. 进料加工业务主要涉及的账户是（　　）。

A. 主营业务收入——进料加工出口销售收入

B. 主营业务成本——进料加工出口销售成本

C. 应交税费——应交进口关税

D. 固定资产

## 三、判断题

1. 装配业务是两笔交易。（　　）

2. 协作生产的产品不能由第三方销售。（　　）

3. 对于专门加工出口成品而进口的料、件，海关按实际加工复出口的数量，免征关税和缓缴增值税，在复出口退税时抵扣。（　　）

4. 作价加工方式下，材料不转移所有权。（　　）

5. 进料加工由企业用自身的外汇进口原料，其进口对象和出口对象没有直接关系。（　　）

## 四、实务题

B外贸进出口公司为一般纳税企业，选择确定的记账本位币为人民币，其外币交易采用交易日即期汇率折算。本期有以下进料加工复出口业务：

（1）以进料加工复出口（有进出口对口合同）的贸易方式进口服装面料5万米，CIF价格9万美元，款项以外汇银行存款支付，当日即期汇率为1美元＝7.50元人民币。

（2）海关按85%的比例减免进口环节的关税及增值税，关税税率为20%，增值税税率为13%，该批进口面料当日验收入库，以银行存款支付关税及增值税。

(3) B外贸进出口公司以作价加工方式将该批面料作价给A工厂，开出的增值税发票价款700 000元、增值税税额91 000元，合计791 000元，上列款项尚未收到。

(4) A工厂将完工的服装作价回销给B外贸进出口公司，开出的增值税发票价款900 000元、增值税税额117 000元，合计1 017 000元，上列款项B外贸进出口公司尚未支付。

(5) B外贸进出口公司将该批服装全部报关复出口给外商，外销价为FOB 140 000美元，出口款项尚未收到，同时结转该批服装的外销成本。当日即期汇率为1美元=7.65元人民币。

要求：根据以上资料，编制B外贸进出口公司必要的会计分录。

# 任务二 掌握来料加工业务的核算

## 任务概述

通过本任务的学习，学生应了解来料加工的税务特点，熟悉来料加工和进料加工的区别，掌握来料加工业务的账务处理。

## 基础知识

### 一、来料加工业务概述

#### （一）来料加工的概念

来料加工是指由外商提供全部或部分原材料、辅料、零部件、元器件、配套件和包装物料等，必要时提供设备，由我方加工单位按外商的要求进行加工、装配，所生产的产品交外商销售，我方只收取加工工缴费的业务。

来料加工具有投资少、时间短、见效快的特点。根据定义，来料加工企业（包括经营单位和加工单位）不负责材料的采购及产品销售，材料及产品的所有权也不属于来料加工企业，来料加工企业只收取加工费及支付加工成本。来料加工属于委托加工，原料运进和成品运出属于一笔交易，原料供应者也就是成品的接受者。在来料加工中，加工企业挣取的仅仅是劳务报酬，商品附加值的相当大部分由委托商获得，与此相应，加工好的产品由委托方自行销售，加工方无须承担销售风险。

#### （二）来料加工的税务特点

来料加工项下，进口料、件、设备以及加工返销出口商品，海关准予免领进出口货物许可证，并对下列进口货物免征进口、出口的关税和进口环节增值税验放。

（1）外商提供全部或部分用于加工返销出口的原材料、辅料、零部件、元器件、配套件和包装物料。

（2）进口属于加工装配项目所必需的机器设备、品质检验仪器、安全和防治污染设备、装卸设备。

（3）为加强加工企业现代化生产管理，由外商提供直接用于生产出口产品所必需的微型计算机、闭路电视监测系统、传真机、复印机等管理设备。

（4）进口合理数量的用于安装、加固设备的材料。

（5）进口直接用于企业加工生产出口成品而在生产过程中消耗掉的燃料油，加工成品出口时海关免征出口关税。

### （三）来料加工和进料加工的区别

（1）料、件付汇方式不同：来料加工料、件由外商免费提供，无须付汇；进料加工料、件必须由经营企业付汇购买进口。

（2）货物所有权不同：来料加工货物所有权归外商所有，进料加工货物所有权由经营企业拥有。

（3）经营方式不同：来料加工经营企业不负责盈亏，只赚取工缴费；进料加工经营企业自负盈亏，自行采购料、件，自行销售成品。

（4）承担风险不同：来料加工经营企业不必承担经营风险；进料加工经营企业必须承担经营过程中的所有风险。

（5）海关监管要求不同：经营企业进料加工项下的保税料、件经海关批准允许与本企业内的非保税料、件进行串换；来料加工项下的保税料、件因物权归属外商，不得进行串换。进料加工有退税的，退税办法按新颁布的退税率执行；来料加工产品复出口不退税。

## 二、来料加工业务的账户设置

### （一）“主营业务收入——来料加工出口销售收入”账户

该账户是损益类账户，核算企业自营业务形式下，来料加工产品出口的销售收入。贷方登记企业实现的销售收入，期末须将余额转入“本年利润”账户。

### （二）“主营业务成本——来料加工出口销售成本”账户

该账户是损益类账户，核算企业自营业务形式下，来料加工产品的销售成本。借方登记结转自来料加工商品的销售成本，期末须将余额转入“本年利润”账户。

## 三、来料加工免税证明

在来料加工方式下，外贸企业须填写“来料加工免税证明”（见表 5－3），会同海关核签的“来料加工进口货物报关单”及“来料加工登记手册”，向主管出口退税的税务机关办理免税证明。

**表 5-3　来料加工免税证明**

海关企业代码：

纳税人名称：（公章）

统一社会信用代码：

我公司委托　　　　　　（统一社会信用代码）用下列材料加工的下列货物，属于来料加工业务，请受托方主管税务机关免征下列货物及加工费的增值税、消费税。

金额单位：元至角分

| 序号 | 来料加工（账）册号 | 进口货物报关单号 | 进口商品代码 | 进口商品名称 | 进口单位 | 进口数量 | 进口单价 | 进口金额 | 已开具发票情况 | | | | | 备注 |
|---|---|---|---|---|---|---|---|---|---|---|---|---|---|---|
| | | | | | | | | | 加工费发票号码 | 已开发票的货物名称 | 单位 | 数量 | 加工费金额 | |
| 1 | 2 | 3 | 4 | 5 | 6 | 7 | 8 | 9 | 10 | 11 | 12 | 13 | 14 | 15 |
| | | | | | | | | | | | | | | |
| | | | | | | | | | | | | | | |

经办人：　　　　　财务负责人：　　　　　法定代表人（负责人）：

填表日期：　　年　月　日

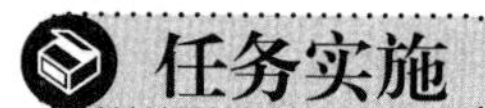

## 任务实施

### 来料加工业务的账务处理

#### 任务描述

完成来料加工业务的账务处理。根据业务部门转来的合同、单据、税票，认识自营业务形式和代理业务形式的不同，掌握两种方法的账务处理。

#### 任务分析

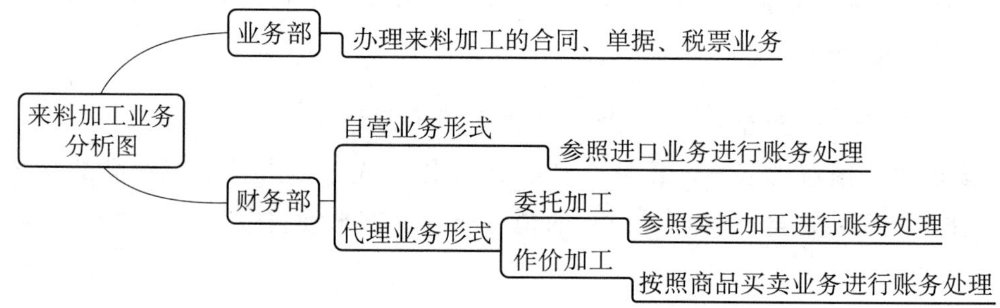


#### 任务完成

按照对外签订合同和应承担的任务，来料加工有两种经营形式，即自营业务形式和代理业务形式。

自营业务形式是指由外贸企业单独对外签约，然后对内组织加工企业生产，外贸企业承担盈亏责任（包括交货违约赔偿责任等），加工企业只收取加工费。

代理业务形式是指由外贸企业组织安排，对外与加工企业共同签约，由加工企业直接承担生产、交货与盈亏责任，通过外贸企业办理出口结汇，外贸企业收取手续费。

1. 自营业务形式

自营业务形式下，外贸企业承担合同责任，自负盈亏，加工企业只收取加工费。外商提供的料、件如果不计价，则通过备查簿记录；如果计价，则一律视同购进处理。

**【例 5-4】**ABC 进出口公司与乙外商签订来料加工合同，合同规定由乙外商提供原料 300 吨，ABC 进出口公司自属加工厂承担加工任务。乙外商须支付工缴费 25 万美元，ABC 进出口公司在接受来料后由自属加工厂进行加工，加工过程中发生人工费 300 000 元、制造费用 200 000 元、辅料 60 000 元，来料采取不计价核算方式。20××年 5 月 5 日产品发运出口，向银行交单（当日即期美元兑人民币汇率为 1∶7.145）。

(1) 收到乙外商发来的布料原料 300 吨。

在备查簿上做单式登记"借：外商来料——乙外商（原料）300 吨"。

(2) 由 ABC 进出口公司自属加工厂投料生产。

在备查簿上做单式登记"借：拨出来料——乙外商（原料）300 吨"；同时单式登记"贷：外商来料——乙外商（原料）300 吨"。

(3) 自属加工厂加工过程。编制会计分录如下：

借：生产成本——直接人工　　300 000
　　　　　　——制造费用　　200 000
　　　　　　——辅料　　60 000
　贷：银行存款　　260 000
　　　应付职工薪酬　　300 000

(4) 完工，结转成本。编制会计分录如下：

借：库存商品——来料加工商品（成品）　　560 000
　贷：生产成本——直接人工　　300 000
　　　　　　　——制造费用　　200 000
　　　　　　　——辅料　　60 000

(5) 20××年 5 月 5 日产品发运出口，向银行交单（当日即期美元兑人民币汇率为 1∶7.145）。编制会计分录如下：

借：应收账款——应收外汇账款（乙外商）(USD250 000×7.145)
　　　　　　　　　　1 786 250
　贷：主营业务收入——来料加工出口销售收入　　1 786 250
借：主营业务成本——来料加工出口销售成本　　560 000
　贷：库存商品——来料加工商品（成品）　　560 000

同时，在备查簿上做单式登记"贷：拨出来料——乙外商（原料）300 吨"。

2. 代理业务形式

代理业务形式下，由代理企业和加工企业共同与外商签订来料加工合同，加工企业负责将外商提供的材料加工成成品。代理企业则负责办理材料进口、成品出口和结汇手续，并收取代理费。在这种方式下，对代理企业而言，材料不对外作价，全在“表外”处理，出口阶段按代理方式入账。

**【例 5-5】** ABC 进出口公司会同春华工厂与乙外商签订来料加工合同，合同规定由乙外商提供原料 200 吨，春华工厂负责生产，ABC 进出口公司代理办理出口结汇。乙外商须支付工缴费 15 万美元，春华工厂须向 ABC 进出口公司按实收外汇的 2%支付代理手续费，20××年 5 月 20 日收到业务部门交来的产品已出运的有关单据及向银行交单的联系单（当日即期美元兑人民币汇率为 1∶7.148）。6 月 25 日支付国外运费 5 000 美元，保险费 2 000 美元（当日即期美元兑人民币汇率为 1∶7.156），7 月 16 日收到银行结汇通知（当日即期美元兑人民币汇率为 1∶7.163）。

（1）收到乙外商发来的原料 200 吨。

在备查簿上做单式登记“借：外商来料——乙外商（原料）200 吨”。

（2）将乙外商发来的原料拨给春华工厂。

在备查簿上做单式登记“借：拨出来料——乙外商（原料）200 吨”。

同时做单式登记“贷：外商来料——乙外商（原料）200 吨”。

（3）春华工厂交来完成的成品 100 件。

在备查簿上做单式登记“借：代管物资——乙外商（成品）100 件”。

同时做单式登记“贷：拨出来料——乙外商（成品）200 吨”。

（4）将 100 件成品办理对外出口托运。

在备查簿上做单式登记“贷：代管物资——乙外商（成品）100 件”。

（5）收到业务部门交来的产品已出运的有关单据及向银行交单的联系单（当日即期美元兑人民币汇率为 1∶7.148）。编制会计分录如下：

借：应收账款——应收外汇账款（乙外商）（USD150 000×7.148）
　　1 072 200
　贷：应付账款——春华工厂　　1 072 200

（6）支付国外运费 5 000 美元、保险费 2 000 美元（当日即期美元兑人民币汇率为 1∶7.156）。编制会计分录如下：

借：应付账款——春华工厂　　50 092
　贷：银行存款——外币存款（USD7 000×7.156）　　50 092

（7）收到银行结汇通知（当日即期美元兑人民币汇率为 1∶7.163）。编制会计分录如下：

借：银行存款——外币存款（USD150 000×7.163）　　1 074 450
　贷：应收账款——应收外汇账款（乙外商）　　1 074 450

（8）与春华工厂结算，扣除手续费及代付款项，余款划拨给春华工厂。

应付春华工厂款项＝150 000×7.148×(1－2%)－50 092
＝1 000 664（元）

编制会计分录如下：

借：应付账款——春华工厂　　1 022 108

　贷：银行存款　　1 000 664

　　　其他业务收入——手续费　　21 444

## 拓展知识

### 保税的含义及形式

“保税”的意义是在征税或免税条件未确定前，对纳税人，即加工人，给予保留（延迟确定）缴纳关税的特权，同时海关要对货物进行监管，从而货物就不能自由买卖，或用作抵押，或在破产时被出售后抵债。如果材料转卖给其他国内工厂，或是进多出少，以及产生边角余料，则这些工厂就有纳税义务。保税的具体形式可有如下四个层次：

一、保税仓库

保税仓库是经海关批准的，用以存储保税货物的专设仓库，不论是来料或进料还是复口的产品或转口的货物。存储于保税仓库中的保税货物可暂时不缴关税，货物存储期限通常是1年，但是在特殊情况下经过海关批准可以延长。

二、保税工厂

保税工厂是在海关监管下，用保税进口料、件以加工生产复出口货物的专门工厂或车间。进口原材料、备件和组件，在保税工厂中用以生产出口货物是免征进口关税的（严格说应是全额保税）。出口货物的生产必须在一个讲明的限期内完成。如果不能如期完成加工或是生产的货物不能出口，从而卖给了国内市场，那就要恢复征税。

保税工厂应该保持独立的账册为材料和产品记账。工厂对每一批来料或进料都应向海关申领一本专用的“加工手册”作为这些账册的原始凭证（目前已电子化）。海关人员将不定期地审查这些记录并作实地盘点。从1996年起海关总署又推出了海关派员驻厂监管的形式，称为“驻员保税工厂”。驻员保税工厂一般是从事进料加工复出口的特大型企业、从事特种行业（如飞机、船舶）加工的大型企业和经批准从事国家鼓励投资项目的大型出口型外商投资企业。

三、保税集团

2014年3月，海关总署公布了修改后的《中华人民共和国海关对进料加工保税集团管理办法》，以支持大中型企业发展国家鼓励出口产品的深加工业务。

进料加工保税集团是指经海关批准，由一个有进出口经营权的企业牵头，由同行业若干个加工企业联合对进口料、件进行多层次、多工序连续加工，直至最终产品出口的企业联合体。集团的组织形式既可以是紧密型或半紧密型，也可以是松散型的，但其成员企业应在同一城市内。对料、件和半成品在不同企业、不同工序结转加工时，均实行滚动保税监管。例如制作长毛绒玩具，从进口腈纶原料、纺纱、染色、织布、制作长毛绒面料，到裁剪、缝制、生产长毛绒玩具出口，海关应严格按照所进口的原材料，在各道加工工序核定每一工序单耗定额和加工成品，按照结转层次，分段核销。

保税集团必须具备保税工厂和保税仓库的管理条件，因此其进出口通关手续比保税工厂和保税仓库更便利，具有一次报关、双重功能（指加工和储存均可以）、全额保税（指对备料加工也可全额保税）的优点，即一次报关后，在集团内部的深层次加工结转，不再需要层层报关。

**四、保税区（包括自由港）**

保税仓库和保税工厂是在国内场所对海关申请设立的；而一个保税区却是在国境和关境之间建立起来的，在全世界有几百甚至几千个保税区或自由贸易区（自由港）。关境是在国境以内由海关当局控制关税的一片领域，并且是国外进口货物进入保税区或自由贸易区就授权免征关税的一个领域。转口用的货物或临时性加工并从保税区复出口的货物不征关税，但要置于海关的监管之下。世界上最早的自由港是1547年由意大利建立的，现在已扩展到亚洲、拉丁美洲、非洲、中东等地。

中国从1979年起建立了四个经济特区（缩写为SEZ），从此以后保税区或自由贸易区获得很大发展。虽然可能有很多不同的名称，如20世纪80年代起的经济特区、沿海开放城市、沿海开放经济区、经济和技术发展区等以及近年新设的众多出口加工区，但它们都提供许多类似的关税优惠。在这方面，它们提供着和全世界各国的同等保税区或自由贸易区相似的好处。

1997年，海关总署公布了《保税区海关监管办法》，其中制定了保税区应该如何运作和在其中许可进行的活动的种类。2011年的《中华人民共和国海关对出口加工区监管的暂行办法》也有大致相似的内容。

## ⌘ 学习测试

### 一、单项选择题

1. 来料加工常被称为（　　）。

A. 来件加工　　B. 来货加工

C. 来样加工　　D. 辅料加工

2. 保税是一种国际通行的（　　）制度。

A. 关税　　B. 杠杆　　C. 财政　　D. 海关

3. 一般情况下，保税工厂的成品必须（　　）。

A. 内销　　B. 外销　　C. 划账　　D. 抵款

## 二、多项选择题

1. 保税的形式有（　　）。

A. 保税仓库　　　　B. 保税工厂

C. 保税区　　　　D. 保税集团

2. 保税的形式是按（　　）划分。

A. 保税制度的方式　　　　B. 保税制度实行的区域

C. 海关的位置　　　　D. 出口的国家

3. 对特准设立的保税工厂进料加工复出口的货物税收政策主要有（　　）。

A. 进口料、件时予以保税

B. 加工后对其实际出口部分予以“免、抵、退”税

C. 加工后对其实际出口部分予以免税

D. 加工后对其内销部分予以征税

4. 外贸企业对来料加工业务的代理业务形式可分为（　　）等加工方式。

A. 代理　　　　B. 委托加工

C. 作价加工　　　　D. 自属非独立工厂加工

## 三、判断题

1. 海关对保税区的监管主要是控制和限制运入保税区内的保税货物销往国内。（　　）

2. 来料加工不能采用本国原料的辅料。（　　）

3. 保税集团的特点是海关对转厂加工、多层次深加工、多道生产工序的进口料、件实行多次保税。（　　）

4. 来料加工的双方一般是委托加工关系，而进料加工的双方是商品买卖关系。（　　）

5. 加工贸易保税制度实际上是给予纳税人延迟缴纳关税的特权，同时海关对货物进行监管的制度。（　　）

6. 来料加工由企业用自身的外汇进口原料，自行安排加工后出口。（　　）

## 四、实务题

新世纪外贸公司会同国内甲工厂与外商 A 签订来料加工合同，由外商 A 提供不计价的原材料，甲工厂加工成丙成品后由新世纪外贸公司交付外商 A，新世纪外贸公司按实收外汇净额的 2.6%收取手续费。本期汇率均为 1 美元=6.75 元人民币。

（1）新世纪外贸公司收到不计价的原材料 12 吨。

（2）新世纪外贸公司将不计价的原材料拨给甲工厂进行加工。

（3）甲工厂将原料加工成丙成品 3 500 件并向新世纪外贸公司交货，新世纪外贸公司收货后办理托运出口。

（4）新世纪外贸公司为甲工厂代垫运杂费 190 美元。

（5）新世纪外贸公司向银行交单办理结汇。

（6）新世纪外贸公司接到收款通知，收到外汇工缴费 30 000 美元。

（7）新世纪外贸公司将收到的外汇工缴费扣除代垫运杂费及 2.6%手续费后的余款拨付给甲工厂。

要求：根据上述资料，对各项业务编制出会计分录。

# 项目六

# 掌握外贸企业进口货物税金核算

● **案例导入**

小张在美国汽车网上看到某款车售价是 22 960 美元，而这款车在中国的售价是 33.8 万元人民币。小张根据当时的汇率 1 美元=7.1 元人民币进行折算，美国这款车价约合人民币 16.3 万元。为什么同一款车价格相差这么大？小张带着问题去请教了老师，老师告诉他，这是因为进口汽车要缴税。你知道企业在进口时需要缴纳哪些税金吗？

# 任务一

# 掌握关税的核算

## 任务概述

通过本任务的学习，学生应理解关税完税价格的含义，掌握关税的计税方法，掌握进出口货物的关税核算。

## 基础知识

### 一、关税基础知识

#### （一）关税的概念

关税是各国根据本国经济和政治的需要，用法律形式确定的，由海关对进出境的货物以及物品征收的一种流转税。这里的“境”是指关境，即海关境界或一国关税管辖的领域。关境不一定就是国境，因为各国多设有自由贸易区或保税区、出口加工区等，这些区域都设在国境之内、关境之外，在两者之间设有铁丝网，在通道口设立海关，如上海的外高桥保税区、深圳的沙头角保税区，乃至中国香港、中国澳门都在国境之内、关境之外，构成一个特别关税区。

#### （二）关税的作用

一个国家征收关税，可以维护国家的主权和经济利益，保护和促进本国工农业生产的发展，调节国民经济和对外贸易发展，有利于筹集国家财政收入。

#### （三）关税的种类

1. 按征收方法划分

按征收方法划分，关税可以分为从价关税、从量关税、混合关税、选择关税。

（1）从价关税：以进出口货物的价格作为标准征收关税。

（2）从量关税：依照进出口货物数量的计量单位（如“吨”“箱”“百个”等）征收定量关税。

（3）混合关税：依照各种需要对进出口货物进行从价、从量的混合征税。

（4）选择关税：随着进口商品价格由高到低或由低到高设置关税税率，可以起到稳定进口商品价格的作用。

2. 按征税商品流向划分

按征税商品流向划分，关税可以分为进口税、出口税、过境税。

（1）进口税（Import Duties）：是进口国家的海关在外国商品输入时，对本国进口商所征收的正常关税（Normal Duties）。进口税是关税中最重要的一种，在一些废除了出口税和过境税的国家，进口税是唯一的关税。因此，进口税是执行关税政策的主要手段。

（2）出口税（Export Duties）：是对本国出口的货物在运出国境时征收的一种关税。因为征收出口税会导致本国商品出口后在国外的售价提高，从而降低了出口商品在国外市场的竞争能力，不利于扩大出口，所以目前发达国家大多不征收出口税。但有些国家，主要是一些发展中国家，现在仍对某些商品征收出口税，目的在于保证本国市场的供应，或是为了保证其财政收入。我国也对一小部分商品征收出口税。

（3）过境税（Transit Duties）：是一国对于通过其关境的外国商品征收的关税。由于过境货物对本国市场和生产没有影响，而且外国货物过境时，可以使铁路、港口、仓储等方面从中获得一些益处，因此目前世界上大多数国家不征收过境税，仅在外国货物通过本国国境或关境时，征收少量准许费、印花费、签证费、统计费等。

（四）关税的纳税人

《中华人民共和国进出口关税条例》第五条规定：“进口货物的收货人、出口货物的发货人、进境物品的所有人，是关税的纳税义务人。”关税的纳税人既可以是法人，也可以是自然人。

凡由外贸企业代理进出口业务的，都由办理进出口业务的外贸企业代为申报纳税；不通过外贸企业而自行经营进出口业务的，则由收、发货人自行申报纳税。

（五）关税的申报缴纳

进口货物的收货人应当自运输工具申报进境之日起 14 日内，出口货物的发货人除海关特准的外应当在货物运抵海关监管区后、装货的 24 小时以前，向海关申报。纳税义务人应当自海关税款缴纳通知制发之日起 15 日内依法缴纳税款；采用汇总征税模式的，纳税义务人应当自海关税款缴纳通知制发之日起 15 日内或次月第 5 个工作日结束前依法缴纳税款。未在上述期限内缴纳税款的，海关自缴款期限届满之日起至缴清税款之日止，按日加收滞纳税款万分之五的滞纳金。

海关填写的“海关（进出口关税）专用缴款书”一式六联，依次是收据联（此联是国库收到税款签章后退还纳税人作为完税凭证的法律文书，是关税核算的原始凭证）、付款凭证联、收款凭证联、回执联、报查联、存根联。海关进口关税专用缴款书如表 6－1 所示。

**表 6-1 海关进口关税专用缴款书**

收入系统：海关系统　　　　填发日期：　　年　月　日　　　　　　　　No.

<table>
<tr><td rowspan="3">收款单位</td><td>收入机关</td><td colspan="3"></td><td rowspan="3">缴款单位（人）</td><td>名称</td><td></td></tr>
<tr><td>科目</td><td></td><td>预算级次</td><td></td><td>账号</td><td></td></tr>
<tr><td>收款国库</td><td colspan="3"></td><td>开户银行</td><td></td></tr>
</table>

<table>
<tr><td>税号</td><td>货物名称</td><td>数量</td><td>单位</td><td>完税价格</td><td>税率</td><td>税款金额</td></tr>
<tr><td></td><td></td><td></td><td></td><td></td><td></td><td></td></tr>
<tr><td colspan="5">金额人民币（大写）</td><td>合计（¥）</td><td></td></tr>
</table>

<table>
<tr><td>申请单位编号</td><td></td><td>报关单位编号</td><td></td><td rowspan="4">编制单位</td><td rowspan="4">收款国库（银行）盖章</td></tr>
<tr><td>合同（批文）号</td><td></td><td>运输工具号</td><td></td></tr>
<tr><td>缴款期限</td><td></td><td>提/装货单号</td><td></td></tr>
<tr><td>备注</td><td colspan="3">一般征税<br>国际代码</td></tr>
</table>

制单人　　　　　　　　　　　　　　　　　　　　复核单位盖章

## 二、关税的完税价格

### （一）进口货物完税价格的确定

进口货物以由海关审定的成交价格作为基础的到岸价格作为完税价格。到岸价格（CIF）包括货价，加上货物运抵中华人民共和国海关境内输入地点起卸前的包装费、运输费、保险费和其他劳务费等。

（1）进口货物以境外离岸价格成交的，应当另加该项货物从境外发货口岸或境外交货口岸运抵我国境内目的地口岸前实际支付的运费、保险费。其计算公式为：

完税价格=(离岸价格+运费)/(1−保险费率)

（2）运抵我国境内口岸的货价加运费成交的，应另加保险费，其计算公式为：

完税价格=(货价+运费)/(1−保险费率)

### （二）出口货物完税价格的确定

出口货物以由海关审定的成交价格为基础的离岸价格（FOB），扣除出口关税后作为完税价格。其计算公式为：

完税价格=离岸价格/(1+出口税率)

出口货物成交价格中含有支付给国外的佣金，如与货物的离岸价格分列，应予扣除；未单独列明的，则不予扣除。出口货物在离岸价格之外，买方还另行支付包装费的，应将其计入完税价格。

出口货物的离岸价格应以该项货物运离关境前的最后一个口岸的离岸价格为实际离岸价格。出口货物的成交价格为境外口岸的到岸价格或货价加运费价格时，应先扣除运费、保险费后，再按法定公式计算完税价格。其计算公式为：

完税价格＝离岸价格/(1＋出口税率)

离岸价格＝到岸价格－运费－保险费

## 三、关税的计税方法

由于关税分为从价、从量、复合和滑准四种计税方法，因此关税应纳税额也有四种，计算如下：

### （一）从价税

从价税是以进出口货物的价格作为计税标准计缴的关税，具有税负公平、明确，易于实施，计征简便等优点。大多数进出口商品采用从价税。货物的价格不是指商品的成交价格，而是指进出口商品的完税价格。其计算公式为：

关税税额＝进(出)口应税货物的数量×单位完税价格×适用税率

### （二）从量税

从量税是以货物的计量单位（数量、重量、面积、容量、长度等）作为计税标准，以每一计量单位应纳的关税金额作为税率来计缴的关税。其计算公式为：

关税税额＝应税进口货物数量×单位货物税额

### （三）复合税

复合税又称混合税，它是对进口商品既征从量税又征从价税的一种办法。一般以从量税为主，再加征从价税。我国目前仅对录像机、放像机、摄像机和摄录一体机实行复合计税。其计算公式为：

关税税额＝应税进口货物数量×单位货物税额＋应税进口货物数量×单位完税价格×税率

### （四）滑准税

滑准税又称滑动税、伸缩税，是对《中华人民共和国进出口税则》中的同一种商品按其市场价格标准分别制定不同价格档次的税率而征收的一种进口关税。征收这种关税的目的是使某种进口商品，不论其进口价格是高还是低，其税后价格都保持在一个预定的价格标准上，以稳定进口国国内该种商品的市场价格，缓解供需矛盾。我国曾对新闻纸执行滑准税税率。其计算公式为：

关税税额＝应税进口货物数量×单位完税价格×滑准税税率

# 任务实施

## 子任务一　关税的计算

### 任务描述

能够掌握关税的计税方法，计算进出口货物的关税。

### 任务分析

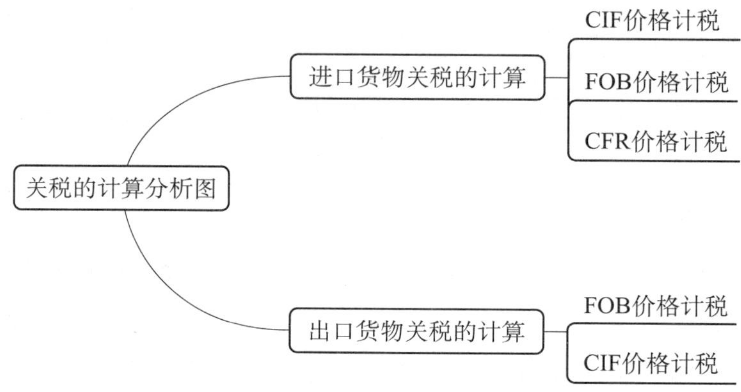


### 任务完成

1. 进口货物关税的计算

（1）CIF 价格。

**【例 6-1】** ABC 进出口公司从日本进口一批摩托车配件，其成交价格为 CIF 上海新港 150 000 美元，当日外汇牌价为 1 美元＝7.2 元人民币，关税税率为 20%，计算其应纳关税如下：

解：

完税价格＝150 000×7.2＝1 080 000（元）

应纳关税税额＝1 080 000×20%＝216 000（元）

**【例 6-2】** 某国海关对进口羊绒衫每镑价格在 18 美元以上者征收混合税，每镑征收 0.45 美元的从量税，加征从价税 15.5%。假设该国一进口商从中国进口男士羊绒衫一批，该批货物总量为 10 万镑，每镑 CIF 价格 28 美元，试计算该批货物应纳关税税额（计税货币单位为美元）。

解：

关税税额＝应税进口货物数量×单位货物税额＋应税进口货物数量×单位完税价格×税率

＝100 000×0.45＋100 000×28×15.5%＝479 000（美元）

（2）FOB 价格。

**【例 6-3】** ABC 进出口公司从德国购进一批轿车，成交价格为 FOB 汉堡 100 000 美元，运费为 6 000 美元，保险费率为 3‰，经查该汽车适用税率为 50%。要求计算进口关税（外汇中间价折合率为 1 美元＝7.22 元人民币）。

解：

完税价格＝(离岸价格＋运费)/(1－保险费率)

＝(100 000＋6 000)/(1－3‰)×7.22≈767 622.87（元）

应纳关税税额＝767 622.87×50%＝383 811.43（元）

（3）CFR 价格。

**【例 6-4】** ABC 进出口公司从美国进口一批乳制品，保险费率为 0.3%，进口价格为 CFR 宁波 60 000 美元，当日外汇牌价为 1 美元＝7.21 元人民币，关税税率为 10%，计算该批货物的应纳关税税额。

解：

完税价格＝60 000/(1－0.3%)×7.21≈433 901.71（元）

应纳关税税额＝433 901.71×10%≈43 390.17（元）

2. 出口货物关税的计算

（1）FOB 价格。

**【例 6-5】** ABC 进出口公司出口甲商品一批，成交价格为 FOB 8 000 美元，其佣金为完税价格的 3%，理舱费为 200 美元，出口关税税率为 10%，当日市场汇率为 1 美元＝7.24 元人民币。要求：计算应交出口关税税额。

解：

不含佣金价格＝8 000/(1＋3%)≈7 766.99（美元）

完税价格＝(7 766.99－200)/(1＋10%)×7.24≈49 804.55（元）

应纳出口关税税额＝49 804.55×10%≈4 980.46（元）

（2）CIF 价格。

**【例 6-6】** ABC 进出口公司向美国出口一批生铁，成交价格为 CIF 50 000 美元，其中运费 3 000 美元、保险费 200 美元，出口关税税率为 15%，当日市场汇率为 1 美元＝7.24 元人民币，计算该公司应纳出口关税税额。

解：

完税价格＝(50 000－3 000－200)×7.24/(1＋15%)≈294 636.52（元）

应纳出口关税税额＝294 636.52×15%≈44 195.48（元）

## 子任务二　关税的核算

### 任务描述

能够依据海关开具的税款缴纳凭证、银行转账支票存根等原始凭证，对自营进出口货物、代理进出口货物涉及的关税做出正确的账务处理。

### 任务分析

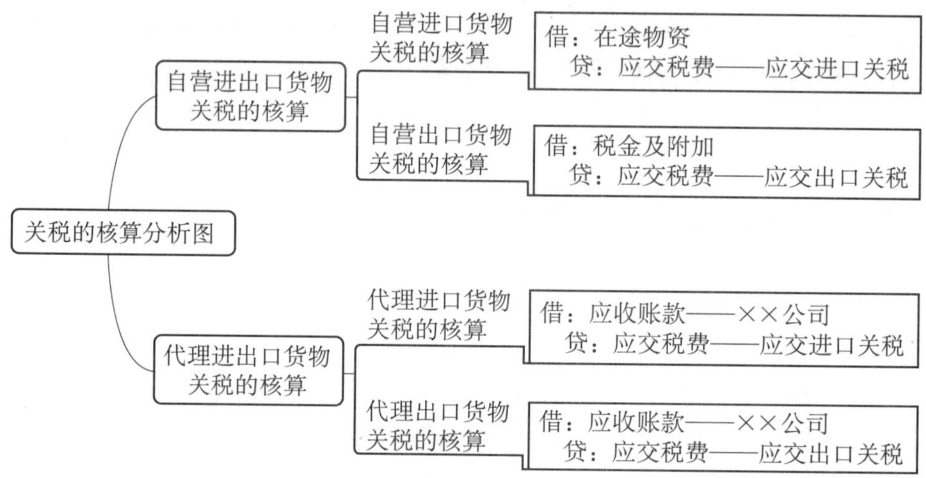


### 任务完成

1. 自营进出口货物关税的核算

（1）自营进口货物关税的核算。

为了完整地核算进出口企业进口商品的成本，进口关税构成进口企业的采购成本，应直接在“在途物资”账户中进行核算，而不通过税金账户核算，即企业进口商品计算应纳税额时，借记“在途物资”等有关账户，贷记“应交税费——应交进口关税”账户；按规定时间缴纳税款时，借记“应交税费——应交进口关税”账户，贷记“银行存款”账户。

1）CIF 价格。

**【例 6-7】**ABC 进出口公司从澳大利亚自营进口毛毯一批，成交价格为 CIF 上海 100 000 美元，进口关税税率为 20%，代征增值税税率为 13%，报关当日汇率为 1 美元=7.24 元人民币，根据海关开出的税款缴纳凭证，以银行转账支票付讫税款。应纳关税和商品采购成本计算如下：

进口关税税额=100 000×7.24×20%=144 800（元）

商品采购成本=724 000+144 800=868 800（元）

代征增值税税额=868 800×13%=112 944（元）

说明：

进口货物增值税税额=(完税价格+关税+消费税)×增值税税率

根据海关开出的税款缴纳凭证，编制会计分录如下：

借：在途物资　　144 800

　贷：应交税费——应交进口关税　　144 800

支付关税及增值税时，编制会计分录如下：

借：应交税费——应交进口关税　　144 800

　　　　　——应交增值税（进项税额）　　112 944

　贷：银行存款　　257 744

2）FOB价格。

**【例6-8】** ABC进出口公司从法国进口一批箱包，成交价格为FOB福斯50 000欧元，支付的国外运费为8 000欧元，国外保险费为2 000欧元，国家规定的进口关税税率为10%，报关当日汇率为1欧元=6.9元人民币，根据海关开出的税款缴纳凭证，以银行转账支票付讫税款。应纳关税及采购成本计算如下：

进口关税税额=(50 000+8 000+2 000)×6.9×10%=41 400（元）

商品采购成本=(50 000+8 000+2 000)×6.9+41 400=455 400（元）

代征增值税税额=455 400×13%=59 202（元）

根据海关开出的税款缴纳凭证，编制会计分录如下：

借：在途物资　　41 400

　贷：应交税费——应交进口关税　　41 400

支付关税及增值税时，编制会计分录如下：

借：应交税费——应交进口关税　　41 400

　　　　　——应交增值税（进项税额）　　59 202

　贷：银行存款　　100 602

（2）自营出口货物关税的核算。

自营出口应以FOB价格作为完税价格。企业自营出口商品计算缴纳关税时，借记“税金及附加”账户，贷记“应交税费——应交出口关税”账户；实际缴纳时，借记“应交税费——应交出口关税”账户，贷记“银行存款”账户。企业也可不通过“应交税费——应交出口关税”账户核算，待实际缴纳关税时，直接借记“税金及附加”账户，贷记“银行存款”账户。

1）FOB价格。

**【例6-9】** ABC进出口公司向美国出口一批矿铜丝，成交价格为FOB上海20 000美元，出口关税税率为20%，报关当日汇率为1美元=7.23元人民币，根据海关开出的税款缴纳凭证，以银行转账支票付讫税款。应纳关税为：

关税完税价格=(20 000×7.23)/(1+20%)=120 500（元）

应纳关税=120 500×20%=24 100（元）

根据海关开出的税款缴纳凭证，编制会计分录如下：

借：税金及附加　　24 100

　贷：应交税费——应交出口关税　　24 100

支付关税时，编制会计分录如下：

借：应交税费——应交出口关税　　24 100

　贷：银行存款　　24 100

2）CIF 价格。

**【例 6-10】** ABC 进出口公司向日本出口一批磷矿石，成交价格为 CIF 东京 120 000 美元，出口关税税率为 30%，该批货物的国外运费为 18 000 美元，国外保险费为 2 000 美元，报关当日汇率为 1 美元=7.17 元人民币，根据海关开出的税款缴纳凭证，以银行转账支票付讫税款。应纳关税为：

该批货物的 FOB 价格=120 000−18 000−2 000=100 000（美元）

关税完税价格=(100 000×7.17)/(1+30%)≈551 538.46（元）

应纳关税=551 538.46×30%≈165 461.54（元）

根据海关开出的税款缴纳凭证，编制会计分录如下：

借：税金及附加　　165 461.54

　贷：应交税费——应交出口关税　　165 461.54

支付关税时，编制会计分录如下：

借：应交税费——应交出口关税　　165 461.54

　贷：银行存款　　165 461.54

2. 代理进出口货物关税的核算

（1）代理进口货物关税的核算。

代理进口业务，不负担盈亏，只收取一定的手续费，其进口关税是代缴的，日后由进口单位原数向委托单位收取。在计算应缴纳关税时，借记“应收账款”账户，贷记“应交税费——应交进口关税”账户；代交进口关税时，借记“应交税费——应交进口关税”账户，贷记“银行存款”账户；收到委托单位的税款时，借记“银行存款”账户，贷记“应收账款”账户。

**【例 6-11】** ABC 进出口公司代理 MC 公司从日本进口一批钢材，成交价格为 FOB 东京 200 000 美元，另为该批货物支付国外运费 9 200 美元、包装费 500 美元、保险费 300 美元，关税税率为 15%，报关当日汇率为 1 美元=7.11 元人民币，根据海关开出的税款缴纳凭证，以银行转账支票付讫税款。应纳关税为：

关税完税价格＝(200 000＋9 200＋500＋300)×7.11＝1 493 100（元）

应纳关税＝1 493 100×15%＝223 965（元）

根据海关开出的税款缴纳凭证，编制会计分录如下：

借：应收账款——MC公司　　223 965

　贷：应交税费——应交进口关税　　223 965

代垫税款时，编制会计分录如下：

借：应交税费——应交进口关税　　223 965

　贷：银行存款　　223 965

收到MC公司代垫税款时，编制会计分录如下：

借：银行存款　　223 965

　贷：应收账款——MC公司　　223 965

（2）代理出口货物关税的核算。

代理出口业务缴纳的关税由委托单位负担，通过“应收账款”账户核算。计算出应纳出口关税时，借记“应收账款”账户，贷记“应交税费——应交出口关税”账户；上缴关税时，借记“应交税费——应交出口关税”账户，贷记“银行存款”账户；收到委托单位支付的款项时，借记“银行存款”账户，贷记“应收账款”账户。

**【例6-12】**ABC进出口公司代理MC公司出口一批工业用化肥到美国，成交价格为CIF纽约150 000美元，该批货物的国外运费为15 000美元，国外保险费为3 000美元，单独付给国外客户的佣金为2 000美元，出口关税税率为10%，报关当日汇率为1美元＝7.15元人民币，根据海关开出的税款缴纳凭证，以银行转账支票付讫税款。应纳关税为：

关税完税价格＝(150 000－15 000－3 000－2 000)×7.15/(1＋10%)

＝845 000（元）

应纳关税＝845 000×10%＝84 500（元）

根据海关开出的税款缴纳凭证，编制会计分录如下：

借：应收账款——MC公司　　84 500

　贷：应交税费——应交出口关税　　84 500

支付关税时，编制会计分录如下：

借：应交税费——应交出口关税　　84 500

　贷：银行存款　　84 500

收到MC公司代垫税款时，编制会计分录如下：

借：银行存款　　84 500

　贷：应收账款——MC公司　　84 500

## 拓展知识

### 关税的税率

我国关税税率的制定是根据不同货物和不同国家实行区别对待原则，采取差别比例税率，并分别制定了进出口税率。

**一、进口关税税率的设置**

进口关税设置最惠国税率、协定税率、特惠税率、普通税率、关税配额税率等税率。对进口货物在一定期限内可以实行暂定税率。

(1) 最惠国税率：适用于原产于共同适用最惠国待遇条款的世界贸易组织成员的进口货物，原产于与中华人民共和国签订含有相互给予最惠国待遇条款的双边贸易协定的国家或地区的进口货物，以及原产于中华人民共和国境内的进口货物。

(2) 协定税率：适用于原产于与中华人民共和国签订含有关税优惠条款的区域性贸易协定的国家或地区的进口货物。

(3) 特惠税率：适用于原产于与中华人民共和国签订含有特殊关税优惠条款的贸易协定的国家或地区的进口货物。

(4) 普通税率：适用于原产于以上所列以外的国家或地区的进口货物，以及原产地不明的进口货物。

(5) 关税配额税率：适用于按照国家规定实行关税配额管理的进口货物中关税配额内的部分。

除上述税则税率外，对进口货物在一定期限内可以实行暂定税率。关税暂定税率是在海关进出口税则规定的进口优惠税率和出口税率的基础上，对进口的某些重要的工农业生产原材料和机电产品关键部件（但只限于从与中华人民共和国订有关税互惠协议的国家或地区进口的货物）以及出口的部分资源性产品实施的更为优惠的关税税率。这种税率一般按照年度制定，并且随时可以根据需要恢复按照法定税率征税。

适用最惠国税率的进口货物有暂定税率的，应当适用暂定税率；适用协定税率、特惠税率的进口货物有暂定税率的，应当从低适用税率，但不得在暂定最惠国税率的基础上再进行减免；适用普通税率的进口货物，不适用暂定税率。

**二、出口关税税率的设置**

我国确定征收出口关税的总原则：既要服从于鼓励出口的政策，又要做到能够控制一些商品的盲目出口，因而征收出口关税只限于少数产品。

除上述税则税率外，我国对出口货物在一定期限内可以实行暂定税率，即在海关进出口税则规定的出口税率的基础上，对部分出口货物实行更加优惠的关税税率。

## ⌘ 学习测试

### 一、单项选择题

1. 关税税率随着进口商品价格由高到低或由低到高设置，这种关税被称为（　　）。

A. 选择关税　　B. 混合关税　　C. 滑准关税　　D. 进口附加税

2. 我国征收出口关税针对（　　）。

A. 所有出口货物不征收关税　　B. 大部分出口货物征收关税

C. 没有明确规定　　D. 少数出口货物征收关税

3. 进口环节应纳消费税的计算公式是（　　）。

A. 到岸价×消费税税率

B. （到岸价格＋关税）×消费税税率

C. （关税完税价格＋关税）×消费税税率

D. （CIF 价格＋关税）/（1－消费税税率）×消费税税率

4. 某企业出口一批商品，按照相关规定该批产品应缴纳出口关税，该批商品成交价格为 CIF 伦敦 40 万元人民币，发生的国外运保费共计 5 万元人民币，出口关税税率为 20%。该批商品的完税价格为（　　）人民币。

A. 35 万元　　B. 29.17 万元　　C. 37.5 万元　　D. 31.25 万元

5. 以下可以进入进口商品的成本的税种是（　　）。

A. 进口增值税　　B. 进口关税　　C. 所得税　　D. 城建税

### 二、多项选择题

1. 按照征税商品流向划分，关税可以分为（　　）。

A. 进口税　　B. 出口税　　C. 过境税　　D. 选择关税

2. 进口货物环节有可能涉及的会计账户是（　　）。

A. 银行存款

B. 应交税费——应交增值税（销项税额）

C. 应交税费——应交关税

D. 应交税费——应交增值税（出口退税）

### 三、判断题

1. 在我国，征收税收的机关只能是税务局。（　　）

2. 我国的国境大于关境。（　　）

3. 我国海关对于经过我国中转的货物和物品征收过境税。（　　）

4. 进口货物以由海关审定的成交价格作为基础的离岸价格作为完税价格。（　　）

5. 出口货物以由海关审定的成交价格为基础的到岸价格，扣除出口关税后作为完税价格。（　　）

6. 目前我国并不是所有的出口商品均是零税率。（　　）

7. 某企业代理其他企业进口商品一批，应缴纳进口关税 20 万元，该企业在计算应缴纳关税时，借记“在途物资”账户，贷记“应交税费——应交进口关税”账户。（　　）

## 四、计算题

1. 某机械进出口公司某年 4 月进口纸浆，货价为 FOB 上海 200 000 美元，该批货物运抵我国上海港起卸前的包装、运输、保险和其他劳务费用共计 20 000 美元，纸浆关税税率为 10%，当时外汇市场牌价为 1 美元=6.82 元人民币。请计算该批货物应缴纳的关税税额。

2. A 国对进口某种商品实行混合征税办法，假设从量税率为 5 美元/件，从价税率为 20%，该国一进口商进口该商品 1 万件，进口商品总额为 100 万元。请计算该进口商应缴纳的关税税额。

3. 某服装进出口有限公司从法国购进一批服装，成交价格为 FOB 汉堡 80 000 欧元，运费为 5 000 欧元，保险费率为 5‰，该服装适用税率为 20%。请计算该公司应缴纳的进口关税税额（外汇中间价折合率为 1 欧元=8.1 元人民币）。

4. 某化工进出口有限公司向日本出口一批化工产品，成交价格为 CFR 东京 20 000 美元，其中运费为 2 000 美元，出口关税税率为 20%，当日市场汇率为 1 美元=6.2 元人民币。请计算该公司应缴纳的出口关税税额。

## 五、实务题

安徽安远进出口有限公司向日本出口一批鳗鱼苗，成交价格为 CIF 东京 50 000 美元，出口关税税率为 20%，该批货物的国外运费为 8 500 美元，国外保险费为 1 500 美元，报关当日汇率为 1 美元=6.9 元人民币，根据海关开出的税款缴纳凭证，以银行转账支票付讫税款。请计算其应缴纳的出口关税税额，并进行正确的账务处理，填写记账凭证（见表 6-2、表 6-3）。

**表 6-2　记账凭证（1）**

记　账　凭　证

年　　月　　日　　　　　　　　　　　　制单编号：

| 摘　要 | 总账科目 | 明细科目 | 外币金额 | | 汇率 | 借　方 | | | | | | | | | | 记账 | 贷　方 | | | | | | | | | | 记账 |
|---|---|---|---|---|---|---|---|---|---|---|---|---|---|---|---|---|---|---|---|---|---|---|---|---|---|---|---|
| | | | 币种 | 金额 | | 千 | 百 | 十 | 万 | 千 | 百 | 十 | 元 | 角 | 分 | 符号 | 千 | 百 | 十 | 万 | 千 | 百 | 十 | 元 | 角 | 分 | 符号 |
| | | | | | | | | | | | | | | | | | | | | | | | | | | | |
| | | | | | | | | | | | | | | | | | | | | | | | | | | | |
| | | | | | | | | | | | | | | | | | | | | | | | | | | | |
| | | | | | | | | | | | | | | | | | | | | | | | | | | | |
| | | | | | | | | | | | | | | | | | | | | | | | | | | | |
| | | | | | | | | | | | | | | | | | | | | | | | | | | | |
| | | | | | | | | | | | | | | | | | | | | | | | | | | | |
| | | | | | | | | | | | | | | | | | | | | | | | | | | | |
| 结算方式及票号： | | | | | | | | | | | | | | | | | | | | | | | | | | | |

附单据　张

会计主管：　　记账：　　稽核：　　出纳：　　制单：　　经办人：

## 表 6－3　记账凭证（2）

### 记　账　凭　证

年　　月　　日　　　　　　　　　　　　　　　　制单编号：

| 摘　要 | 总账科目 | 明细科目 | 外币金额 | | 汇率 | 借　方 | | | | | | | | | | 记账符号 | 贷　方 | | | | | | | | | | 记账符号 |
|---|---|---|---|---|---|---|---|---|---|---|---|---|---|---|---|---|---|---|---|---|---|---|---|---|---|---|---|
| | | | 币种 | 金额 | | 千 | 百 | 十 | 万 | 千 | 百 | 十 | 元 | 角 | 分 | | 千 | 百 | 十 | 万 | 千 | 百 | 十 | 元 | 角 | 分 | |
| | | | | | | | | | | | | | | | | | | | | | | | | | | | |
| | | | | | | | | | | | | | | | | | | | | | | | | | | | |
| | | | | | | | | | | | | | | | | | | | | | | | | | | | |
| | | | | | | | | | | | | | | | | | | | | | | | | | | | |
| | | | | | | | | | | | | | | | | | | | | | | | | | | | |
| | | | | | | | | | | | | | | | | | | | | | | | | | | | |
| | | | | | | | | | | | | | | | | | | | | | | | | | | | |
| | | | | | | | | | | | | | | | | | | | | | | | | | | | |
| 结算方式及票号： | | | | | | | | | | | | | | | | | | | | | | | | | | | |

附单据　张

会计主管：　　　　记账：　　　　稽核：　　　　出纳：　　　　制单：　　　　经办人：

# 任务二

# 掌握进口环节消费税的核算

## 任务概述

通过本任务的学习，学生应了解消费税的基础知识，掌握进口环节消费税的计算方法，能够做出进口环节消费税的账务处理。

## 基础知识

### 一、消费税基础知识

#### （一）消费税的概念

消费税是对在我国境内从事生产、委托加工和进口应税消费品的单位和个人，就其销售额或销售数量在特定环节征收的一种税。

#### （二）消费税的纳税人

消费税的纳税人为：在中华人民共和国境内生产、委托加工和进口应税消费品的单位和个人，以及国务院确定的销售《中华人民共和国消费税暂行条例》规定的消费品的其他单位和个人。“在中华人民共和国境内”，是指生产、委托加工和进口属于应当缴纳消费税的消费品的启运地或者所在地在境内。“单位”是指企业、行政单位、事业单位、军事单位、社会团体及其他单位。“个人”是指个体经营者及其他个人。消费税的纳税人有以下四种类型：

（1）生产应税消费品的单位和个人，以生产并销售应税消费品的单位和个人为纳税人。

（2）自产自用应税消费品的单位和个人，以生产并自用消费品的单位和个人为纳税人。

（3）委托加工应税消费品的单位和个人，以受托单位和个人为代收代缴义务人。

（4）进口应税消费品的单位和个人，以进口应税消费品的报关单位和个人为纳税人。

#### （三）消费税的征税对象

消费税的征税对象是《中华人民共和国消费税暂行条例》中规定的应税消费品，具体包括 14 项消费品，分为以下五大类：

第一类：特殊消费品。过度消费这类消费品对人体健康、社会秩序、生态环境等方面会造成危害，如烟、酒、鞭炮、焰火等。

第二类：奢侈品、非生活必需品，如贵重首饰及珠宝玉石、化妆品等。

第三类：高能耗及高档消费品，如小汽车、摩托车等。

第四类：不可再生和替代的石油类消费品，如汽油、柴油等。

第五类：具有一定财政意义的消费品，如汽车轮胎等。

### （四）消费税的税率

《中华人民共和国消费税暂行条例》采用了列举法和概括法，共设置了 14 个税目，包括：烟，酒及酒精，化妆品，贵重首饰及珠宝玉石，鞭炮、焰火，成品油，汽车轮胎，摩托车，小汽车，高尔夫球及球具，高档手表，游艇，木制一次性筷子，实木地板。为了适应新形势，我国对消费税具体的征税有所调整，调整为 15 个税目。消费税税目税率表如表 6－4 所示。

**表 6－4　消费税税目税率表**

| 应税消费品名称 | 比例税率 | 定额税率 | 计量单位 |
| --- | --- | --- | --- |
| 、烟 | | | |
| 1. 卷烟 | | | |
| (1) 工业 | | | |
| ①甲类卷烟（调拨价 70 元（不含增值税）/条以上（含 70 元）） | 56% | 30 元/万支 | 万支 |
| ②乙类卷烟（调拨价 70 元（不含增值税）/条以上） | 36% | 30 元/万支 | |
| (2) 商业批发 | 11% | 50 元/万支 | |
| 2. 雪茄烟 | 36% | — | 支 |
| 3. 烟丝 | 30% | — | 千克 |
| 二、酒 | | | |
| 1. 白酒 | 20% | 0.5 元/500 克（毫升） | 500 克（毫升） |
| 2. 黄酒 | — | 240 元/吨 | 吨 |
| 3. 啤酒 | | | |
| (1) 甲类啤酒（出厂价格 3 000 元（不含增值税）/吨以上（含 3 000 元）） | — | 250 元/吨 | 吨 |
| (2) 乙类啤酒（出厂价格 3 000 元（不含增值税）/吨以下） | — | 220 元/吨 | |
| 4. 其他酒 | 10% | — | 吨 |
| 三、高档化妆品 | 15% | — | 实际使用计量单位 |
| 四、贵重首饰及珠宝玉石 | | | |
| 1. 金银首饰、铂金首饰和钻石及钻石饰品 | 5% | — | 实际使用计量单位 |
| 2. 其他贵重首饰和珠宝玉石 | 10% | — | |
| 五、鞭炮、焰火 | | | |

续表

| 应税消费品名称 | 比例税率 | 定额税率 | 计量单位 |
| --- | --- | --- | --- |
| 六、成品油 | | | |
| 1. 汽油 | — | 1.52 元/升 | 升 |
| 2. 柴油 | — | 1.20 元/升 | |
| 3. 航空煤油 | — | 1.20 元/升 | |
| 4. 石脑油 | — | 1.52 元/升 | |
| 5. 溶剂油 | — | 1.52 元/升 | |
| 6. 润滑油 | — | 1.52 元/升 | |
| 7. 燃料油 | — | 1.20 元/升 | |
| 七、摩托车 | | | |
| 1. 气缸容量（排气量，下同）=250 毫升 | 3% | — | 辆 |
| 2. 气缸容量>250 毫升 | 10% | — | |
| 八、小汽车 | | | |
| 1. 乘用车 | | | |
| (1) 气缸容量（排气量，下同）≤1.0 升 | 1% | — | 辆 |
| (2) 1.0 升<气缸容量≤1.5 升 | 3% | — | |
| (3) 1.5 升<气缸容量≤2.0 升 | 5% | — | |
| (4) 2.0 升<气缸容量≤2.5 升 | 9% | — | |
| (5) 2.5 升<气缸容量≤3.0 升 | 12% | — | |
| (6) 3.0 升<气缸容量≤4.0 升 | 25% | — | |
| (7) 气缸容量>4.0 升 | 40% | — | |
| 2. 中轻型商用客车 | 5% | — | |
| 3. 超豪华小汽车 | 10% | — | |
| 九、高尔夫球及球具 | 10% | — | 实际使用计量单位 |
| 十、高档手表 | 20% | — | 只 |
| 十一、游艇 | 10% | — | 艘 |
| 十二、木制一次性筷子 | 5% | — | 万双 |
| 十三、实木地板 | 5% | — | 平方米 |
| 十四、电池 | 4% | — | 只 |
| 十五、涂料 | 4% | — | 吨 |

### （五）消费税的纳税申报

#### 1. 消费税纳税义务发生的时间

纳税人销售的应税消费品，其纳税义务发生的时间为：

(1) 纳税人采取赊销和分期收款结算方式的，其纳税义务发生的时间为书面合同约定的收款日期的当天；书面合同没有约定收款日期或者无书面合同的，为发出应税消费品的当天。

(2) 纳税人采取预收货款结算方式的，其纳税义务发生的时间为发出应税消费品的当天。

(3) 纳税人采取托收承付结算方式的，其纳税义务发生的时间为发出应税消费品并办妥托收手续的当天。

（4）纳税人采取其他结算方式的，其纳税义务发生的时间为收讫销售款或者取得索取销售款凭据的当天。

（5）纳税人自产自用的应税消费品，其纳税义务发生的时间为移送使用的当天。

（6）纳税人委托加工的应税消费品，其纳税义务发生的时间为纳税人提货的当天。

（7）纳税人进口的应税消费品，其纳税义务发生的时间为报关进口的当天。

2. 消费税的纳税期限

消费税的纳税期限分别为 1 日、3 日、5 日、10 日、15 日、1 个月或者 1 个季度。纳税人的具体纳税期限，由主管税务机关根据纳税人应纳税额的大小分别核定；不能按固定期限纳税的，可以按次纳税。

纳税人以 1 个月或者 1 个季度为 1 个纳税期的，自期满之日起 15 日内申报纳税；以 1 日、3 日、5 日、10 日或者 15 日为 1 个纳税期的，自期满之日起 5 日内预缴税款，于次月 1 日起 15 日内申报纳税并结清上月应纳税款。

纳税人进口应税消费品，应当自海关填发海关进口消费税专用缴款书之日起 15 日内缴纳税款。

3. 消费税的纳税地点

（1）纳税人销售的应税消费品及自产自用的应税消费品，除国家另有规定外，应向纳税人机构所在地或者居住地的主管税务机关申报纳税。纳税人总机构与分支机构不在同一县（市）的，应当分别向各自机构所在地的主管税务机关申报纳税。经财政部、国家税务总局或者其授权的财政、税务机关批准，可以由总机构汇总，向总机构所在地主管税务机关申报纳税。

（2）纳税人到外县（市）销售或委托外县（市）代销自产应税消费品的，于应税消费品销售后，向机构所在地或者居住地主管税务机关申报纳税。

（3）委托加工的应税消费品，除受托方为个人外，由受托方向机构所在地或者居住地的主管税务机关解缴消费税税款；委托个人加工的应税消费品，由委托方向其机构所在地或者居住地主管税务机关申报纳税。

（4）进口的应税消费品，由进口人或其代理人向报关地海关申报纳税。此外，个人携带或者邮寄进境的应税消费品，连同关税，由海关一并计征。

4. 消费税的纳税申报

报缴税款的方法，由所在地税务机关视不同情况，从下列方法中确定一种：

（1）纳税人按期向税务机关填报纳税申报表，并填写纳税缴款书，向其所在地代理金库的银行缴纳税款。

（2）纳税人按期向税务机关填报纳税申报表，由税务机关审核后填发缴款书，按期缴纳。

（3）对会计核算不健全的小型工业户，税务机关可根据其产销情况，按季或按年核定应纳税额，分月缴纳。

消费税的纳税人无论有无发生消费税的纳税义务，均应按规定期限填制消费税纳税申报表并向主管税务机关办理消费税的纳税申报。消费税纳税申报表由国家税务总局统一制定，包括烟类应税消费品消费税纳税申报表、酒类消费税纳税申报表、成品油消费税纳税申报表、小汽车消费税纳税申报表、其他应税消费品消费税纳税申报表五种。

## 二、进口应税消费品消费税的计算依据

企业进口应税消费品的消费税由海关代征，由进口人向报关地海关申报纳税。消费税的计税方法有从价定率、从量定额和复合计税三种方法，这三种办法的计算依据各不相同。

### （一）消费税从价定率计算的依据

从价定率是指根据进口消费品的组成计税价格和确定的消费税税率计算消费税税额。它计算的依据有以下两项：

1. 组成计税价格

组成计税价格＝CIF 价格＋关税＋消费税

＝(CIF 价格＋关税)/(1－消费税税率)

2. 消费税税率

进口商商品按不同的税目或子目确定消费税税率，依照我国“消费税税目税率表”执行。

### （二）消费税从量定额计算的依据

从量定额的计算方法是指根据进口应税消费品的数量和确定的单位税额计算消费税税额。采用这种办法计算的依据是海关核定的应税消费品的进口征税数量和税法规定的单位税额。在我国现行的“消费税税目税率表”中，只有黄酒、啤酒和成品油（包含汽油等 7 个子目）税目实行从量定额计税办法。

### （三）消费税复合计税计算的依据

我国现行消费税目前仅对卷烟和白酒这两种消费品实行复合计税。复合计税方法是从价定率和从量定额相结合的一种计算方法，其计税依据既包括进口消费品的组成计税价格，也包括进口消费品的进口征税数量。

# 任务实施

## 子任务一　消费税的计算

### 任务描述

根据最新的“消费税税目税率表”，计算进口环节应税消费品的消费税。

## 任务分析

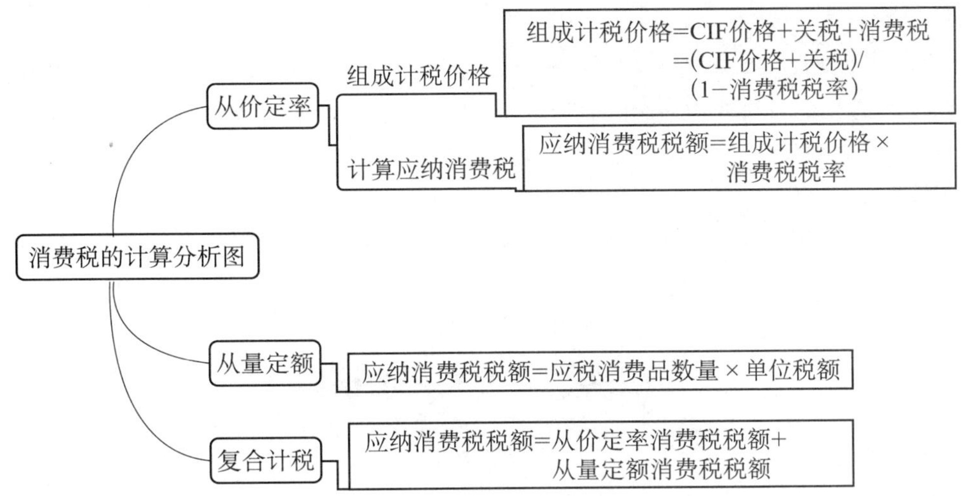


## 任务完成

1. 从价定率消费税的计算

应纳消费税税额＝组成计税价格×消费税税率

**【例 6－13】** ABC进出口公司从法国进口化妆品一批，成交价格为CIF上海80 000美元，关税税率为10%，消费税税率为30%，报关当日汇率为1美元＝7.1元人民币，计算其应缴纳的消费税税额如下：

应纳关税税额＝(80 000×7.1)×10%＝56 800（元）

组成计税价格＝[(80 000×7.1)＋56 800]÷(1－30%)

≈892 571.43（元）

应纳消费税税额＝892 571.43×30%≈267 771.43（元）

2. 从量定额消费税的计算

应纳消费税税额＝应税消费品数量×单位税额

**【例 6－14】** ABC进出口公司从德国进口甲类啤酒500吨，成交价格为CIF上海100 000欧元，关税税率为10%，消费税税额为250元/吨，报关当日汇率为1欧元＝7.2元人民币，计算其应缴纳的关税税额及消费税税额如下：

应纳关税税额＝(100 000×7.2)×10%＝72 000（元）

应纳消费税税额＝500×250＝125 000（元）

3. 复合计税消费税的计算

**【例 6－15】** ABC进出口公司从俄罗斯进口白酒5 000千克，成交价格为CIF武汉30 000美元，关税税率为10%，适用的消费税税率为20%加0.5元/500克，报关当日外汇牌价为1美元=7.1元人民币，计算其应缴纳的关税税额及消费税税额如下：

应纳关税税额=(30 000×7.1)×10%=21 300（元）

按比例计算的消费税税额=[(30 000×7.1)+21 300+10 000×0.5]÷(1−20%)×20%
=59 825（元）

按定额计算的消费税税额=10 000×0.5=5 000（元）

应缴纳的消费税总额=59 825+5 000=64 825（元）

## 子任务二　消费税的核算

### 任务描述

根据海关填发的税款缴纳凭证以及支票存根等原始凭证，对进口环节的消费税做出正确的账务处理。

### 任务分析

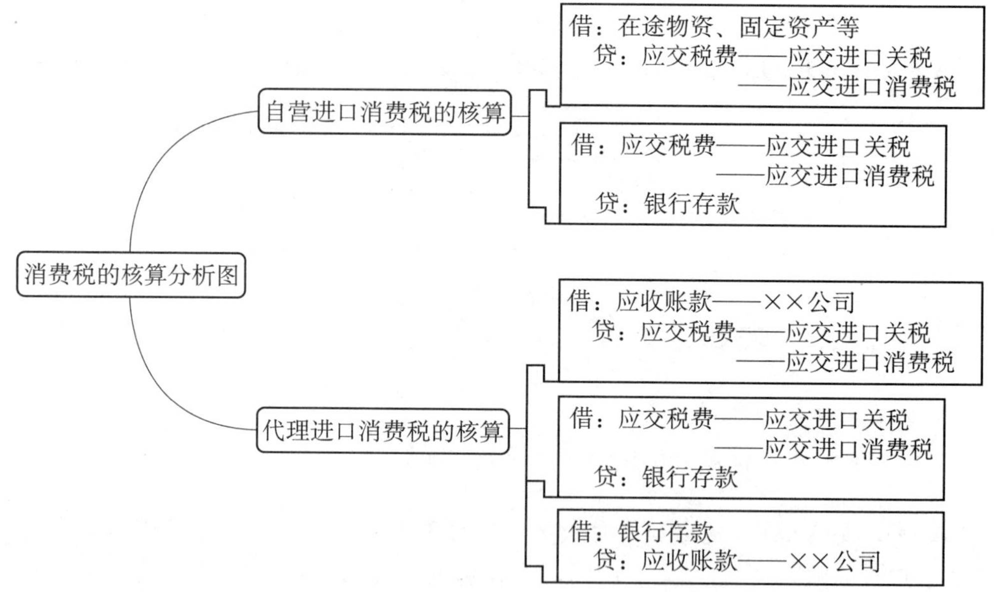


### 任务完成

1. 自营进口消费税的核算

进口货物缴纳的消费税是价内税，应计入进口消费品的成本。在进口消费品时，根据进口人民币总价连同应纳关税、消费税，借记“固定资产”“在途物资”等账户，贷记“银行存款”“应付账款”等账户。进口货物向海关交税后方能提货，为简化核算程序，关税与消费税可不通过“应交税费”账户，而直接记入“银行存款”账户。

**【例 6-16】** ABC 进出口公司从法国进口化妆品一批，成交价格为 CIF 上海 70 000 美元，关税税率为 10%，消费税税率为 30%，报关当日汇率为 1 美元=7.1 元人民币，根据海关填发的税款缴纳凭证，该批货物的关税税额为 49 700 元，消费税税额为 234 300 元，以银行转账支票付讫税款。该公司的账务处理如下：

根据海关开出的税款缴纳凭证，编制会计分录如下：

借：在途物资　　284 000

　贷：应交税费——应交进口关税　　49 700

　　　　　　——应交进口消费税　　234 300

支付关税及消费税时，编制会计分录如下：

借：应交税费——应交进口关税　　49 700

　　　　　　——应交进口消费税　　234 300

　贷：银行存款　　284 000

2. 代理进口消费税的核算

代理进口业务，不负担盈亏，只收取一定的手续费，其进口消费税与关税一样都是代缴的，日后由进口单位原数向委托单位收取。在计算应缴纳的进口消费税时，借记“应收账款”账户，贷记“应交税费——应交进口消费税”账户；代交进口关税时，借记“应交税费——应交进口关税”账户，贷记“银行存款”账户；收到委托单位的税款时，借记“银行存款”账户，贷记“应收账款”账户。

**【例 6-17】** ABC 进出口公司代理 MC 公司从俄罗斯进口白酒 5 000 千克，成交价格为 CIF 武汉 30 000 美元，关税税率为 10%，适用的消费税税率为 20%加 0.5 元/500 克，报关当日外汇牌价为 1 美元=7.2 元人民币，根据海关填发的税款缴纳凭证，应纳关税税额为21 600 元，消费税税额为 65 650 元，以银行转账支票付讫税款。该公司的账务处理如下：

根据海关开出的税款缴纳凭证，编制会计分录如下：

借：应收账款——MC 公司　　87 250

　贷：应交税费——应交进口关税　　21 600

　　　　　　——应交进口消费税　　65 650

代垫税款时，编制会计分录如下：

借：应交税费——应交进口关税　　21 600

　　　　　　——应交进口消费税　　65 650

　贷：银行存款　　87 250

收到 MC 公司代垫税款时，编制会计分录如下：

借：银行存款　　87 250

　贷：应收账款——MC 公司　　87 250

## ⌘ 学习测试

### 一、单项选择题

1. 进口环节应纳消费税组成的计税价格是（　　）。

A. 到岸价

B. 到岸价格＋关税

C. 关税完税价格＋关税

D. (CIF 价格＋关税)/(1－消费税税率)

2. 进口应税消费品消费税的从价定率计算的依据是（　　）。

A. CIF 价格　　B. CIF＋关税

C. CIF 价格＋关税＋消费税　　D. 以上均可

3. 实行从量定额与从价定率相结合征税办法的产品是（　　）。

A. 卷烟　　B. 黄酒　　C. 汽油　　D. 啤酒

### 二、多项选择题

1. 下列货物征收消费税的是（　　）。

A. 金银首饰　　B. 汽车轮胎

C. 保健食品　　D. 啤酒

2. 实行从量定额与从价定率相结合消费税征税办法的消费品是（　　）。

A. 卷烟　　B. 白酒

C. 木制一次性筷子　　D. 啤酒

3. 进口货物缴纳消费税环节有可能涉及的会计账户是（　　）。

A. 应交税费——应交进口消费税

B. 应交税费——应交增值税（出口退税）

C. 银行存款

D. 应交税费——应交关税

4. 某公司从日本进口一批摩托车，该批货物在进口环节需要缴纳（　　）。

A. 关税　　B. 增值税

C. 消费税　　D. 所得税

5. 消费税的计税方法有（　　）。

A. 从价定率　　B. 从量定额

C. 复合计税　　D. 选择计税

### 三、判断题

1. 在我国，消费任何产品都需要缴纳消费税。　　（　　）

2. 代理进口业务代缴的消费税，在计算应缴纳进口消费税时，借记“应收账

款”账户。（　　）

3. 消费税从量定额是指根据进口消费品的组成计税价格和确定的消费税税率计算消费税税额的办法。（　　）

4. 进口环节的消费税由海关代征。（　　）

5. 自营进口环节缴纳的消费税应该计入该进口商品的成本。（　　）

## 四、实务题

1. 某企业从日本进口一批气缸容量在 250 毫升以上的摩托车，成交价格为 FOB 东京 150 000 美元，进口的运费及保险费为 5 000 美元，关税税率为 10%，消费税税率为 10%，报关当日汇率为 1 美元＝6.9 元人民币，计算其应缴纳的关税税额、消费税税额。

2. 安徽安远进出口有限公司从法国进口一批香槟酒，成交价格为 FOB 汉堡 565 000 欧元，支付国外运费及保险费 5 000 欧元，关税税率为 50%，消费税税率为 10%，增值税税率为 13%，报关当日汇率为 1 欧元＝8 元人民币，以银行转账支票付讫税款。进口关税专用缴款书、进口消费税专用缴款书、进口增值税专用缴款书分别如表 6－5、表 6－6、表 6－7 所示。请计算该公司应缴纳的关税税额、消费税税额、增值税税额，并进行正确的账务处理，填写记账凭证（见表 6－8、表 6－9）。

**表 6－5　上海浦江海关进口关税专用缴款书**

收入系统：海关系统　　　填发日期：20××年 01 月 10 日　号码：22012016010362990-A01

<table>
<tr><td rowspan="3">收款单位</td><td>收入机关</td><td colspan="3">中央金库</td><td rowspan="3">缴款单位（人）</td><td>名称</td><td colspan="2">安徽安远进出口有限公司</td></tr>
<tr><td>科目</td><td>进口关税</td><td>预算级次</td><td>中央</td><td>账号</td><td colspan="2">1302105671456307002</td></tr>
<tr><td>收款国库</td><td colspan="3">中国工商银行<br>上海市分行营业部</td><td>开户银行</td><td colspan="2">中国工商银行上海市分行<br>杨树浦桥支行</td></tr>
<tr><td>税号</td><td colspan="2">货物名称</td><td>数量</td><td>单位</td><td colspan="2">完税价格（¥）</td><td>税率（%）</td><td>税款金额（¥）</td></tr>
<tr><td>02000000</td><td colspan="2">香槟酒</td><td>100 000</td><td>千克</td><td colspan="2">4 560 000</td><td>50.00</td><td>2 280 000</td></tr>
<tr><td colspan="7">金额人民币（大写）贰佰贰拾捌万元整</td><td>合计（¥）</td><td>2 280 000</td></tr>
<tr><td>申请单位编号</td><td colspan="2">3114980033</td><td>报关单编号</td><td colspan="3">22012016010362990</td><td>填制单位</td><td rowspan="3">收款国库银行</td></tr>
<tr><td>合同（批文）号</td><td colspan="2">20××0103</td><td>运输工具（号）</td><td colspan="3">SHANGHAI SUPER EXPRESS</td><td rowspan="4">制单人：<br>224633<br>复核人：</td></tr>
<tr><td>缴款期限</td><td colspan="2">20××年 2 月 1 日前</td><td>提/装货单号</td><td colspan="3">SHSEC16078W00601</td></tr>
<tr><td></td><td colspan="2"></td><td></td><td colspan="3"></td><td></td></tr>
<tr><td>备注</td><td colspan="6">一般贸易　照章征税　20××-01-04<br>国际代码：34010373497291JPY. 5294<br>电子支付流水号：EPLAT0020151110000052617011</td><td></td></tr>
</table>

**表 6-6　上海浦江海关进口消费税专用缴款书**

收入系统：海关系统　　　　填发日期：20××年 01 月 10 日　号码：22012016010362990-A02

<table>
<tr><td rowspan="3">收款单位</td><td>收入机关</td><td colspan="3">中央金库</td><td rowspan="3">缴款单位（人）</td><td>名称</td><td colspan="2">安徽安远进出口有限公司</td></tr>
<tr><td>科目</td><td>进口消费税</td><td>预算级次</td><td>中央</td><td>账号</td><td colspan="2">1302105671456307002</td></tr>
<tr><td>收款国库</td><td colspan="3">中国工商银行<br>上海市分行营业部</td><td>开户银行</td><td colspan="2">中国工商银行上海市分行<br>杨树浦桥支行</td></tr>
<tr><td>税号</td><td>货物名称</td><td>数量</td><td>单位</td><td colspan="2">完税价格（￥）</td><td>税率（%）</td><td colspan="2">税款金额（￥）</td></tr>
<tr><td>02000000</td><td>香槟酒</td><td>100 000</td><td>千克</td><td colspan="2">7 600 000</td><td>10.00</td><td colspan="2">760 000</td></tr>
<tr><td colspan="6">金额人民币（大写）柒拾陆万元整</td><td>合计（￥）</td><td colspan="2">760 000</td></tr>
<tr><td>申请单位编号</td><td>3114980033</td><td>报关单编号</td><td colspan="3">22012016010362990</td><td>填制单位</td><td colspan="2" rowspan="3">收款国库银行</td></tr>
<tr><td>合同（批文）号</td><td>20××0103</td><td>运输工具（号）</td><td colspan="3">SHANGHAI SUPER EXPRESS</td><td rowspan="4">制单人：224633<br>复核人：</td></tr>
<tr><td>缴款期限</td><td>20××年 2 月 1 日前</td><td>提/装货单号</td><td colspan="3">SHSEC16078W00601</td></tr>
<tr><td></td><td></td><td></td><td colspan="3"></td><td colspan="2"></td></tr>
<tr><td>备注</td><td colspan="5">一般贸易　照章征税　20××-01-04<br>国际代码：34010373497291JPY.5294<br>电子支付流水号：EPLAT00201511110000052617011</td><td colspan="2"></td></tr>
</table>

**表 6-7　上海浦江海关进口增值税专用缴款书**

收入系统：海关系统　　　　填发日期：20××年 01 月 10 日　号码：22012016010362990-A03

<table>
<tr><td rowspan="3">收款单位</td><td>收入机关</td><td colspan="3">中央金库</td><td rowspan="3">缴款单位（人）</td><td>名称</td><td colspan="2">安徽安远进出口有限公司</td></tr>
<tr><td>科目</td><td>进口增值税</td><td>预算级次</td><td>中央</td><td>账号</td><td colspan="2">1302105671456307002</td></tr>
<tr><td>收款国库</td><td colspan="3">中国工商银行<br>上海市分行营业部</td><td>开户银行</td><td colspan="2">中国工商银行上海市分行<br>杨树浦桥支行</td></tr>
<tr><td>税号</td><td>货物名称</td><td>数量</td><td>单位</td><td colspan="2">完税价格（￥）</td><td>税率（%）</td><td colspan="2">税款金额（￥）</td></tr>
<tr><td>02000000</td><td>香槟酒</td><td>100 000</td><td>千克</td><td colspan="2">7 600 000</td><td>13.00</td><td colspan="2">988 000</td></tr>
<tr><td colspan="6">金额人民币（大写）玖拾捌万捌仟元整</td><td>合计（￥）</td><td colspan="2">988 000</td></tr>
<tr><td>申请单位编号</td><td>3114980033</td><td>报关单编号</td><td colspan="3">22012016010362990</td><td>填制单位</td><td colspan="2" rowspan="3">收款国库银行</td></tr>
<tr><td>合同（批文）号</td><td>20××0103</td><td>运输工具（号）</td><td colspan="3">SHANGHAI SUPER EXPRESS</td><td rowspan="4">制单人：224633<br>复核人：</td></tr>
<tr><td>缴款期限</td><td>20××年 2 月 1 日前</td><td>提/装货单号</td><td colspan="3">SHSEC16078W00601</td></tr>
<tr><td></td><td></td><td></td><td colspan="3"></td><td colspan="2"></td></tr>
<tr><td>备注</td><td colspan="5">一般贸易　照章征税　20××-01-04<br>国际代码：34010373497291JPY.5294<br>电子支付流水号：EPLAT00201511110000052617011</td><td colspan="2"></td></tr>
</table>

### 表 6-8　记账凭证（1）

**记　账　凭　证**

年　　月　　日　　　　　　　　　　　　　　　　　　制单编号：

| 摘　要 | 总账科目 | 明细科目 | 外币金额 | | 汇率 | 借　方 | | | | | | | | | | 记账 | 贷　方 | | | | | | | | | | 记账 |
|---|---|---|---|---|---|---|---|---|---|---|---|---|---|---|---|---|---|---|---|---|---|---|---|---|---|---|---|
| | | | 币种 | 金额 | | 千 | 百 | 十 | 万 | 千 | 百 | 十 | 元 | 角 | 分 | 符号 | 千 | 百 | 十 | 万 | 千 | 百 | 十 | 元 | 角 | 分 | 符号 |
| | | | | | | | | | | | | | | | | | | | | | | | | | | | |
| | | | | | | | | | | | | | | | | | | | | | | | | | | | |
| | | | | | | | | | | | | | | | | | | | | | | | | | | | |
| | | | | | | | | | | | | | | | | | | | | | | | | | | | |
| | | | | | | | | | | | | | | | | | | | | | | | | | | | |
| | | | | | | | | | | | | | | | | | | | | | | | | | | | |
| | | | | | | | | | | | | | | | | | | | | | | | | | | | |
| | | | | | | | | | | | | | | | | | | | | | | | | | | | |
| 结算方式及票号： | | | | | | | | | | | | | | | | | | | | | | | | | | | |

附单据　张

会计主管：　　记账：　　稽核：　　出纳：　　制单：　　经办人：

### 表 6-9　记账凭证（2）

**记　账　凭　证**

年　　月　　日　　　　　　　　　　　　　　　　　　制单编号：

| 摘　要 | 总账科目 | 明细科目 | 外币金额 | | 汇率 | 借　方 | | | | | | | | | | 记账 | 贷　方 | | | | | | | | | | 记账 |
|---|---|---|---|---|---|---|---|---|---|---|---|---|---|---|---|---|---|---|---|---|---|---|---|---|---|---|---|
| | | | 币种 | 金额 | | 千 | 百 | 十 | 万 | 千 | 百 | 十 | 元 | 角 | 分 | 符号 | 千 | 百 | 十 | 万 | 千 | 百 | 十 | 元 | 角 | 分 | 符号 |
| | | | | | | | | | | | | | | | | | | | | | | | | | | | |
| | | | | | | | | | | | | | | | | | | | | | | | | | | | |
| | | | | | | | | | | | | | | | | | | | | | | | | | | | |
| | | | | | | | | | | | | | | | | | | | | | | | | | | | |
| | | | | | | | | | | | | | | | | | | | | | | | | | | | |
| | | | | | | | | | | | | | | | | | | | | | | | | | | | |
| | | | | | | | | | | | | | | | | | | | | | | | | | | | |
| | | | | | | | | | | | | | | | | | | | | | | | | | | | |
| 结算方式及票号： | | | | | | | | | | | | | | | | | | | | | | | | | | | |

附单据　张

会计主管：　　记账：　　稽核：　　出纳：　　制单：　　经办人：

# 任务三

# 掌握进口环节增值税的核算

## 任务概述

通过本任务的学习，学生应了解进口业务的种类及流程，熟悉进口商品收购和交接的方式；掌握进口商品收购业务的核算。

## 基础知识

### 一、增值税基础知识

#### （一）增值税的概念

增值税是对销售货物或者提供加工、修理修配劳务以及进口货物的单位和个人就其取得的货物或应税劳务的销售额以及进口货物的金额计算税款，并实行抵扣的一种流转税。

#### （二）增值税的税率

增值税税率一共有 4 档：13%、9%、6%、0，如表 6-10 所示。销售交通运输服务、邮政服务、基础电信服务、建筑服务、不动产租赁服务，销售不动产，转让土地使用权以及销售或进口粮食等农产品等货物的税率为 9%；加工、修理修配劳务，有形动产租赁服务，销售或者进口货物（表 6-10 中的 9～12 项除外）的税率为 13%；销售无形资产（除土地使用权外）为 6%，出口货物税率为 0；其余的，货物是 13%，服务是 6%。

**表 6-10　增值税税率**

| 序号 | 税目 | 税率 |
| --- | --- | --- |
| 1 | 销售或者进口货物（除 9～12 项外） | 13% |
| 2 | 加工、修理修配劳务 | 13% |
| 3 | 有形动产租赁服务 | 13% |
| 4 | 不动产租赁服务 | 9% |
| 5 | 销售不动产 | 9% |
| 6 | 建筑服务 | 9% |
| 7 | 交通运输服务 | 9% |
| 8 | 转让土地使用权 | 9% |
| 9 | 饲料、化肥、农药、农机、农膜 | 9% |

续表

| 序号 | 税目 | 税率 |
| --- | --- | --- |
| 10 | 粮食等农产品、食用植物油、食用盐 | 9% |
| 11 | 自来水、暖气、冷气、热水、煤气、石油液化气、天然气、二甲醚、沼气、居民用煤炭制品 | 9% |
| 12 | 图书、报纸、杂志、音像制品、电子出版物 | 9% |
| 13 | 邮政服务 | 9% |
| 14 | 基础电信服务 | 9% |
| 15 | 增值电信服务 | 6% |
| 16 | 金融服务 | 6% |
| 17 | 现代服务 | 6% |
| 18 | 生活服务 | 6% |
| 19 | 销售无形资产（除土地使用权外） | 6% |
| 20 | 出口货物 | 0 |
| 21 | 跨境销售国务院规定范围内的服务、无形资产 | 0 |

### （三）增值税的纳税申报与缴纳

#### 1. 增值税的纳税地点

为了保证纳税人按期申报纳税，根据企业跨地区经营和搞活商品流通的特点及不同情况，税法还具体规定了增值税的纳税地点。进口货物应当向报关地海关申报纳税。

#### 2. 增值税的纳税期限

增值税的纳税期限分别为 1 日、3 日、5 日、10 日、15 日、1 个月或者 1 个季度。纳税人的具体纳税期限，由主管税务机关根据纳税人应纳税额的大小分别核定；不能按照固定期限纳税的，可以按次纳税。

纳税人以 1 个月或者 1 个季度为 1 个纳税期的，自期满之日起 15 日内申报纳税；以 1 日、3 日、5 日、10 日或者 15 日为 1 个纳税期的，自期满之日起 5 日内预缴税款，于次月 1 日起 15 日内申报纳税并结清上月应纳税款。

扣缴义务人解缴税款的期限，依照上述规定执行。

#### 3. 一般纳税人的纳税申报

纳税人无论当期是否有销售额，均应按主管税务机关核定的纳税期限填报纳税申报表进行纳税申报。

纳税申报资料包括："增值税纳税申报表"及其两个附表和"固定资产进项税额抵扣情况表"。附报资料包括：

（1）已开具的增值税专用发票和普通发票存根联；

（2）符合抵扣条件并且在本期申报抵扣的增值税专用发票抵扣联；

（3）海关进口货物完税凭证的复印件；

（4）运输发票复印件（如果取得的运输发票数量较多，经县级国家税务局批准，可只附报单份票面金额在一定数额以上的运输发票复印件）；

（5）收购凭证的存根联或报查联；

（6）收购农产品的普通发票复印件；

（7）主管税务机关要求报送的其他资料。

经营规模大的纳税人，如上述附报资料很多，报送确有困难的，经县级国家税务局批准，由主管国家税务机关派人到企业审核。

## 二、进口环节增值税的计税价格

我国对进口货物征收增值税，其中对某些货物规定了减免税或不征税，同时还规定了实行保税的货物不征增值税。对于从国外进口原材料、零部件、包装物在国内出口的，在海关监管便利的情况下可以对这些货物实行保税监管，即进口时先不缴税，企业在海关的监管下使用、加工这些进口料、件并复出口；若不能再出口而销往国内的，则要按规定纳税。

纳税人进口货物应依法缴纳增值税，应根据海关开具的"完税凭证"记账。其计税依据是海关审定的关税完税价格，加上关税、消费税（如果属于应纳消费税的货物）。其应纳增值税的计算公式如下：

组成计税价格＝关税完税价格＋关税＋消费税

应纳增值税税额＝组成计税价格×增值税税率

# 任务实施

## 子任务一　进口增值税的计算

### 任务描述

能够根据有关资料，计算进口产品应缴纳的增值税税额。

### 任务分析

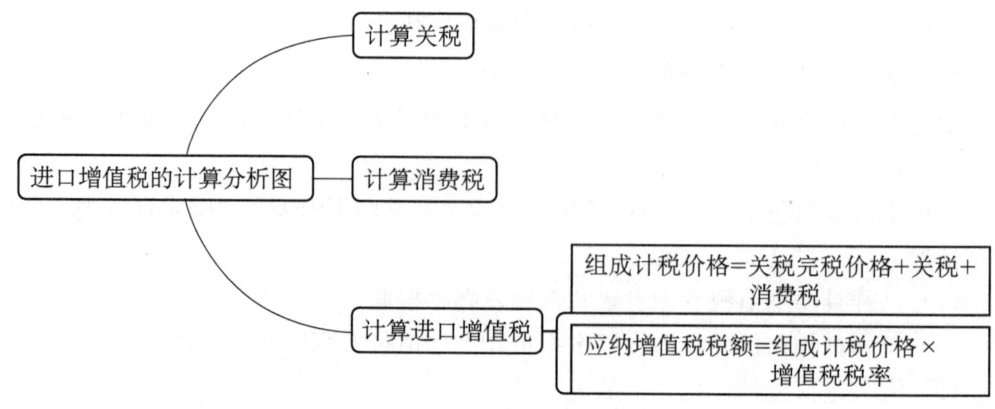

## 任务完成

【例 6-18】ABC 进出口公司从日本进口化妆品一批，成交价格为 CFR 上海 49 000 美元，支付国外保险费 1 000 美元，关税税率为 10%，消费税税率为 30%，增值税税率为 13%，报关当日汇率为 1 美元=7 元人民币，计算其应缴纳的关税税额、消费税税额、增值税税额如下：

关税完税价格=(49 000+1 000)×7=350 000（元）

应纳关税税额=350 000×10%=35 000（元）

组成消费税计税价格=[350 000+35 000]÷(1−30%)=550 000（元）

应纳消费税税额=550 000×30%=165 000（元）

组成增值税计税价格=350 000+35 000+165 000=550 000（元）

应纳增值税税额=550 000×13%=71 500（元）

# 子任务二　进口增值税的核算

## 任务描述

能够根据海关开具的“完税凭证”等原始凭证，做出进口环节增值税的账务处理。

## 任务分析

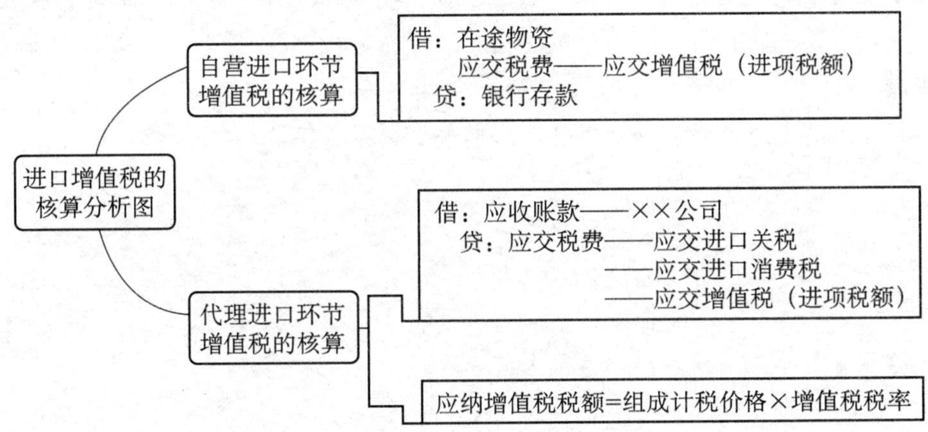


## 任务完成

1. 自营进口环节增值税的核算

进口货物缴纳的增值税，应按海关取得的完税凭证上注明的增值税税额，借记“应交税费——应交增值税（进项税额）”账户，贷记“银行存款”等账户。

【例 6-19】ABC 进出口公司从日本进口化妆品一批，成交价格为 CFR 上海 49 000 美元，支付国外保险费 1 000 美元，关税税率为 10%，消费税税率为 30%，增值税税率为 13%，报关当日汇率为 1 美元=7 元人民币。根据海关填发的税款缴纳凭证，该批商品的进口关税税额为35 000 元，消费税税额为 165 000 元，增值税税额为 71 500 元，以银行转账支票付讫税款。该公司的账务处理如下：

据海关开出的税款缴纳凭证，付讫税款时，编制会计分录如下：

借：在途物资　　200 000

　　应交税费——应交增值税（进项税额）　　71 500

　贷：银行存款　　271 500

2. 代理进口环节增值税的核算

企业代理进口商品的进口增值税，应向委托单位收回，日后委托单位自行销售商品时，还要抵扣销项税额，所以必须将增值税专用发票开成委托单位名称。企业在代垫增值税税款时，借记“应收账款”账户，贷记“银行存款”账户，日后收回垫款时，借记“银行存款”账户，贷记“应收账款”账户。

**【例 6-20】** ABC 进出口公司代理 MC 公司从日本进口化妆品一批，成交价格为 CFR 上海 49 000 美元，支付国外保险费 1 000 美元，关税税率为 10%，消费税税率为 30%，增值税税率为 13%，报关当日汇率为 1 美元=7 元人民币。根据海关填发的税款缴纳凭证，该批商品的进口关税税额为 35 000 元，消费税税额为 165 000 元，增值税税额为71 500 元，以银行转账支票付讫税款。该公司的账务处理如下：

根据海关开出的税款缴纳凭证，编制会计分录如下：

借：应收账款——MC 公司　　271 500

　贷：应交税费——应交进口关税　　35 000

　　　　　　　——应交进口消费税　　165 000

　　　　　　　——应交增值税（进项税额）　　71 500

代垫税款时，编制会计分录如下：

借：应交税费——应交进口关税　　35 000

　　　　　　——应交进口消费税　　165 000

　　　　　　——应交增值税（进项税额）　　71 500

　贷：银行存款　　271 500

收到 MC 公司代垫税款时，编制会计分录如下：

借：银行存款　　271 500

　贷：应收账款——MC 公司　　271 500

## 拓展知识

### 深圳“海啸1号”特大虚开增值税发票案

代号“海啸1号”的深圳特大虚开增值税发票案件，在2018年由税务、公安、海关及人民银行四部门通力合作，历时半年最终得以侦破。该案件共查处企业658户，涉案虚开金额超过500亿元，税额近70亿元，抓获64名犯罪嫌疑人，是深圳历年来破获的规模最大、抓获犯罪嫌疑人最多的案件。

中国增值税实行凭票抵扣的政策。一些不法分子利用非法获取的海关进口缴款书（俗称“海关票”）信息，通过变换商品类型名称的手段，把发票提供给没有真实购买货物的企业，用作增值税进项税款抵扣凭证，致使用票企业大量偷逃国家税款，危害极其严重。

一、案件源头

2017年初，在国内不少地方，连续有多家企业向税务和公安等部门反映，自己企业的海关进口缴款书的信息被盗用，其中不乏多个大型国有企业。

什么是海关进口缴款书呢？它全称为“进口货物增值税专用缴款书”，是企业进口货物缴纳增值税后，海关开具给企业的缴税凭证，可以由进口货物的企业用作进项税款抵扣凭证。最重要的是，一份海关进口缴款书只能被抵扣一次，所以一旦被盗用抵扣，这意味着那些真正从事进口货物的企业将面临重大损失。

税务总局、公安部、海关总署集中研判后，初步确定这些企业的海关进口缴款书有21万份之多，涉及全国20多个关区，信息被全国1 022户企业冒用抵扣，其中515户在深圳，占总数的一半，是作案重灾区。而通过对这515户企业的调查发现，它们都是“非正常户”企业，实际经营地点和注册地点不符，是名副其实的“空壳企业”。

“海啸1号”办案人员在深入调查后发现这些案件的源头并不在深圳。深圳市国税局稽查局办案人员通过数据分析，源头却集中指向了800多公里外的一个地方——广西凭祥，中国最靠近东盟国家的城市之一。深圳市国税局稽查局立即联合深圳市公安局派专案人员，先后多次乔装前往广西凭祥，从外围对当地一些报关行进行暗访摸查，发现凭祥地处中越边境，辖区内各类口岸最多，边贸交易繁荣。有些报关行便利用代理进出口贸易及报关业务便利的条件，大肆收集、非法盗取海关信息，贩卖给深圳的一些不法分子以牟取利益。一些不法分子利用非法获取的海关票信息，通过变换商品类型名称的手段，把发票提供给没有真实购买货物的企业，用于增值税进项税款抵扣凭证。

二、水果变电子产品

此次涉案海关进口缴款书上，进口的品名多是水果、冻品一类，开出的品名却已经不是水果等信息了，而是按照这个需求方，比如有的需要电子产品，就开出了电子产品发票。

海关进口缴款书上，应该说已经标明了进口产品的类型，如果是水果，那么下家企业在抵扣完销售给第三方时，开具的增值税发票上，同样应该是水果。但是在调查中发现，这些开具出来的增值税发票，有一个奇怪的共性，那就是产品类型变了。发票变更可能是在进口商之间出现了问题。

由于进口水果很多都是在国内批发市场上直接进行销售，因此进口方多数是不需要这个进项抵扣的。一些人非法获取这些抵扣信息，通过从中转手，获取经济利益。

早在2017年2月，税务部门就在稽核系统中增加了对企业名称的比对，现在已经杜绝了虚抵海关进口缴款书的现象。专案组发现，这起虚开案件貌似是一件案子，实际上里面嵌套复杂、盘根错节。专案组共查获10个犯罪团伙，包括以许某等人为首的2个兜售海关进口缴款书团伙，以廖某、蔡某等人为首的7个虚开团伙和以陈某为首的1个虚开、骗税团伙。

那么这些犯罪团伙是如何利用“空壳企业”大肆冒用抵扣、虚开增值税发票，骗取国家税款，以此获取暴利的呢？

**三、获利手段**

犯罪团伙主要是通过自己控制的进出口企业以及报关行获取企业信息，倒卖获利；收集同行信息，倒卖获利。

首先，广西凭祥地区的一些报关行及许某控制的深圳某外贸公司，负责收集商家进口货物不需要抵扣的海关进口缴款书信息，并以票面金额的1.5%至2.3%卖给深圳的不法中介。“这些货物一般为水果、木材、海鲜、冻肉等，都是按13%的税率收取增值税的货物。”

其次，深圳的不法中介再按票面金额的2.35%至2.8%，卖给深圳地区虚开团伙。

最后虚开团伙根据深圳、重庆、成都等多个下家的需要，开出虚假增值税发票，并以票面金额的5%至5.5%收取手续费，下家们则将这些虚开的增值税发票用于抵扣，达到少缴税款的目的。

这样一整套环节下来，如果最初的海关进口缴款书是100万元，那么报关行赚2.3万元、不法中介赚2.8万元，虚开团伙则能赚更多。暴利的存在，让虚开团伙不择手段虚构购销合同、收款收据、送货单等一系列凭证资料，甚至根据下家需求伪造一整套资料，虚构整个业务流程；开设银行账户，虚构支付货款，通过多个公司账户层层虚转资金，最终回流到个人账户，实现非法获利。

2017年8月下旬，深圳市国税局提请国家税务总局稽查局对涉及全国3万余户受票企业进行协查处理。截至2017年12月31日，全国累计查补税款、罚款达29亿元，入库总额21.9亿元。

四、结论

“海啸 1 号”无疑使一直热度不减的打虚打骗行动进一步持续发酵。严厉打击通过虚开发票，偷逃税款、虚抵税款、骗取退税的犯罪行为，有多方面的积极意义。

首先，堵塞收入流失漏洞。虚开发票的犯罪行为，不但导致大量增值税税款流失，也会虚增所得税的成本，导致所得税流失。

其次，维护正常的征管秩序。虚开发票犯罪严重冲击了依法治税的正常征管秩序。

最后，促进公平竞争的市场环境。税负公平是公平竞争的前提，虚开发票导致不同企业实际上的不公平竞争。

骗取出口退税的处罚，企业轻则被处以暂停出口退税等行政处罚，重则被以骗取出口退税罪追究刑事责任，最高可面临无期徒刑的刑罚。

## 学习测试

### 一、单项选择题

1. 下列不属于税收特征的是（　　）。

A. 强制性　　B. 无偿性　　C. 固定性　　D. 返还性

2. 在我国，进口环节增值税的征收部门是（　　）。

A. 国家税务局　　B. 地方税务局　　C. 财政部　　D. 海关

3. 进口环节应纳增值税组成的计税价格是（　　）。

A. 到岸价

B. 关税完税价格＋关税＋消费税

C. 关税完税价格＋关税

D. （CIF 价格＋关税）/(1－消费税税率)

### 二、多项选择题

1. 以下不可以进入进口商品的成本的税种是（　　）。

A. 进口增值税　　B. 进口关税　　C. 进口消费税　　D. 所得税

2. 以下属于我国增值税税率的是（　　）。

A. 13%　　B. 9%　　C. 6%　　D. 0

3. 下列货物增值税税率是 9%的是（　　）。

A. 金银首饰　　B. 农产品　　C. 自来水　　D. 图书

### 三、判断题

1. 在我国，进口环节应缴纳的增值税，由海关代征。（　　）

2. 出口货物的增值税税率是 0。（　　）

3. 进口货物增值税的计税价格等于（CIF 价格+关税）/(1−消费税税率)。（　　）

4. 出口货物以由海关审定的成交价格为基础的离岸价格，扣除出口关税后作为完税价格。（　　）

## 四、实务题

1. 某企业从瑞士进口一批高档手表，成交价格为 FOB 日内瓦 240 000 美元，进口的运费及保险费为 6 000 美元，关税税率为 10%，消费税税率为 20%，报关当日汇率为 1 美元=6.85 元人民币。请计算该企业应缴纳的关税税额、消费税税额及增值税税额。

2. 安徽安远进出口有限公司代理清远公司进口一批高档手表，成交价格为 FOB 纽约 550 000 美元，支付国外运费 40 000 美元、保险费 10 000 美元，关税税率为 20%，消费税税率为 20%，增值税税率为 13%，报关当日汇率为 1 美元=7 元人民币，以银行转账支票付讫税款。请计算该公司应缴纳的关税税额、消费税税额、增值税税额，并做出正确的账务处理，填写记账凭证（见表 6－11～表 6－13）。

**表 6－11　记账凭证（1）**

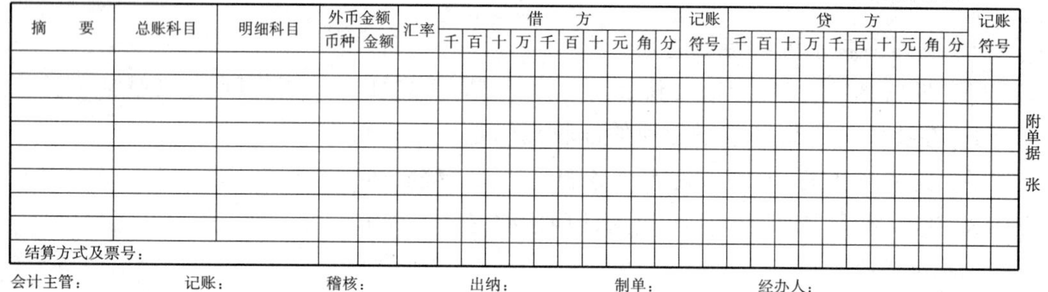

记　账　凭　证

年　月　日　　　　制单编号：

| 摘要 | 总账科目 | 明细科目 | 外币金额 | | 汇率 | 借方 | | | | | | | | | | 记账符号 | 贷方 | | | | | | | | | | 记账符号 |
|---|---|---|---|---|---|---|---|---|---|---|---|---|---|---|---|---|---|---|---|---|---|---|---|---|---|---|---|
| | | | 币种 | 金额 | | 千 | 百 | 十 | 万 | 千 | 百 | 十 | 元 | 角 | 分 | | 千 | 百 | 十 | 万 | 千 | 百 | 十 | 元 | 角 | 分 | |
| 结算方式及票号： | | | | | | | | | | | | | | | | | | | | | | | | | | | |

附单据　张

会计主管：　记账：　稽核：　出纳：　制单：　经办人：

**表 6－12　记账凭证（2）**

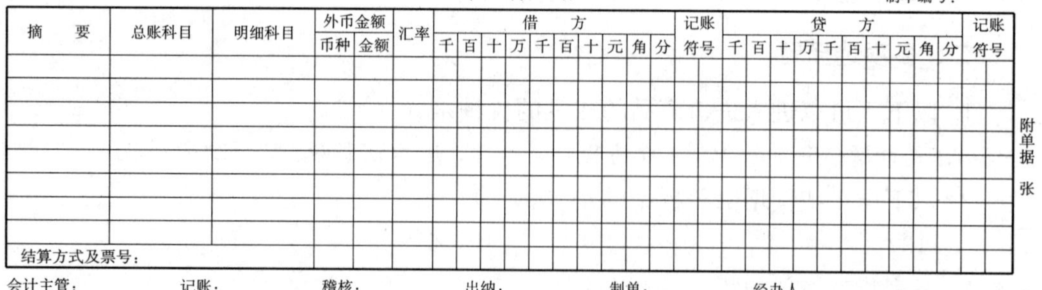

记　账　凭　证

年　月　日　　　　制单编号：

| 摘要 | 总账科目 | 明细科目 | 外币金额 | | 汇率 | 借方 | | | | | | | | | | 记账符号 | 贷方 | | | | | | | | | | 记账符号 |
|---|---|---|---|---|---|---|---|---|---|---|---|---|---|---|---|---|---|---|---|---|---|---|---|---|---|---|---|
| | | | 币种 | 金额 | | 千 | 百 | 十 | 万 | 千 | 百 | 十 | 元 | 角 | 分 | | 千 | 百 | 十 | 万 | 千 | 百 | 十 | 元 | 角 | 分 | |
| 结算方式及票号： | | | | | | | | | | | | | | | | | | | | | | | | | | | |

附单据　张

会计主管：　记账：　稽核：　出纳：　制单：　经办人：

**表 6-13　记账凭证（3）**

# 记　账　凭　证

年　　月　　日　　　　　　　　　　　　　　制单编号：

| 摘　要 | 总账科目 | 明细科目 | 外币金额 | | 汇率 | 借　方 | | | | | | | | | | 记账符号 | 贷　方 | | | | | | | | | | 记账符号 |
|---|---|---|---|---|---|---|---|---|---|---|---|---|---|---|---|---|---|---|---|---|---|---|---|---|---|---|---|
| | | | 币种 | 金额 | | 千 | 百 | 十 | 万 | 千 | 百 | 十 | 元 | 角 | 分 | | 千 | 百 | 十 | 万 | 千 | 百 | 十 | 元 | 角 | 分 | |
| | | | | | | | | | | | | | | | | | | | | | | | | | | | |
| | | | | | | | | | | | | | | | | | | | | | | | | | | | |
| | | | | | | | | | | | | | | | | | | | | | | | | | | | |
| | | | | | | | | | | | | | | | | | | | | | | | | | | | |
| | | | | | | | | | | | | | | | | | | | | | | | | | | | |
| | | | | | | | | | | | | | | | | | | | | | | | | | | | |
| | | | | | | | | | | | | | | | | | | | | | | | | | | | |
| | | | | | | | | | | | | | | | | | | | | | | | | | | | |
| 结算方式及票号： | | | | | | | | | | | | | | | | | | | | | | | | | | | |

附单据　张

会计主管：　　　记账：　　　稽核：　　　出纳：　　　制单：　　　经办人：

# 项目七

# 掌握出口货物退（免）税核算

● **案例导入**

老师在课堂上提出了一个问题：如果一个茶杯卖到美国是1美元，假设1美元=6.55元人民币，这个茶杯在国内市场上的售价也是6.55元，如果企业可以选择，你愿意选择在哪个市场销售呢？老师给出的答案是在美国市场销售，因为产品出口可以享受出口退税。你了解出口货物退税吗？

# 任务一

# 掌握增值税退（免）税的核算

## 任务概述

通过本任务的学习，学生应掌握出口货物增值税退免税的计税依据，能够办理出口退税业务并且做出正确的账务处理。

## 基础知识

### 一、出口货物退（免）税的概念

出口退（免）税是国际贸易中通常采用的，并为世界各国普遍接受的、目的在于鼓励各国出口货物公平竞争的一种退还或免征间接税（目前，在我国主要指增值税、消费税）的税收措施，即对出口货物已承担或应承担的增值税和消费税等间接税实行退还或免征。这项制度由于比较公平合理，因此已成为国际社会通行的惯例。

我国的出口退（免）税是指在国际贸易业务中，对我国报关出口的货物退还或免征其在国内各生产和流通环节按税法规定缴纳的增值税和消费税，即对增值税出口货物实行零税率，对消费税出口货物免税。

### 二、出口货物增值税退（免）税的计税依据

根据《关于出口货物劳务增值税和消费税政策的通知》的有关规定：出口货物劳务的增值税退（免）税的计税依据，按出口货物劳务的出口发票（外销发票）、其他普通发票或购进出口货物劳务的增值税专用发票、海关进口增值税专用缴款书确定。

#### （一）生产企业出口货物增值税退（免）税的计税依据

生产企业出口货物劳务（进料加工复出口货物除外）增值税退（免）税的计税依据，为出口货物劳务的实际离岸价（FOB）。实际离岸价应以出口发票上的离岸价为准，但如果出口发票不能反映实际离岸价，主管税务机关有权予以核定。

生产企业进料加工复出口货物增值税退（免）税的计税依据，按出口货物的离岸价扣除出口货物所含的海关保税进口料、件的金额后确定。

生产企业国内购进无进项税额且不计提进项税额的免税原材料加工后出口的货

物的计税依据，按出口货物的离岸价扣除出口货物所含的国内购进免税原材料的金额后确定。

### （二）外贸企业出口货物增值税退（免）税的计税依据

外贸企业出口货物（委托加工修理修配货物除外）增值税退（免）税的计税依据，为购进出口货物的增值税专用发票注明的金额或海关进口增值税专用缴款书注明的完税价格。

外贸企业出口委托加工修理修配货物增值税退（免）税的计税依据，为加工修理修配费用增值税专用发票注明的金额。外贸企业应将加工修理修配使用的原材料（进料加工海关保税进口料、件除外）作价销售给受托加工修理修配的生产企业，受托加工修理修配的生产企业应将原材料成本并入加工修理修配费用开具发票。

## 三、生产出口企业及外贸企业出口货物退免税的申报

### （一）出口货物退（免）税的认定

#### 1. 出口货物退（免）税认定的含义

出口货物退（免）税认定是税务机关对对外贸易经营者出口货物的退（免）资格进行审核确认的一项制度，是主管退税业务的税务机构了解其组织机构、经营范围、法人地位、资产规模等情况以及确定其是否具备退（免）税资格的有效途径。通过出口货物退（免）税认定，还可以确定对外贸易经营者出口货物退（免）税资料的申报录入方法。

出口货物退（免）税认定管理是出口货物退（免）税制度的一个重要组成部分，也是对外贸易经营者办理出口货物退（免）税的前提。根据规定，对外贸易经营者必须办理出口货物退（免）税认定手续。

#### 2. 企业申请出口货物退（免）税认定的条件

（1）按《中华人民共和国对外贸易法》和《对外贸易经营者备案登记办法》规定办理对外贸易经营者备案登记。

（2）必须持有工商行政管理部门核发的营业执照或其他核准执业证件。

（3）必须是实行独立经济核算的单位，即对生产经营活动及其成果进行全面、系统的会计核算的单位。

#### 3. 出口货物退（免）税认定办理

出口企业应在办理对外贸易经营者备案登记或签订首份委托出口协议之日起30日内，在线申报退（免）税（见图7-1），提供下列资料到主管税务机关办理出口退（免）税资格认定。

（1）盖备案登记专用章的“对外贸易经营者备案登记表”或“中华人民共和国外商投资企业批准证书”。

（2）中华人民共和国海关进出口货物收发货人报关注册登记证书。

（3）银行开户许可证。

（4）办理备案登记发生委托出口业务的生产企业提供委托代理出口协议，不需要提供第（1）项和第（2）项资料。

（5）主管税务机关要求提供的其他资料。

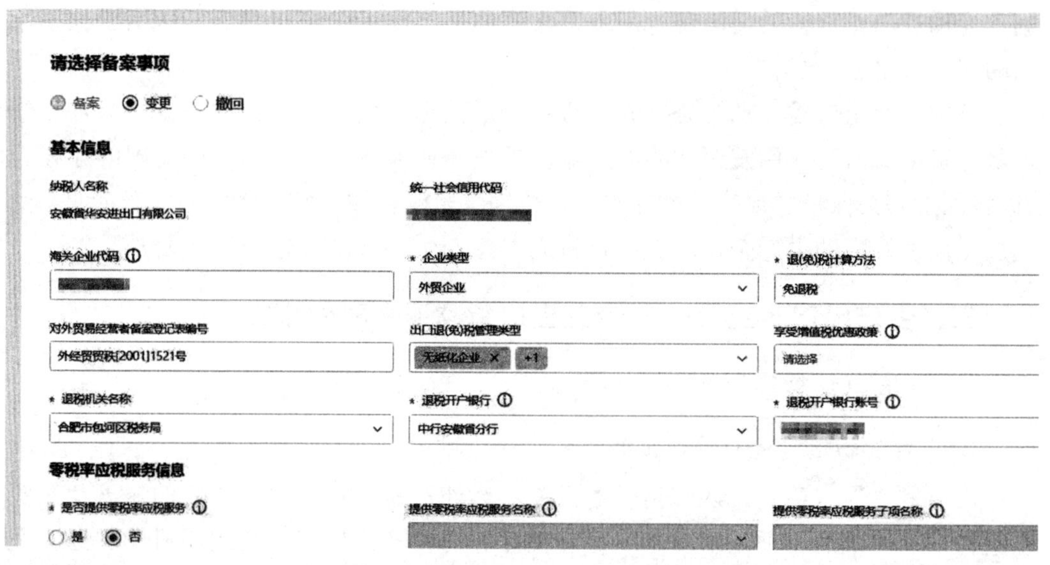


图 7-1　出口退（免）税在线申报

（二）生产企业出口货物增值税免抵退税的申报

1. 申报程序和期限

企业当月出口的货物须在次月的增值税纳税申报期内，向主管税务机关办理增值税纳税申报、免抵退税相关申报及消费税免税申报。

财政部、税务总局《关于明确国有农用地出租等增值税政策的公告》（财政部 税务总局公告 2020 年第 2 号）规定：纳税人出口货物劳务、发生跨境应税行为，未在规定期限内申报出口退（免）税或者开具《代理出口货物证明》的，在收齐退（免）税凭证及相关电子信息后，即可申报办理出口退（免）税；未在规定期限内收汇或者办理不能收汇手续的，在收汇或者办理不能收汇手续后，即可申报办理退（免）税。

2. 申报资料

（1）企业向主管税务机关办理增值税纳税申报时，除按纳税申报的规定提供有关资料外，还应提供下列资料：

1）主管税务机关确认的上期“免抵退税申报汇总表”。

2）主管税务机关要求提供的其他资料。

（2）企业向主管税务机关办理增值税免抵退税申报，应提供下列凭证资料：

1）“免抵退税申报汇总表”（见表 7-1）及其附表。

2）“免抵退税申报资料情况表”。

3）“生产企业出口货物免抵退税申报明细表”。

4）出口货物退（免）税正式申报电子数据。

5）下列原始凭证：

a. 出口货物报关单（出口退税专用联，以下未做特别说明的均为此联）（保税区内的出口企业可提供中华人民共和国海关保税区出境货物备案清单，简称出境货物备案清单，下同）。

b. 出口收汇核销单（出口退税专用联，以下未做特别说明的均为此联）（远期结汇的提供远期收汇备案证明，保税区内的出口企业提供结汇水单。跨境贸易人民币结算业务、试行出口退税免予提供纸质出口收汇核销单地区和货物贸易外汇管理制度改革试点地区的企业免予提供，下同）。

c. 出口发票。

d. 委托出口的货物，还应提供受托方主管税务机关签发的代理出口货物证明，以及代理出口协议复印件。

e. 主管税务机关要求提供的其他资料。

**表 7-1　免抵退税申报汇总表**

纳税人识别号（统一社会信用代码）：

纳税人名称：

所属期：　　年　　月　　　　　　　　　　　　　　金额单位：元（列至角分）

| 项目 | | 栏次 | 当期 | 本年累计 | 与增值税纳税申报表差额 |
|---|---|---|---|---|---|
| | | | (a) | (b) | (c) |
| 出口销售额 | 免抵退税出口销售额（美元） | 1=2+3 | | | — |
| | 其中：出口货物劳务销售额（美元） | 2 | | | — |
| | 跨境应税行为销售额（美元） | 3 | | | — |
| | 免抵退税出口销售额（人民币） | 4 | | | — |
| 不得免征和抵扣税额 | 免抵退税不得免征和抵扣税额 | 5=6+7 | | | — |
| | 其中：出口货物劳务不得免征和抵扣税额 | 6 | | | — |
| | 跨境应税行为不得免征和抵扣税额 | 7 | | | — |
| | 进料加工核销应调整不得免征和抵扣税额 | 8 | | | |
| | 免抵退税不得免征和抵扣税额合计 | 9=5+8 | | | |
| 应退税额和免抵税额 | 免抵退税额 | 10=11+12 | | | — |
| | 其中：出口货物劳务免抵退税额 | 11 | | | — |
| | 跨境应税行为免抵退税额 | 12 | | | — |
| | 上期结转需冲减的免抵退税额 | 13 | | — | — |
| | 进料加工核销应调整免抵退税额 | 14 | | | — |

续表

<table>
<tr><th colspan="2" rowspan="2">项目</th><th rowspan="2">栏次</th><th>当期</th><th>本年累计</th><th>与增值税纳税申报表差额</th></tr>
<tr><th>(a)</th><th>(b)</th><th>(c)</th></tr>
<tr><td rowspan="5">应退税额和免抵税额</td><td>免抵退税额合计</td><td>15<br>（如 10－13＋14>0 则为 10－13＋14，否则为 0）</td><td></td><td></td><td>—</td></tr>
<tr><td>结转下期需冲减的免抵退税额</td><td>16＝13－10－14＋15</td><td></td><td>—</td><td>—</td></tr>
<tr><td>增值税纳税申报表期末留抵税额</td><td>17</td><td></td><td>—</td><td>—</td></tr>
<tr><td>应退税额</td><td>18（如 15>17 则为 17，否则为 15）</td><td></td><td></td><td>—</td></tr>
<tr><td>免抵税额</td><td>19＝15－18</td><td></td><td></td><td>—</td></tr>
<tr><td colspan="6">声明：此表是根据国家税收法律法规及相关规定填写的，本人（单位）对填报内容（及附带资料）的真实性、可靠性、完整性负责。<br>纳税人（签章）：　　年　月　日</td></tr>
<tr><td colspan="3">经办人：<br>经办人身份证号：<br>代理机构签章：<br>代理机构统一社会信用代码：</td><td colspan="3">受理人：<br>受理税务机关（章）：<br>受理日期：　　年　月　日</td></tr>
</table>

填表说明：

（1）“所属期”：按《免抵退税申报汇总表》对应的增值税纳税申报表的税款所属年月填写。

（2）第 1 栏“免抵退税出口销售额（美元）”：按“第 2 栏＋第 3 栏”计算填写。

（3）第 2 栏“出口货物劳务销售额（美元）”：按当期《生产企业出口货物劳务免抵退税申报明细表》“出口销售额（美元）合计”填写。

（4）第 3 栏“跨境应税行为销售额（美元）”：按当期《跨境应税行为免抵退税申报明细表》“本期收款金额（美元）合计”＋当期《国际运输（港澳台运输）免抵退税申报明细表》“跨境应税行为营业额（折美元）合计”计算填写。

（5）第 4 栏“免抵退税出口销售额（人民币）”：按当期《生产企业出口货物劳务免抵退税申报明细表》“出口销售额（人民币）合计”＋当期《跨境应税行为免抵退税申报明细表》“跨境应税行为营业额（折人民币）合计”＋当期《国际运输（港澳台运输）免抵退税申报明细表》“跨境应税行为营业额（折人民币）合计”计算填写。

（6）第 5 栏“免抵退税不得免征和抵扣税额”：按“第 6 栏＋第 7 栏”计算填写。

（7）第6栏“出口货物劳务不得免征和抵扣税额”：按当期《生产企业出口货物劳务免抵退税申报明细表》“不得免征和抵扣税额合计”填写。

（8）第7栏“跨境应税行为不得免征和抵扣税额”：按当期《跨境应税行为免抵退税申报明细表》“跨境应税行为免抵退税计税金额乘征退税率之差合计”＋当期《国际运输（港澳台运输）免抵退税申报明细表》“跨境应税行为免抵退税计税金额乘征退税率之差合计”计算填写。

（9）第8栏“进料加工核销应调整不得免征和抵扣税额”：按最近一次免抵退税申报至本次免抵退税申报期间税务机关核销确认的《生产企业进料加工业务免抵退税核销表》“应调整不得免征和抵扣税额合计”填写。

（10）第8（c）栏：按上期结转本期的免抵退税不得免征和抵扣税额抵减额的负数填写。

（11）第9栏“免抵退税不得免征和抵扣税额合计”：按“第5栏＋第8栏”计算填写。若第5（a）栏＋第8（a）栏＞0，则第8（c）栏参与第9（a）栏计算：第5（a）栏＋第8（a）栏＋第8（c）栏＜0，则第9（a）栏＝0；第5（a）栏＋第8（a）栏＋第8（c）栏≥0，则第9（a）栏＝第5（a）栏＋第8（a）栏＋第8（c）栏。若第5（a）栏＋第8（a）栏≤0，则第8（c）栏不参与第9（a）栏计算：第9（a）栏＝第5（a）栏＋第8（a）栏。第8（c）栏参与本期计算后的余额在下期第8（c）栏列示。

（12）第9（c）栏“免抵退税不得免征和抵扣税额合计与增值税纳税申报表差额”：按当期本表第9（a）栏－最近一次免抵退税申报下一属期至当期的《增值税纳税申报表（一般纳税人适用）》附表二“免抵退税办法不得抵扣的进项税额”栏次的合计数＋税务机关核准的最近一期本表的第9（c）栏计算填写。本公告生效前最近一期税务机关核准的《免抵退税申报汇总表》的第25（c）栏按照上述公式计算填报在本栏。企业应做相应账务调整，并在下期增值税纳税申报时对《增值税纳税申报表（一般纳税人适用）》附表二“免抵退税办法不得抵扣的进项税额”栏次进行调整。

（13）第10栏“免抵退税额”：按“第11栏＋第12栏”计算填写。

（14）第11栏“出口货物劳务免抵退税额”：按当期《生产企业出口货物劳务免抵退税申报明细表》“免抵退税额合计”填写。

（15）第12栏“跨境应税行为免抵退税额”：按当期《跨境应税行为免抵退税申报明细表》“跨境应税行为销售额乘退税率合计”＋当期《国际运输（港澳台运输）免抵退税申报明细表》“跨境应税行为免抵退税计税金额乘退税率合计”计算填写。

（16）第13栏“上期结转需冲减的免抵退税额”：按上期本表“结转下期需冲减的免抵退税额”填写。本公告生效前最近一期税务机关核准的《免抵退税申报汇总表》的“结转下期免抵退税额抵减额”在本公告生效后首次填报本表时填写在本栏。

（17）第14栏“进料加工核销应调整免抵退税额”：按最近一次免抵退税申报至本次免抵退税申报期间税务机关核销确认的《生产企业进料加工业务免抵退税核销表》“应调整免抵退税额合计”填写。

（18）第15栏“免抵退税额合计”：按“第10栏－第13栏＋第14栏”计算填

写，当计算结果小于0时按0填写。

（19）第16栏“结转下期需冲减的免抵退税额”：按“第13栏－第10栏－第14栏＋第15栏”计算填写。

（20）第17栏“增值税纳税申报表期末留抵税额”：按同属期《增值税纳税申报表（一般纳税人适用）》“期末留抵税额”填写。一般纳税人转登记为小规模纳税人的，按“应交税费——待抵扣进项税额”据实填写。

（21）第18栏“应退税额”：若第15栏＞第17栏，则等于第17栏，否则等于第15栏。

（22）第19栏“免抵税额”：按“第15栏－第18栏”计算填写。

（23）第（b）列“本年累计”：按对应栏次的本年累计数填写。

### （三）外贸企业出口货物免退税的申报

#### 1. 申报程序和期限

企业当月出口的货物须在次月的增值税纳税申报期内，向主管税务机关办理增值税纳税申报，将适用退（免）税政策的出口货物销售额填报在增值税纳税申报表的“免税货物销售额”栏。

企业应在货物报关出口之日次月起至次年4月30日前的各增值税纳税申报期内，收齐有关凭证，向主管税务机关办理出口货物增值税、消费税免退税申报。经主管税务机关批准的，企业在增值税纳税申报期以外的其他时间也可办理免退税申报。逾期的，企业不得申报免退税。

#### 2. 申报资料

（1）“外贸企业出口退税汇总申报表”（见表7－2）。

（2）“外贸企业出口退税进货明细申报表”。

（3）“外贸企业出口退税出口明细申报表”。

（4）出口货物退（免）税正式申报电子数据。

（5）下列原始凭证：

1）出口货物报关单。

2）增值税专用发票（抵扣联）、出口退税进货分批申报单、海关进口增值税专用缴款书（提供海关进口增值税专用缴款书的，还须同时提供进口货物报关单，下同）。

3）出口收汇核销单。

4）委托出口的货物，还应提供受托方主管税务机关签发的代理出口货物证明，以及代理出口协议副本。

5）属应税消费品的，还应提供消费税专用缴款书或分割单、海关进口消费税专用缴款书（提供海关进口消费税专用缴款书的，还须同时提供进口货物报关单，下同）。

6）主管税务机关要求提供的其他资料。

**表 7-2　外贸企业出口退税汇总申报表**

（适用于增值税一般纳税人）

海关企业代码：

纳税人名称：　　　　　（公章）

统一社会信用代码：　　　　申报年月：　　　　申报批次：　　　金额单位：元至角分

| 出口企业申报 | | | |
|---|---|---|---|
| 出口退税出口明细申报表 | 份， | 记录 | 条 |
| | | 出口额 | 美元 |
| 出口货物报关单 | 张， | | |
| 代理出口货物证明 | 张， | | |
| 出口收汇核销单 | 张， | 收汇额 | 美元 |
| 远期收汇证明 | 张， | 其他凭证 | 张 |
| | | | |
| 出口退税进货明细申报表 | 份， | 记录 | 条 |
| 增值税专用发票 | 张， | 消费税专用税票 | 张 |
| 海关进口增值税专用缴款书 | 张， | 海关进口消费税专用缴款书 | 张 |
| 外贸企业出口退税进货分批申报单 | 张， | 总进货金额 | 元 |
| 总进货税额 | 元， | | |
| 其中：增值税 | 元， | 消费税 | 元 |
| | | | |
| 本月申报退税额 | 元， | | |
| 其中：增值税 | 元， | 消费税 | 元 |
| 本月实收已退税额 | 元， | 本年累计实收已退税额 | 元 |
| 本月实收已退增值税退税额 | 元， | 本年累计实收已退增值税退税额 | 元 |
| 本月实收已退消费税退税额 | 元， | 本年累计实收已退消费税退税额 | 元 |
| 申请开具单证 | | | |
| 代理出口货物证明 | 份， | 记录 | 条 |
| 代理进口货物证明 | 份， | 记录 | 条 |
| 来料加工出口货物免税证明 | 份， | 记录 | 条 |
| 来料加工出口货物免税核销证明 | 份， | 记录 | 条 |
| 出口货物转内销证明 | 份， | 记录 | 条 |
| 退运已补税证明 | 份， | 记录 | 条 |
| 补办报关单证明 | 份， | 记录 | 条 |
| 补办收汇核销单证明 | 份， | 记录 | 条 |
| 补办代理出口证明 | 份， | 记录 | 条 |
| 出口企业出口含税产品免税证明 | 份， | 记录 | 条 |

| 申报人申明 | 授权人申明 |
|---|---|
| 此表各栏填报内容是真实、合法的，与实际出口货物情况相符。<br>此次申报的出口业务不属于“四自三不见”等违背正常出口经营程序的出口业务。否则，本企业愿意承担由此产生的相关责任。<br>经办人：<br>财务负责人：<br>法定代表人（负责人）：<br>年　月　日 | （如果你已委托代理申报人，请填写下列资料）<br>为代理出口货物退税申报事宜，现授权________为本纳税人的代理申报人，任何与本申报表有关的往来文件都可寄与此人。<br>授权人签字：　　　（盖章）<br>年　月　日 |

## 任务实施

### 子任务一 生产企业出口货物增值税退（免）税的计算

#### 任务描述

能够掌握生产企业出口货物劳务增值税免抵退税的计算方法。

出口退税业务

#### 任务分析

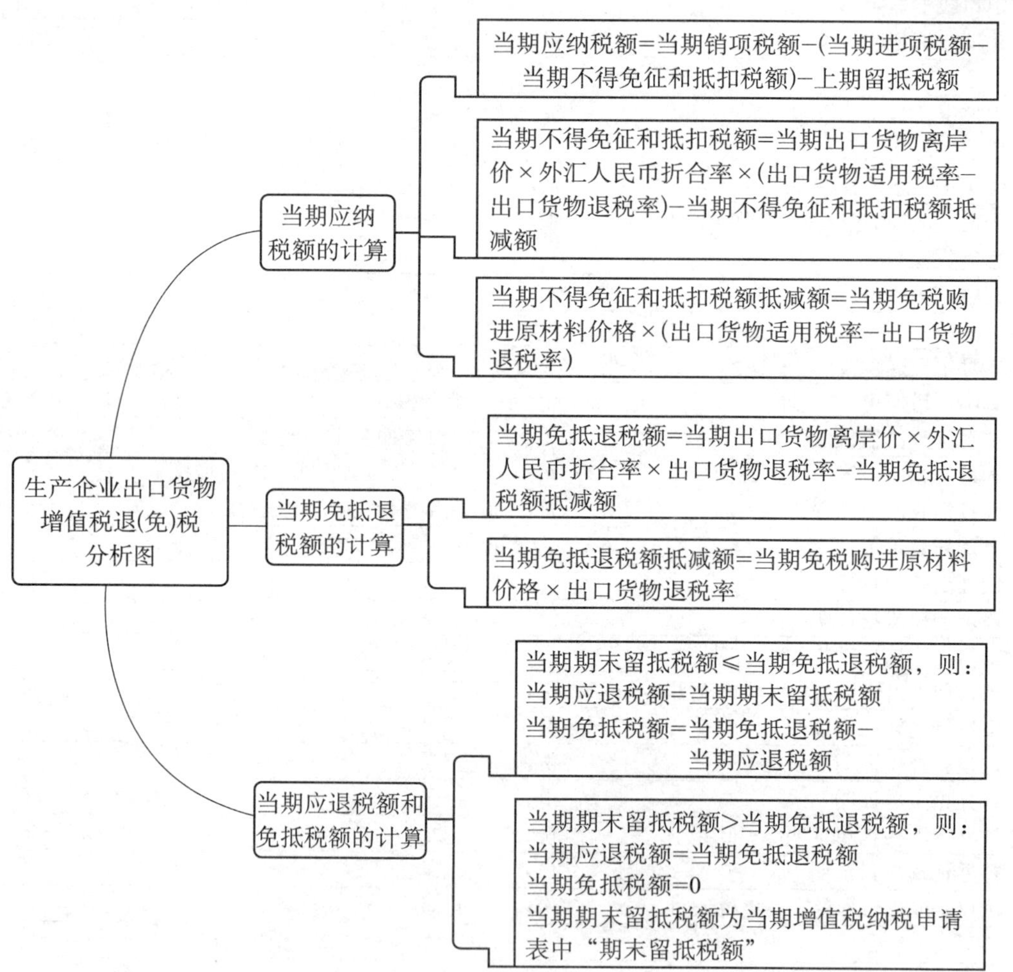


#### 任务完成

生产企业出口货物劳务增值税免抵退税，依下列公式计算：

1. 当期应纳税额的计算

当期应纳税额＝当期销项税额－(当期进项税额－当期不得免征和抵扣税额)－上期留抵税额

当期不得免征和抵扣税额＝当期出口货物离岸价×外汇人民币折合率×(出

口货物适用税率－出口货物退税率）－当期不得免征和抵扣税额抵减额

当期不得免征和抵扣税额抵减额＝当期免税购进原材料价格×（出口货物适用税率－出口货物退税率）

**【例7－1】** 某有出口经营权的生产企业（一般纳税人，适用增值税税率13%），9月出口自产货物取得销售收入150万美元（FOB价格），出口退税率为9%，汇率为1∶7。计算9月免抵退不得免征和抵扣税额。

解：

当期不得免征和抵扣税额＝150×7×（13%－9%）＝42（万元）

2. 当期免抵退税额的计算

当期免抵退税额＝当期出口货物离岸价×外汇人民币折合率×出口货物退税率－当期免抵退税额抵减额

当期免抵退税额抵减额＝当期免税购进原材料价格×出口货物退税率

3. 当期应退税额和免抵税额的计算

（1）当期期末留抵税额≤当期免抵退税额，则：

当期应退税额＝当期期末留抵税额

当期免抵税额＝当期免抵退税额－当期应退税额

（2）当期期末留抵税额＞当期免抵退税额，则：

当期应退税额＝当期免抵退税额

当期免抵税额＝0

当期期末留抵税额为当期增值税纳税申报表中“期末留抵税额”。

**【例7－2】** 某企业为生产型企业，作为增值税一般纳税人，出口货物的征税率为13%，退税率为9%。本月的有关经营业务为：购入原材料一批，取得的增值税专用发票注明价款300万元，进项税额39万元，货已验收入库。上月末留抵税额为6万元；本月内销货物不含税销售额为150万元，收款169.5万元。本月出口货物的离岸价为35万美元，市场汇率为1美元＝7元人民币，计算该企业本期免、抵、退税额。

解：

（1）当期不得免征和抵扣税额＝35×7×（13%－9%）＝9.8（万元）。

（2）当期应纳税额＝150×13%－（39－9.8）－6＝－15.7（万元）。

当期期末留抵税额为15.7万元。

（3）当期免抵退税额＝35×7×9%＝22.05（万元）。

（4）当期期末留抵税额（15.7万元）＜当期免抵退税额（22.05万元），则：

当期应退税额＝15.7（万元）

当期免抵税额＝22.05－15.7＝6.35（万元）

【例 7-3】如果上例中购入原材料取得的增值税专用发票注明价款为 400 万元，进项税额为 52 万元，其他条件不变，计算该企业本期免、抵、退税额。

解：

（1）当期不得免征和抵扣税额＝35×7×(13%－9%)＝9.8（万元）。

（2）当期应纳税额＝150×13%－(52－9.8)－6＝－28.7（万元）。

当期留抵税额为 28.7 万元。

（3）当期免抵退税额＝35×7×9%＝22.05（万元）。

（4）当期期末留抵税额（28.7 万元）＞当期免抵退税额（22.05 万元），则：

当期应退税额＝22.05（万元）

当期免抵税额＝0

（5）结转下期继续抵扣税额＝28.7－22.05＝6.65（万元）。

## 子任务二　生产企业出口货物增值税退（免）税的账务处理

### 任务描述

完成生产企业出口货物增值税退（免）税的账务处理。

### 任务分析

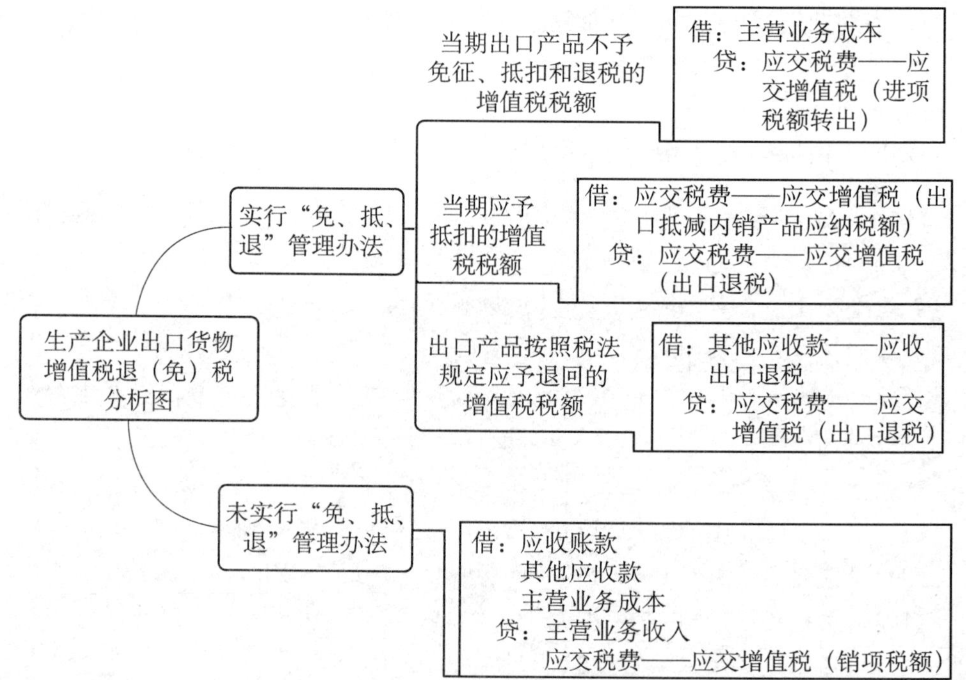


根据现行会计制度规定：实行“免、抵、退”管理办法的企业，按照税法规定计算的当期出口产品不予免征、抵扣和退税的增值税税额，借记“主营业务成本”账户，贷记“应交税费——应交增值税（进项税额转出）”账户。按照税法规定计算

的当期应予抵扣的增值税税额，借记“应交税费——应交增值税（出口抵减内销产品应纳税额）”账户，贷记“应交税费——应交增值税（出口退税）”账户。

出口产品按照税法规定应予退回的增值税税额，借记“其他应收款——应收出口退税”账户，贷记“应交税费——应交增值税（出口退税）”账户。

未实行“免、抵、退”管理办法的企业，出口产品实现销售收入时，应当按照应收的金额，借记“应收账款”账户，按照税法规定应收的出口退税额，借记“其他应收款”账户，按照税法规定不予退回的增值税税额，借记“主营业务成本”账户，按照确认的销售商品收入，贷记“主营业务收入”账户，按照税法规定应缴纳的增值税税额，贷记“应交税费——应交增值税（销项税额）”账户。

## 任务完成

**【例 7-4】**某自营出口生产企业是增值税一般纳税人，出口货物的征税税率为 13%，退税率为 9%。3 月购进原材料一批，取得的增值税专用发票注明的价款为 200 万元，外购货物准予抵扣进项税款 26 万元，货已入库。上期期末留抵税额为 3 万元；当月内销货物销售额为 100 万元，销项税额为 13 万元。本月出口货物销售折合人民币 200 万元。试计算该企业本期免抵退税额、应退税额、免抵税额，并做出账务处理。

解：

(1) 当期不得免征和抵扣税额＝200×(13%－9%)＝8（万元）。

(2) 当期应纳税额＝100×13%－(26－8)－3＝－8（万元）。

当期期末留抵税额为 8 万元。

(3) 当期免抵退税额＝200×9%＝18（万元）。

(4) 当期期末留抵税额（8 万元）＜当期免抵退税额（18 万元），则：

　　当期应退税额＝8（万元）

　　当期免抵税额＝18－8＝10（万元）

账务处理如下：

(1) 购入原材料时：

借：原材料　　2 000 000

　　应交税费——应交增值税（进项税额）　　260 000

　贷：银行存款　　2 260 000

(2) 国内销售货物时：

借：银行存款　　1 130 000

　贷：主营业务收入——内销收入　　1 000 000

　　　应交税费——应交增值税（销项税额）　　130 000

(3) 货物出口时：

借：银行存款（或应收外汇账款）　　2 000 000

　贷：主营业务收入——出口收入　　2 000 000

(4) 计算当期出口物资不予免征、抵扣和退税的税额：

借：主营业务成本　　80 000

　贷：应交税费——应交增值税（进项税额转出）　　80 000

(5) 计算当期应予抵扣的税额：

借：应交税费——应交增值税（出口抵减内销产品应纳税额）　　100 000

　贷：应交税费——应交增值税（出口退税）　　100 000

(6) 因应抵扣的税额大于应纳税额而未全部抵扣，按规定应予退回的税款：

借：其他应收款——应收出口退税　　80 000

　贷：应交税费——应交增值税（出口退税）　　80 000

(7) 收到退回的税款：

借：银行存款　　80 000

　贷：其他应收款——应收出口退税　　80 000

**【例 7-5】** 承接例 7-4，如果购入原材料取得的增值税专用发票注明的价款为 400 万元，进项税额为 52 万元，其他条件不变，计算该企业本月免抵退税额，并做出账务处理。

解：

(1) 当期不得免征和抵扣税额＝200×(13%－9%)＝8（万元）。

(2) 当期应纳税额＝100×13%－(52－8)－3＝－34（万元）。

当期留抵税额为 34 万元。

(3) 当期免抵退税额＝200×9%＝18（万元）。

(4) 当期期末留抵税额（34 万元）＞当期免抵退税额（18 万元），则：

当期应退税额＝18（万元）

当期免抵税额＝0

(5) 结转下期继续抵扣税额＝34－18＝16（万元）。

账务处理为：

(1) 购入原材料时：

借：原材料　　4 000 000

　　应交税费——应交增值税（进项税额）　　520 000

　贷：银行存款　　4 520 000

借：银行存款　　1 130 000

　贷：主营业务收入——内销收入　　1 000 000

　　　应交税费——应交增值税（销项税额）　　130 000

(2) 货物出口时：

借：银行存款（或应收外汇账款）　　2 000 000

　贷：主营业务收入——出口收入　　2 000 000

（3）计算当期出口物资不予免征、抵扣和退税的税额：

借：主营业务成本　80 000

　贷：应交税费——应交增值税（进项税额转出）　80 000

（4）因应抵扣的税额大于应纳税额而未全部抵扣，按规定应予退回的税款：

借：其他应收款——应收出口退税　180 000

　贷：应交税费——应交增值税（出口退税）　180 000

（5）收到退回的税款：

借：银行存款　180 000

　贷：其他应收款——应收出口退税　180 000

## 子任务三　外贸企业出口货物劳务增值税退（免）税的计算

### 任务描述

完成外贸企业出口货物增值税退（免）税的计算。

### 任务分析

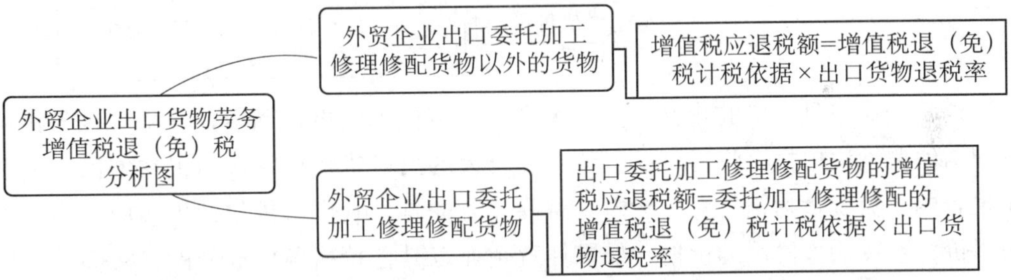

外贸企业出口货物劳务增值税退（免）税分析图

外贸企业出口委托加工修理修配货物以外的货物

增值税应退税额=增值税退（免）税计税依据×出口货物退税率

外贸企业出口委托加工修理修配货物

出口委托加工修理修配货物的增值税应退税额=委托加工修理修配的增值税退（免）税计税依据×出口货物退税率

**1. 外贸企业出口委托加工修理修配货物以外的货物**

增值税应退税额＝增值税退（免）税计税依据×出口货物退税率

**2. 外贸企业出口委托加工修理修配货物**

出口委托加工修理修配货物的增值税应退税额＝委托加工修理修配的增值税退（免）税计税依据×出口货物退税率

### 任务完成

**【例 7－6】**某外贸出口企业 3 月出口货物取得销售收入 200 万美元，在国内购进货物取得防伪税控开具的进项税额专用发票，注明金额为 175 万元并通过主管税务机关认证。出口退税率为 11%，汇率为 1∶7。计算当期出口货物应退税额。

解：应退税额＝175×11%＝19.25（万元）。

【例 7-7】某进出口公司于 1 月购进农用柴油机 5 台，并取得增值税专用发票，单价为 4 万元/台，共计金额为 20 万元，税额为 1.8 万元，4 月报关出口 4 台，农用柴油机退税率为 6%。计算该公司应退的增值税税额。

解：应退增值税税额=4×4×6%=0.96（万元）。

## 子任务四　外贸企业出口货物增值税退（免）税的账务处理

### 任务描述

完成外贸企业出口货物增值税退（免）税的核算。

### 任务分析

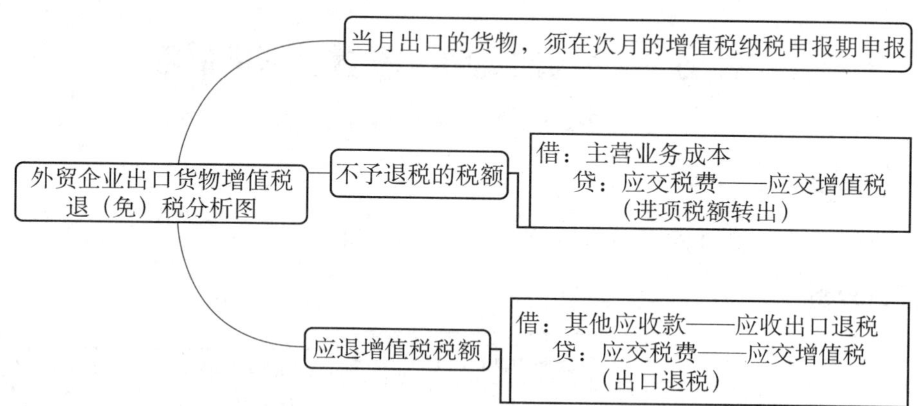


外贸企业当月出口的货物，须在次月的增值税纳税申报期内，向主管税务机关办理增值税纳税申报，将适用退（免）税政策的出口货物销售额填报在增值税纳税申报表的“免税货物销售额”栏内。需要注意的是，其出口货物销售额应当为出口离岸价并换算为人民币的价格，如果外贸企业以其他价格条件成交的，按会计制度规定，应扣除冲减出口销售收入的运费、保险费、佣金等之后，再确认出口货物销售额进行增值税纳税申报。

外贸企业从一般纳税人处收购出口的货物，在购进时，应按照增值税专用发票上注明的增值税税额，借记“应交税费——应交增值税（进项税额）”账户，按照增值税专用发票上记载的全部金额，贷记“应付账款”“银行存款”等账户。出口货物时，按照出口货物购进时取得的增值税专用发票上记载的进项税额或应分摊的进项税额与按照国家规定的退税率计算的应退税额的差额，借记“主营业务成本”账户，贷记“应交税费——应交增值税（进项税额转出）”账户。

外贸企业按照规定退税率计算出应收出口退税时，借记“其他应收款——应收出口退税”账户，贷记“应交税费——应交增值税（出口退税）”账户；收到出口退税款时，借记“银行存款”账户，贷记“其他应收款——应收出口退税”账户。

## 任务完成

**【例 7－8】**某外贸企业当月收购机床 100 台，增值税专用发票上注明的价款为 700 万元，税款为 91 万元，合计 791 万元。当月合计出口 90 台，出口 FOB 价格为 125 万美元，即期汇率为 1 美元＝7 元人民币。所有货款均以银行存款付讫。出口报关后 1 个月办妥退税事宜，退税率为 10%，收到的退税款存入银行。相关计算和会计处理如下：

（1）购进机床 100 台：

借：库存商品　7 000 000

　　应交税费——应交增值税（进项税额）　910 000

　贷：银行存款　7 910 000

（2）出口机床 90 台：

借：应收账款——美元户（USD1 250 000×7）　8 750 000

　贷：主营业务收入　8 750 000

同时，结转销售成本：

借：主营业务成本　6 300 000

　贷：库存商品　6 300 000

（3）计算不予退税的税额：

　　不予退税的税额＝90×7×(13%－10%)＝18.9（万元）

借：主营业务成本　189 000

　贷：应交税费——应交增值税（进项税额转出）　189 000

（4）计算应退增值税税额：

　　应退税额＝90×7×10%＝63（万元）

借：其他应收款——应收出口退税　630 000

　贷：应交税费——应交增值税（出口退税）　630 000

（5）收到实际退税款：

借：银行存款　630 000

　贷：其他应收款——应收出口退税　630 000

## 学习测试

### 一、单项选择题

1. 出口退（免）税的目的在于鼓励各国（　　）货物公平竞争的一种退还或免征间接税的税收措施。

A. 进口　　B. 出口　　C. 内销　　D. 进出口

2. 对于有出口经营权的生产企业，当期期末留抵税额≤当期免抵退税额时，则当期应退税额＝当期期末留抵税额，当期免抵税额为（　　）。

A. 当期应纳税额

B. 当期免抵退税额

C. 当期免抵退税额－当期应退税额

D. 当期期末留抵税额

3. 对于有出口经营权的生产企业，当期期末留抵税额≤当期免抵退税额时，当期应退税额为（　　）。

A. 当期应纳税额　　B. 当期免抵退税额

C. 当期免抵退税额抵减额　　D. 当期期末留抵税额

4. 生产企业出口货物劳务（进料加工复出口货物除外）增值税退（免）税的计税依据，为出口货物劳务的实际（　　）。

A. FOB 价格　　B. CFR 价格　　C. CIF 价格　　D. 出厂价

5. 某有出口经营权的生产企业（一般纳税人，适用征税率 13%），6 月出口自产货物取得销售收入 100 万美元（FOB 价格），出口退税率为 11%，汇率为 1∶6。该企业 6 月免抵退不得免征和抵扣税额为（　　）。

A. 78 万元　　B. 12 万元　　C. 11 万元　　D. 13 万元

## 二、多项选择题

1. 在我国，海关收税主要涉及的税种是（　　）。

A. 增值税　　B. 消费税　　C. 所得税　　D. 关税

2. 下列说法不正确的是（　　）。

A. 出口退税货物必须是报关离境的货物

B. 出口退税的货物必须是财务上做销售处理的货物

C. 只有属于增值税征税范围的货物才能退税

D. 出口企业从小规模纳税人购进的并持普通发票的，可以退还增值税

3. 以下企业在我国可以享受出口货物退免税的包括（　　）。

A. 有进出口经营权的外贸企业

B. 外商投资企业

C. 委托外贸企业代理出口的生产企业

D. 特准退税企业

4. 以下属于出口货物退（免）税基本要素的是（　　）。

A. 货物范围　　B. 退税率

C. 出口货物退免税的企业范围　　D. 计税依据

5. 生产企业向主管税务机关办理增值税免抵退税申报，应提供的凭证资料包括（　　）。

A. 免抵退税申报汇总表及其附表

B. 出口货物报关单

C. 出口发票

D. 公司账本

## 三、判断题

1. 外贸企业当月出口的货物，须在当月的增值税纳税申报期申报。（　　）

2.《中华人民共和国增值税暂行条例》和《中华人民共和国消费税暂行条例》中所做的征免税规定只适用于中国境内，而不适用于境外。（　　）

3. 全世界只有我国对报关出口的货物退还或免征其在国内各生产和流通环节按税法规定缴纳的税收，其他国家均没有这样的做法。（　　）

4. 生产企业跨境贸易人民币结算业务应与其他出口货物区别开来，单独申报。（　　）

## 四、计算题

1. 清风实业为生产型企业，作为增值税一般纳税人，其出口货物的征税率为13%，退税率为10%。本月的有关经营业务为：购入原材料一批，取得的增值税专用发票注明价款500万元、进项税额65万元，货已验收入库。上月末留抵税额为10万元；本月内销货物不含税销售额为200万元，收款226万元。本月出口货物的离岸价为50万美元，市场汇率为1美元＝6元人民币，计算该企业本月免抵退税额。

2. 某进出口公司于7月购进一批导航仪共1 000台，并取得增值税专用发票，单价为每台500元，共计金额为50万元，增值税税额为6.5万元，9月报关出口500台，导航仪退税率为10%。试计算该公司应退的增值税税额。

## 五、实务题

1. 安徽安远服装厂是增值税一般纳税人，其出口货物的征税率为13%，退税率为10%。1月购进服装面料一批，取得的增值税专用发票注明的价款为500万元，外购货物准予抵扣进项税款65万元，货已入库。上期期末留抵税额10万元。当月内销货物销售额为300万元，销项税额为39万元。本月出口货物销售折合人民币300万元。试计算该企业本期免抵退税额、应退税额、免抵税额，并做出账务处理。

（1）当期不得免征和抵扣税额＝

（2）当期应纳税额＝

当期期末留抵税额为

（3）当期免抵退税额＝

（4）当期期末留抵税额≤当期免抵退税额，则：

当期应退税额＝

当期免抵税额＝

2. 安徽安远进出口有限公司当月收购一批玻璃杯，增值税专用发票上注明的价款为100万元，税款为13万元，合计113万元。当月该批玻璃杯全部出口，出口FOB价格为30万美元，即期汇率为1美元＝7元人民币。所有货款均以银行存款付讫。出口报关后1个月办妥退税事宜，退税率为13%，收到的退税款存入银行。请为该笔业务做出正确的账务处理，并填写记账凭证（见表7－3）。

**表7－3　记账凭证**

记　账　凭　证

年　　月　　日　　　　　　　　　　制单编号：

| 摘　要 | 总账科目 | 明细科目 | 外币金额 | | 汇率 | 借　方 | | | | | | | | | | 记账 | 贷　方 | | | | | | | | | | 记账 |
|---|---|---|---|---|---|---|---|---|---|---|---|---|---|---|---|---|---|---|---|---|---|---|---|---|---|---|---|
| | | | 币种 | 金额 | | 千 | 百 | 十 | 万 | 千 | 百 | 十 | 元 | 角 | 分 | 符号 | 千 | 百 | 十 | 万 | 千 | 百 | 十 | 元 | 角 | 分 | 符号 |
| | | | | | | | | | | | | | | | | | | | | | | | | | | | |
| | | | | | | | | | | | | | | | | | | | | | | | | | | | |
| | | | | | | | | | | | | | | | | | | | | | | | | | | | |
| | | | | | | | | | | | | | | | | | | | | | | | | | | | |
| | | | | | | | | | | | | | | | | | | | | | | | | | | | |
| | | | | | | | | | | | | | | | | | | | | | | | | | | | |
| | | | | | | | | | | | | | | | | | | | | | | | | | | | |
| | | | | | | | | | | | | | | | | | | | | | | | | | | | |
| 结算方式及票号： | | | | | | | | | | | | | | | | | | | | | | | | | | | |

附单据　张

会计主管：　　记账：　　稽核：　　出纳：　　制单：　　经办人：

不予退税额＝

应退税额＝

# 任务二

# 掌握消费税退（免）税的核算

## 任务概述

通过本任务的学习，学生应掌握出口货物消费税退（免）税的计税依据，能够办理出口退税业务并做出正确的账务处理。

## 基础知识

### 一、消费税的退（免）税的适用范围

出口企业出口或视同出口适用增值税退（免）税的货物，免征消费税；如果属于购进出口的货物，退还前一环节对其已征的消费税。

出口企业出口或视同出口适用增值税免税政策的货物，免征消费税，但不退还其以前环节已征的消费税，且不允许在内销应税消费品应纳消费税税款中抵扣。

出口企业出口或视同出口适用增值税征税政策的货物，应按规定缴纳消费税，不退还其以前环节已征的消费税，且不允许在内销应税消费品应纳消费税税款中抵扣。

### 二、消费税退（免）税的计税依据

出口货物的消费税应退（免）税额的计税依据，按购进出口货物的消费税专用缴款书和海关进口消费税专用缴款书确定。

（1）属于从价定率计征消费税的，为已征且未在内销应税消费品应纳税额中抵扣的购进出口货物金额；

（2）属于从量定额计征消费税的，为已征且未在内销应税消费品应纳税额中抵扣的购进出口货物数量；

（3）属于复合计征消费税的，按从价定率和从量定额的计税依据分别确定。

## 任务实施

### 子任务一　消费税退税的计算

#### 任务描述

完成消费税退税的计算。

## 任务分析

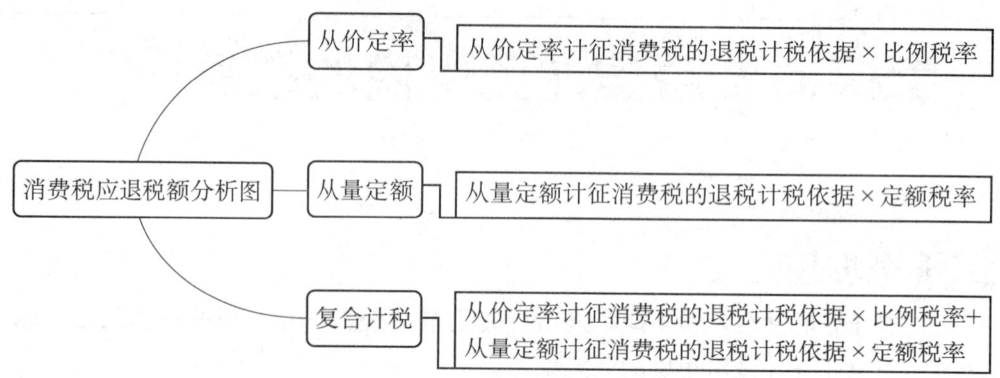


消费税应退税额＝从价定率计征消费税的退税计税依据×比例税率＋
从量定额计征消费税的退税计税依据×定额税率

## 任务完成

**【例 7-9】** 某进出口公司购进摩托车 100 辆，购进单价为 2 万元，全部出口，试计算应退消费税税额（摩托车消费税税率为 10%）。

解：

应退消费税税额＝100×2×10%＝20（万元）

**【例 7-10】** 某进出口公司购进粮食白酒 1 吨，价值 4 万元，全部出口，试计算应退消费税税额（粮食白酒消费税税率为 20%加 0.5 元/500 克）。

解：

应退消费税税额＝4×20%＋1×1 000×2×0.5＝0.9（万元）

**【例 7-11】** 某进出口公司 2 月购入化妆品一批，增值税专用发票所列金额为 100 万元，增值税税额为 13 万元。4 月，该批货物全部报关出口。试计算当期应退税额（化妆品消费税税率为 30%、增值税退税率为 13%）。

解：

当期应退增值税税额＝100×13%＝13（万元）

当期应退消费税税额＝100×30%＝30（万元）

# 子任务二　消费税退税的核算

## 任务描述

完成消费税退税的核算。

## 任务分析

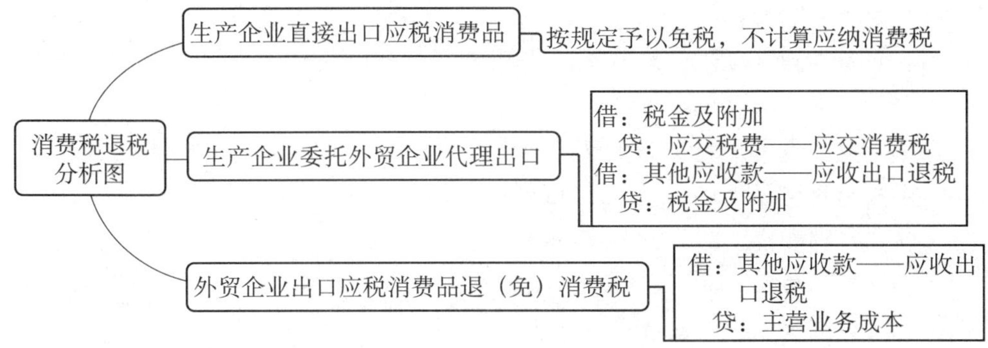


## 任务完成

1. 生产企业出口应税消费品退（免）消费税的账务处理

生产企业直接出口应税消费品时，按规定予以免税，不计算应纳消费税。

生产企业委托外贸企业代理出口时，按下列情况进行会计处理：

（1）生产企业将产品发给外贸企业时，按规定计算消费税，借记“税金及附加”账户，贷记“应交税费——应交消费税”账户；实际缴纳消费税时，借记“应交税费——应交消费税”账户，贷记“银行存款”账户。

（2）待商品出口后，生产企业凭代理方转来的有关出口凭证，填写“生产企业出口货物退（免）税申报表”申请退税，按应退税额借记“其他应收款——应收出口退税”账户，贷记“税金及附加”账户；实际收到税款时，借记“银行存款”账户，贷记“其他应收款——应收出口退税”账户。

**【例 7-12】**某酒厂出口粮食白酒 10 吨，价值 40 万元，试计算其应退的消费税税额（粮食白酒消费税税率为 20%加 0.5 元/500 克），并做出账务处理。

解：按照规定该厂直接出口应税消费品，按规定予以免税，不计算应纳消费税。

2. 外贸企业出口应税消费品退（免）消费税的账务处理

外贸企业购进货物直接出口或受其他企业委托代理出口应税消费品，申请退税时，按应退税额借记“其他应收款——应收出口退税”账户，贷记“主营业务成本”账户；实际收到出口退税时，借记“银行存款”账户，贷记“其他应收款——应收出口退税”账户。

**【例 7-13】**甲外贸公司 3 月购进乙类啤酒 35 吨，每吨不含税价为1 400 元。购入后出口 30 吨，收到外方付款 8 000 美元，汇率为 1∶7，增值税退税率为 11%。计算甲外贸公司应退消费税和增值税并进行账务处理。

（1）购进啤酒时：

借：库存商品　　49 000

　　应交税费——应交增值税（进项税额）　　6 370

贷：银行存款　　55 370

（2）对外销售时：

借：银行存款（USD8 000×7）　　56 000

贷：主营业务收入　　56 000

（3）计算应退增值税及消费税：

应退增值税＝30×1 400×11%＝4 620（元）

应退消费税＝30×220＝6 600（元）

不予退税额＝30×1 400×(13%－11%)＝840（元）

借：其他应收款——应收出口退税　　11 220

贷：应交税费——应交增值税（出口退税）　　4 620

主营业务成本　　6 600

借：主营业务成本　　840

贷：应交税费——应交增值税（进项税额转出）　　840

## 拓展知识

出口骗税的稽查

### 骗取出口退税罪案例分析

出口退税主要是通过退还出口产品的国内已纳税款来平衡国内产品的税收负担，使本国产品以不含税成本进入国际市场，与国外产品在同等条件下进行竞争，从而增强竞争能力，扩大出口创汇。

1985 年 3 月，《国务院批转财政部关于对进出口产品征、退产品税或增值税报告的通知》，规定我国从 1985 年 4 月 1 日起实行对出口产品退税政策。1994 年，随着国家税制的改革，我国改革了已有退还产品税、增值税、消费税的出口退税管理办法，建立了以新的增值税、消费税制度为基础的出口货物退（免）税制度。

2003 年 8 月 18 日，福州市国税局稽查局接到福建省国税局稽查局转来的苏某骗税案线索，初步分析后敏锐地意识到这触及了税收最为敏感的退税领域，而且是有货物出口但采取低值高报骗取出口退税的手段，手法隐匿，性质恶劣，案情重大，遂立即向福建省国税局稽查局和福州市国税局领导汇报，同时提请福州市公安经侦支队提前介入，迅速组成专案组。

在福建省国税局和福州市国税局的直接指导下，专案组深入分析，周密部署，内查外调。

一、案件成果

1999—2003 年 9 月期间，“福胜公司”出口劳保手套 61 135 681 双，报关金额为 6 402 万美元，与国外客户的实际成交价为 2 473 万美元，高报出口 3 929 万美元，指使49户生产厂家虚开增值税专用发票1 707份，金额为15 210万元，税款为2 585万元，价税合计17 796万元，骗取出口退税总值5 469万元。福州市国税局做出对“福胜公司”已取得骗取出口退税款1 305万元进行追缴、处以2倍罚款2 610万元的处理决定，采取税收强制执行措施将“福胜公司”离岸账户存款240万美元追缴入库，拟追缴外贸公司已退税款1 043万元，外贸公司未退税款1 506万元不予退税，其余骗税款已由各地税务机关陆续追缴并处理。公安机关批捕涉案人员8人，其中苏某已由福州市检察院以涉嫌虚开增值税专用发票和骗取出口退税罪向福州市中级人民法院提起公诉，等待他的将是法律的严厉制裁。

二、案件手段

“903骗税”案反映了一种新型的骗取出口退税形式，在有真实的货物出口的情况下，虚构出口货物的价格，以低报高出口。“福胜公司”通过国外接单、国内下单、向外贸公司买单、虚抬单价高报出口、压低数量抬高单价、虚开专用发票、将压低开票数量部分的货物通过有进出口经营权的生产厂家直接高报出口等一系列操作，魔术般地将货值虚抬至3倍以骗取国家出口退税款。

（1）货物流：“福胜公司”向国外客户接单，谈妥业务后与国外客户签订“成交确认书”，同时取得国外客户传真的货物样单和品质要求，后下单给国内79家生产企业进行生产，签订“内购合同”，派跟单员监督生产厂家的整个生产过程，监督货物的品质是否合乎要求，出货时间是否及时等。生产完毕后，生产厂家把货物送到“内购合同”上指定的“福胜公司”设在深圳的仓库，由仓管员验收合格通知“福胜公司”，由单证员向海运公司办理货物出口海运，向保险公司办理出口货物保险。海运公司开具“提单”、保险公司开具“保单”给“福胜公司”。

（2）利用外贸企业获取空白报关资料和外汇核销单。苏某在完成与国外客户签订订单即国外接单、安排国内生产厂家生产即国内下单后，以“福胜公司”的香港身份与外贸公司签订购销合同，取得外贸公司已盖好公章的空白报关资料和外汇核销单、装箱单，以高于真实成交价近3倍的金额（略低于海关手套出口指导价）自行委托报关行高报出口。

（3）指使生产企业虚开增值税专用发票。要取得退税款，还必须取得增值税专用发票和6.8%出口专用缴款书，苏某开具“开票通知书”（“开票通知书”上注明受票单位名称，货物的品名、单价、数量、金额，开票注意事项等内容），指使生产企业按“开票通知书”的内容以略低于报关价的金额虚开增值税专用发票。其虚开形式归纳起来有：抬高单价，数量不变，抬高总金额；抬高单价，降低数量，总金额不变；无货虚开；等等。

（4）将已盖好章的海关报关单、外汇核销单、虚开的专用发票、专用缴款书等“两单两证”提供给外贸公司向税务机关申报出口退税。

（5）通过生产厂家退税款回流到苏某手中。“福胜公司”将“提单”一联交给国外客户提货，将提单、保单、自制出口发票提供给招商银行离岸部向国外客户银行托收货款，收到国外客户外汇后，按海关关单上的高报金额将外汇通过"福胜公司"离岸账户汇给外贸公司核销外汇。外贸公司收到汇款后按生产厂家虚开的增值税专用发票金额（含退税款）将款项付给厂家。厂家在扣除了真实成交价和开票费用后将余额汇还给苏某及其指定的家人账户。

（6）串通有进出口经营权的生产企业直接高报出口共同骗取出口退税。"福胜公司"将虚开发票压低开票数量部分的货物串通有进出口经营权的生产企业直接高报出口，生产企业按出口货物的数量或收汇的一定比例将获取的骗税款分成给苏某。

（7）取得虚开的进项发票。查实虚开的进项发票是核实已纳税款、确定骗税额的关键。虚开增值税专用发票的生产厂家为了少缴税、保持正常的税负率，必然要在进项发票上做文章，取得虚开的进项发票进行抵扣。而废旧物资发票和收购业发票由于享有免税等税收优惠和在税务控管上存在相当大的难度，理所当然地成为他们的选择。生产厂家或采取自己成立废品回收公司这一"一套人马、两块牌子"的手段，自己为自己虚开发票，或采取到当地废品公司缴纳 0.2%手续费虚开发票，或为自己虚开收购业发票。经查实，生产厂家取得虚开的废旧物资发票和虚开收购业发票 2 868 份，价税合计26 167 万元，已抵扣税款 3 263 万元。

三、案件分析

从表面上看，"福胜公司"并未直接从国家取得出口退税款，但退税款通过外贸企业付给生产企业，又从生产企业回流到其手中，或者直接从有进出口经营权的生产厂家取得骗税款分成，因此从整个案件的后果看，"福胜公司"是骗取出口退税的直接操纵者和骗税款的最大得利者。

骗取出口退税是一种严重的犯罪，其后果主要有：(1) 造成税款流失，使国家蒙受经济损失。(2) 严重扰乱了正常的经济秩序，给其他合法的出口企业造成损失。骗取出口退税的犯罪分子将所骗取的退税款作为自己的利润，将出口货物的价格压低到正常价格之下，与其他合法的出口企业争夺国外客户，使其处于不公平的竞争状态。(3) 滋生虚开发票的市场。骗取出口退税必然伴随着虚开发票，为了取得退税款，犯罪分子必然要指使生产企业虚构出口商品的货名、数量、单价等要素，以低报高虚开增值税专用发票，同时生产企业为保持较低的税负率，必然要取得虚开的进项发票进行抵扣，从而形成虚开发票的恶性循环和需方市场，这也是虚开发票屡禁不止的一个原因。

## 学习测试

### 一、单项选择题

1. 出口企业出口或视同出口适用增值税退（免）税的货物（　　）。

A. 免征消费税　　　　B. 先征后退消费税

C. 退税　　　　　　　　　　　　D. 免退税

2. 出口企业出口适用增值税征税政策的货物，应按规定（　　），不退还其以前环节已征的消费税，且不允许在内销应税消费品应纳消费税税款中抵扣。

A. 免征消费税　　　　　　　　　B. 先征后退消费税

C. 退税　　　　　　　　　　　　D. 征收消费税

3. 出口企业出口或视同出口适用增值税免税政策的货物（　　），但不退还其以前环节已征的消费税，且不允许在内销应税消费品应纳消费税税款中抵扣。

A. 免征消费税　　　　　　　　　B. 先征后退消费税

C. 退税　　　　　　　　　　　　D. 征收消费税

## 二、多项选择题

1. 以下可以作为出口货物的消费税应退税额的计税依据是（　　）。

A. 消费税专用缴款书　　　　　　B. 公司账本

C. 海关进口消费税专用缴款书　　D. 采购合同

2. 消费税是对在我国境内从事生产、委托加工和进口应税消费品的单位和个人，就其（　　）在特定环节征收的一种税。

A. 销售额　　　　　　　　　　　B. 销售数量

C. 增值额　　　　　　　　　　　D. 所得额

3. 生产企业委托外贸企业代理出口，涉及出口消费税退免税的会计账户是（　　）。

A. 税金及附加　　　　　　　　　B. 应交税费——应交消费税

C. 应收出口退税　　　　　　　　D. 生产成本

## 三、判断题

1. 生产企业直接出口应税消费品时，按规定予以免税，不计算应纳消费税。（　　）

2. 出口企业出口适用增值税退（免）税的货物，征收消费税。（　　）

3. 消费税应退税额＝从价定率计征消费税的退税计税依据×比例税率＋从量定额计征消费税的退税计税依据×定额税率。（　　）

## 四、计算题

某进出口公司购进一批珠宝玉石，购进总价格为 100 万元，该批玉石全部出口，试计算其应退的消费税税额和增值税税额（珠宝玉石的消费税税率为 10%，增值税退税率为 9%）。

## 五、实务题

安徽安远进出口公司购进 100 台摩托车，每台不含税价格为 5 000 元，增值税税率为 13%。购入后出口 60 台，收到外方付款 10 万美元，汇率为 1∶7，增值税退税率为10%，消费税税率为10%。计算该公司应退的消费税税额和增值税税额，并进行账务处理。

应退增值税税额=

应退消费税税额=

不予退税额=

# 项目八

# 掌握外贸企业财务报表编制

**● 案例导入**

小李刚到一家外贸企业任主办会计，第一个月月底，他需要做几种财务报表。你知道具体而言，有几种对外财务报表、几种对内财务报表吗?

# 任务一

# 掌握外贸企业对内报表的编制

## 任务概述

通过本任务的学习，学生应熟悉外贸企业财务会计报表体系，掌握主要进口商品销售利润表、主要出口商品成本及盈亏表的编制方法。

对内报表

## 基础知识

### 一、外贸企业财务报表的概念

财务报告是企业对外提供的反映企业某一特定日期的财务状况和某一特定期间经营成果、现金流量等会计信息的书面文件。

财务报告包括财务报表和其他应当在财务报告中披露的相关信息和资料。其中，财务报表由报表本身及其附注两部分构成，附注是财务报表的有机组成部分。一套完整的财务报表至少应当包括“四表一注”，即资产负债表、利润表、现金流量表和所有者权益（或股东权益）变动表以及附注。

企业的外部信息使用者要预测企业未来的发展趋势，就需要了解企业目前的财务状况、经营成果以及现金流量信息，而这些信息的获取渠道主要是财务报告。因而，财务报告有利于企业管理者科学决策，有利于相关利益者正确评价分析，是进行国民经济宏观调控的依据。

外贸企业财务报表按不同分类分为很多种：

按反映内容的不同，财务报表可以分为静态报表和动态报表；按编报期间的不同，财务报表可以分为中期财务报表和年度财务报表；按编制基础的不同，财务报表可以分为个别财务报表和合并财务报表。

另外，按外贸企业的财务报表报送对象的不同，财务报表可以分为外部报表和内部报表。外部报表是为了满足企业外部投资者、债权人和政府有关部门了解企业的生产经营状况，包括某一时点的财务状况和某一时期的经营成果与现金流量等信息，而定期对外提供的财务报表，包括“四表一注”；内部报表是为了满足企业内部经营管理者的需要而报送企业内部职能部门和决策人的财务报表，主要包括成本报表和有关附表以及企业预算、计划、业绩考评等报表。

外贸企业财务信息体系对内报表包括反映外贸企业整体财务运行状况的外贸企业财务指标报表，反映外贸企业自营情况的主要进口商品销售利润表，以及出口商品分商品分地区比较的主要出口商品成本及盈亏表。

## 二、主要进口商品销售利润表的概念

主要进口商品销售利润表，也叫进口主要商品成本分析表，是主要反映外贸企业本年度内的自营进口商品销售收入、销售成本、盈亏额以及进口每美元盈亏额等各项财务指标的报表。它是反映外贸企业经营进口商品盈亏情况的动态报表。

## 三、主要出口商品成本及盈亏表的概念

商务部（原对外经贸部）2000 年发文将“出口商品销售利润（亏损）表”更名为“主要出口商品成本及盈亏表”，强调本表反映主要出口商品的成本及盈亏情况。主要出口商品成本及盈亏表是反映外贸企业本年度内的自营出口商品销售收入、销售成本、盈亏额、出口关税、消费税退税和出口每美元成本等各项财务指标的报表。它是反映外贸企业自营出口商品盈亏情况和换汇成本的动态报表。

## 四、财务指标报表的概念

外贸企业财务指标报表是主要反映企业的总体销售收入、盈亏额、费用水平、出口美元成本、出口收汇、出口退税等各项总和财务指标的报表。商务部规定，从 2001 年第二季度开始，将企业每月报送的“外贸企业财务指标快报”改为每季度报送一次，报表名称更名为“外贸企业财务指标报表”，报送时间为每季度结束后 20 天内。该表有助于政府有关部门了解外贸企业的运行情况，从而完善有关政策措施。

# 任务实施

## 子任务一　主要进口商品销售利润表的编制

### 任务描述

通过编制主要进口商品销售利润表，外贸企业可以及时分析、总结本企业经营的重点进口商品的销售价格、成本总额及其构成。外贸企业通过计算进口主要商品的每美元盈亏额，有助于分析盈亏结构、市场价格走势，为企业的经营决策提供依据。

## 任务分析

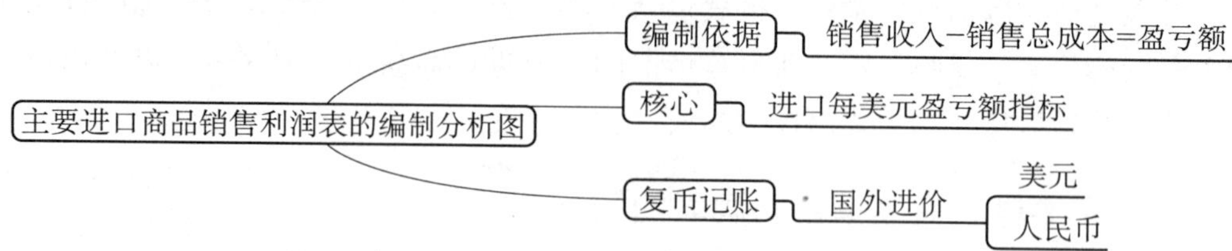


## 任务完成

### 1. 主要进口商品销售利润表的格式

主要进口商品销售利润表是以单项进口商品盈亏分析为核心的多栏式报表。它以主要进口商品为基础进行列示，分别反映不同商品的销售收入和销售成本的情况。它的核心指标是进口每美元盈亏额指标，为了便于比较，分别设置“本期”和“上年同期”两栏。主要进口商品销售利润表的格式如表 8－1 所示。

**表 8－1　主要进口商品销售利润表**

编制单位：

金额单位：万元人民币（以下两位小数）
万美元（以下两位小数）
人民币（以下两位小数）

<table>
<tr><td rowspan="4">项目及品名</td><td rowspan="4">计量单位</td><td rowspan="4">销售数量</td><td colspan="2">销售收入</td><td colspan="8">销售总成本</td><td colspan="4">盈亏额</td></tr>
<tr><td rowspan="3">单价</td><td rowspan="3">金额</td><td rowspan="3">总值</td><td colspan="5">商品进价</td><td rowspan="3">流通费用</td><td rowspan="3">销售税金</td><td colspan="2" rowspan="2">本期</td><td colspan="2" rowspan="2">上年同期</td></tr>
<tr><td rowspan="2">合计</td><td colspan="3">国外进价</td><td rowspan="2">进口税金</td></tr>
<tr><td>美元单价</td><td>美元金额</td><td>人民币金额</td><td>单位盈亏</td><td>盈亏总额</td><td>单位盈亏</td><td>盈亏总额</td></tr>
<tr><td></td><td>1</td><td>2</td><td>3</td><td>4</td><td>5</td><td>6</td><td>7</td><td>8</td><td>9</td><td>10</td><td>11</td><td>12</td><td>13</td><td>14</td><td>15</td><td>16</td></tr>
<tr><td></td><td></td><td></td><td></td><td></td><td></td><td></td><td></td><td></td><td></td><td></td><td></td><td></td><td></td><td></td><td></td><td></td></tr>
<tr><td></td><td></td><td></td><td></td><td></td><td></td><td></td><td></td><td></td><td></td><td></td><td></td><td></td><td></td><td></td><td></td><td></td></tr>
<tr><td></td><td></td><td></td><td></td><td></td><td></td><td></td><td></td><td></td><td></td><td></td><td></td><td></td><td></td><td></td><td></td><td></td></tr>
</table>

财务负责人：　　　　复核：　　　　制表：

### 2. 主要进口商品销售利润表的编制说明

主要进口商品销售利润表的编制期间可以是一个月、一个季度、一年，企业可根据本单位的具体情况，自行选择编报期间。

本表反映企业进口主要商品销售收入、销售成本和盈亏情况。本表的商品大类、主要商品和计量单位须按照海关规定的商品目录填列。

编制方法如下：

（1）“销售收入”栏目，反映企业商品销售收入减去销售折扣与折让后的净额。

（2）“销售总成本”栏目的有关内容说明如下：

1）“国外进价”栏，反映企业进口商品的到岸价格。如对外合同以离岸价格成交的，商品离开对方口岸后，应由我方负担的运杂费、保险费、佣金等费用计入商品的进价。本栏目应分别用美元和人民币填列。

2）“进口税金”栏，反映企业进口商品应缴纳的进口关税和进口商品消费税。进口销售免税商品应缴纳的进口增值税，也包括在本栏目内。

3）“流通费用”栏，反映企业进口商品应负担的经营费用、管理费用和财务费用。

4）“销售税金”栏，反映企业销售进口商品应负担的城市维护建设税和教育费附加。

企业进口商品应负担的“进口税金”“流通费用”“销售税金”，凡能直接认定到商品的，应直接认定；不能直接认定的，应按一定的分摊方法分摊后填列，具体分摊方法由企业自行确定。

（3）“盈亏额”由“销售收入”减去“销售总成本”计算得出。如为亏损，在数字前加“—”号。单位盈亏是指“进口每美元盈亏额”，在后面详细讲解。

（4）本表的项目应区分自营进口销售、国家调拨进口销售和易货贸易进口销售三部分，前两部分按照主要商品分别填列。

## 子任务二　主要出口商品成本及盈亏表的编制

### 任务描述

通过编制主要出口商品成本及盈亏表，外贸企业可以及时分析、总结本企业经营的重点出口商品的出口每美元成本与人民币汇率进行比较，可以判断企业的主要出口商品的盈亏情况。如果出口每美元成本高于同期人民币汇率，则表明该商品的出口是亏损的；反之，则是盈利的。

### 任务分析

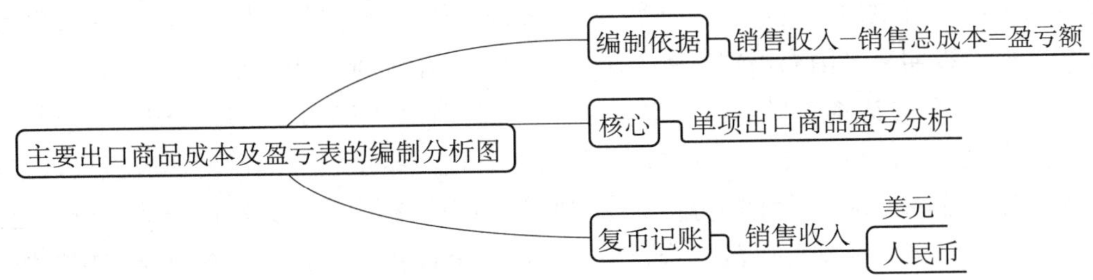


### 任务完成

1. 主要出口商品成本及盈亏表的格式

主要出口商品成本及盈亏表是以单项出口商品盈亏分析为核心的多栏式报表。它以主要出口商品为基础进行列示，分别反映不同商品的销售收入和销售成本的情况。它的核心指标是出口每美元成本指标，为了便于比较，分别设置“本期”和“上年同期”两栏。主要出口商品成本及盈亏表的格式如表 8－2 所示。

**表 8-2　主要出口商品成本及盈亏表**

年　　月

编制单位：

金额单位：万元人民币（以下两位小数）
万美元（以下两位小数）
人民币（以下两位小数）

<table>
<tr><td rowspan="4">商品名称</td><td rowspan="4">计量单位</td><td rowspan="4">销售数量</td><td colspan="3">销售收入</td><td colspan="9">出口总成本</td><td rowspan="4">盈亏总额</td><td colspan="4">出口每美元成本</td></tr>
<tr><td colspan="2">折美元</td><td rowspan="3">人民币金额</td><td rowspan="3">总值</td><td colspan="7">出口经营成本</td><td rowspan="3">出口间接费用</td><td colspan="2">本期</td><td colspan="2">上年同期</td></tr>
<tr><td rowspan="2">单价</td><td rowspan="2">金额</td><td colspan="3">商品进价</td><td rowspan="2">出口直接费用</td><td rowspan="2">消费税退税</td><td rowspan="2">出口关税</td><td rowspan="2">合计</td><td rowspan="2">经营成本</td><td rowspan="2">总成本</td><td rowspan="2">经营成本</td><td rowspan="2">总成本</td></tr>
<tr><td>单价</td><td>金额</td><td>其中增值税未退差额</td></tr>
<tr><td></td><td></td><td></td><td></td><td></td><td></td><td></td><td></td><td></td><td></td><td></td><td></td><td></td><td></td><td></td><td></td><td></td><td></td><td></td><td></td><td></td></tr>
<tr><td></td><td></td><td></td><td></td><td></td><td></td><td></td><td></td><td></td><td></td><td></td><td></td><td></td><td></td><td></td><td></td><td></td><td></td><td></td><td></td><td></td></tr>
<tr><td></td><td></td><td></td><td></td><td></td><td></td><td></td><td></td><td></td><td></td><td></td><td></td><td></td><td></td><td></td><td></td><td></td><td></td><td></td><td></td><td></td></tr>
</table>

财务负责人：　　　　复核：　　　　制表：

2. 主要出口商品成本及盈亏表的编制说明

主要出口商品成本及盈亏表可以每一会计年度、每季、每月编报一次，外贸企业可根据自身经营规模的大小和出口商品的构成状况自主选择。

本表反映企业出口主要商品销售收入、销售成本和盈亏情况，核算的商品大类、主要商品和计量单位须按照海关规定的商品目录填列，销售数量按照出口商品的实际数量填列。

编制方法如下：

(1)“销售收入”栏，反映企业商品销售收入减去销售折扣与折让后的净额。

“人民币金额”栏按照“主营业务收入——自营出口销售收入”账户及相关明细科目发生额分析填列。“折美元”栏中的“金额”栏按照“销售收入”项下“人民币金额”栏除以期末中国人民银行公布的美元对人民币汇价“中间价”计算填列。

(2)“出口总成本”栏，由“出口经营成本”加“出口间接费用”构成。企业出口商品应负担的出口退税、流通费用、税金，凡能直接认定到商品的，应直接认定；不能直接认定的，应按一定的分摊方法分摊后填列，具体分摊方法由企业自行确定。

1)“出口经营成本”中的“合计”栏，按“商品进价”加“出口直接费用”“出口关税”减“消费税退税”填列。

2)“出口直接费用”根据出口销售费用和出口商品应分摊的管理费用、财务费用等有关明细科目分析填列。

3)“出口间接费用”由除“出口直接费用”外与出口有关的其他费用构成，须按照一定的比例进行分摊。

(3)“盈亏总额”栏，按“销售收入”减去“出口总成本”填列。如为亏损，在数字前加“—”号。

（4）“出口每美元成本”栏，按“出口总成本”栏的金额除以“销售收入”项下“折美元”填列，即：

出口每美元成本＝出口商品总成本÷出口商品销售收入（折美元金额）

出口经营成本＝商品进价(含增值税不予退税部分)＋出口直接费用＋出口关税－消费税退税额

出口总成本＝出口商品经营成本＋出口间接费用

（5）本表的项目应区分自营出口销售和易货贸易出口销售两部分，自营出口销售还应区分现汇出口销售和记账出口销售，并分商品填列。

## 子任务三　财务指标报表的编制

### 任务描述

完成财务指标报表的编制。

### 任务分析

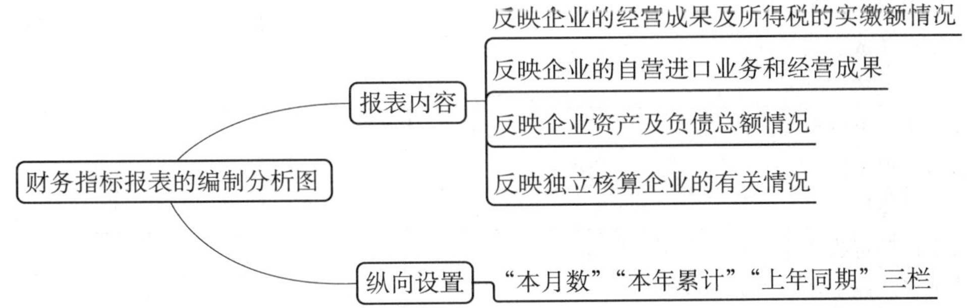


### 任务完成

财务指标报表的内容基本上可以分为四个部分：第一部分（1～15 行）反映企业的经营成果及所得税的实缴额情况，是简化的利润表；第二部分（16～26 行）反映企业的自营进出口业务和经营成果；第三部分（27～35 行）反映企业资产及负债总额情况；第四部分（36～40 行）为其他项目，反映独立核算企业的有关情况。

财务指标报表纵向设“本月数”“本年累计”“上年同期”三栏，分别反映各项目的当年完成实绩和与上年同期比较情况。金额单位一般为万元人民币，自营出口额等指标单位为万美元，出口每美元成本等指标单位为元，元以下保留两位小数。报表格式详见表 8－3。

**表 8－3　财务指标报表**

编制单位：　　　　　　　　　年　　月　　　　　　　　　单位：万元

| 项目 | 行次 | 本月数 | 本年累计 | 上年同期 |
| --- | --- | --- | --- | --- |
| 商品销售收入净额 | 1 | | | |
| 其中：出口销售收入净额 | 2 | | | |

续表

| 项目 | 行次 | 本月数 | 本年累计 | 上年同期 |
|---|---|---|---|---|
| 商品销售成本 | 3 | | | |
| 销售费用 | 4 | | | |
| 商品税金及附加 | 5 | | | |
| 其他业务收入 | 6 | | | |
| 管理费用 | 7 | | | |
| 财务费用 | 8 | | | |
| 汇兑收益 | 9 | | | |
| 投资收益 | 10 | | | |
| 其他业务收支 | 11 | | | |
| 利润总额 | 12 | | | |
| 所得税 | 13 | | | |
| 净利润额 | 14 | | | |
| 实际已上缴所得税 | 15 | | | |
| 自营出口额（万美元） | 16 | | | |
| 自营出口总成本 | 17 | | | |
| 出口每美元成本（元） | 18 | | | |
| 出口收汇净额（万美元） | 19 | | | |
| 应收出口退税 | 20 | | | |
| 已收出口退税 | 21 | | | |
| 自营进口销售收入净额 | 22 | | | |
| 自营进口总成本 | 23 | | | |
| 自营进口国外进价（万美元） | 24 | | | |
| 自营进口销售盈亏 | 25 | | | |
| 进口每美元盈亏额（元） | 26 | | | |
| 企业资产总额 | 27 | | | |
| 其中：流动资产 | 28 | | | |
| 存货 | 29 | | | |
| 其中：库存出口商品 | 30 | | | |
| 应收账款总额 | 31 | | | |
| 其中：应收外汇账款 | 32 | | | |
| 企业负债总额 | 33 | | | |
| 其中：流动负债 | 34 | | | |
| 其中：短期借款 | 35 | | | |
| 独立核算企业户数（个） | 36 | | | |
| 其中：亏损企业户数（个） | 37 | | | |
| 亏损企业亏损额 | 38 | | | |
| 企业亏损面（%） | 39 | | | |
| 企业下岗职工人数合计（人） | 40 | | | |

负责人：　　　　复核人：　　　　制表人：

## ⌘ 学习测试

### 一、单项选择题

1. 主要进口商品销售利润表，也称（　　），是主要反映外贸企业本年度内的自营进口商品销售收入、销售成本、盈亏额以及进口每美元盈亏额等各项财务指标的报表。

A. 进口主要商品销售分析表　　B. 进口主要商品成本分析表

C. 进口主要商品成本利润表　　D. 进口主要商品盈利分析表

2. 企业编制主要出口商品成本及盈亏表，如果出口每美元成本高于同期人民币汇率，则表明该商品的出口是（　　）的。

A. 亏损　　B. 盈利

C. 不变　　D. 可能亏损也可能盈利

3. 主要出口商品成本及盈亏表是以单项出口商品盈亏分析为核心的（　　）。

A. 单栏式报表　　B. 静态报表

C. 多栏式报表　　D. 对外报表

4. 出口每美元成本＝（　　）（折美元金额）。

A. 出口商品经营成本÷出口商品销售收入

B. 进口商品总成本÷出口商品销售收入

C. 进口商品经营成本÷出口商品销售收入

D. 出口商品总成本÷出口商品销售收入

### 二、多项选择题

1. 外贸企业财务信息体系对内报表包括（　　）。

A. 外贸企业财务指标报表　　B. 主要出口商品成本及盈亏表

C. 主要进口商品销售利润表　　D. 资产负债表

2. 按反映内容的不同，财务报表可分为（　　）。

A. 静态报表　　B. 动态报表　　C. 外部报表　　D. 内部报表

3. 按报送对象的不同，财务报表可分为（　　）。

A. 静态报表　　B. 动态报表　　C. 外部报表　　D. 内部报表

4. 外贸企业财务指标报表是主要反映企业的总体销售收入、（　　）、出口退税等各项总和财务指标的报表。

A. 盈亏额　　B. 费用水平

C. 出口每美元成本　　D. 出口收汇

### 三、判断题

1. 主要进口商品销售利润表是反映外贸企业经营进口商品盈亏情况的动态报表。（　　）

2. 计算进口主要商品的每美元盈亏额，有助于企业分析盈亏结构、市场价格走势，为企业的经营决策提供依据。（　）

3. 如果出口每美元成本低于同期人民币汇率，则表明该商品的出口是亏损的。（　）

4. 财务指标报表的指标都是静态的。（　）

# 任务二

# 掌握外贸企业对外报表的编制

## 任务概述

通过本任务的学习，学生应掌握资产负债表、利润表、现金流量表的编制。

## 基础知识

根据关于比较信息的列报按照《企业会计准则第 30 号——财务报表列报》的相关规定（适用于未执行新金融工具准则、新收入准则和新租赁准则的企业），当期财务报表的列报，至少应当提供所有列报项目上一个可比会计期间的比较数据。财务报表的列报项目发生变更的，应当至少对可比期间的数据按照当期的列报要求进行调整，并在附注中披露调整的原因和性质，以及调整的各项目金额。对可比数据进行调整不切实可行的，应当在附注中披露不能调整的原因。不切实可行，是指企业在作出所有合理努力后仍然无法采用某项会计准则规定。

### 一、掌握资产负债表的编制

#### （一）资产负债表的概念

资产负债表是反映企业在某一特定日期的财务状况的会计报表。它是根据“资产＝负债＋所有者权益”这一会计等式编制而成的。通过对资产负债表的分析，会计信息使用者可以了解企业某一特定日期的资产、负债、所有者权益的结构是否合理，企业的财务实力是否雄厚，企业短期、长期偿债能力，所有者持有权益的多少，以及企业财务状况的发展趋势，从而有助于报表使用者做出正确的经济决策。

#### （二）资产负债表的格式

资产负债表的格式主要有账户式和报告式两种。我国企业的资产负债表采用账户式结构。账户式资产负债表分左右两方：左方为资产项目，按资产的流动性大小排列，反映全部资产的分布及存在形态；右方为负债和所有者权益项目，一般按求偿权先后顺序排列，反映全部负债和所有者权益的内容及构成情况。资产负债表左右双方平衡，即资产总计等于负债和所有者权益总计。一般企业资产负债表的格式如表 8-4 所示（见子任务一“资产负债表的编制”）。

#### （三）资产负债表的编制方法

下面的财务报表格式适用于尚未执行新金融工具准则和新收入准则的非金融

企业。

1.“年初余额”的一般填列方法

表中“年初余额”栏内各项目数字，应根据上年末资产负债表“期末余额”栏内所列数字填列。如果本年度资产负债表规定的各个项目的名称和内容同上年度不一致，应对上年末资产负债表各项目的名称和数字按照本年度的规定进行调整，按调整后的数字填入本表“年初余额”栏内。

2.“期末余额”的一般填列方法

资产负债表“期末余额”栏内各项数字，一般应根据资产、负债和所有者权益类科目的期末余额填列。主要包括以下方式：

（1）直接根据总账科目的余额填列。资产负债表中的有些项目，可根据总账科目的余额直接填列。如交易性金融资产、长期待摊费用、递延所得税资产、短期借款、应付票据、应付账款、交易性金融负债、应付职工薪酬、应交税费、其他应付款、递延所得税负债、资本公积、盈余公积等项目，应当根据相关总账科目的余额直接填列。

（2）根据几个总账科目的余额计算填列。例如：“货币资金”项目应根据“库存现金”“银行存款”“其他货币资金”等科目期末余额合计填列。

（3）根据有关明细科目的余额计算填列。例如：“应付账款”项目应根据“应付账款”和“预付账款”科目所属的相关明细科目的期末贷方余额合计数填列；“其他应收款”项目应根据“应收利息”“应收股利”“其他应收款”科目的期末余额合计数，减去“坏账准备”科目中相关坏账准备期末余额后的金额填列；“在建工程”项目应根据“在建工程”科目的期末余额，减去“在建工程减值准备”科目的期末余额后的金额，以及“工程物资”科目的期末余额，减去“工程物资减值准备”科目的期末余额后的金额填列；“其他应付款”项目应根据“应付利息”“应付股利”“其他应付款”科目的期末余额合计数填列；“长期应付款”项目应根据“长期应付款”科目的期末余额，减去相关的“未确认融资费用”科目的期末余额后的金额，以及“专项应付款”科目的期末余额填列。

（4）根据总账科目和明细科目的余额分析计算填列。例如：“长期借款”项目应根据“长期借款”总账科目余额扣除“长期借款”科目所属明细科目中将于一年内到期的部分填列；“应付债券”项目应根据“应付债券”总账科目余额扣除“应付债券”科目所属明细科目中将于一年内到期的部分填列。

（5）根据总账科目与其备抵科目抵销后的净额填列。例如：“应收票据”项目应根据“应收票据”科目的期末余额，减去“坏账准备”科目中相关坏账准备期末余额后的金额填列；“应收账款”项目应根据“应收账款”科目的期末余额，减去“坏账准备”科目中相关坏账准备期末余额后的金额填列。“存货”项目应根据“原材料”“库存商品”“发出商品”“周转材料”等科目余额，减去“存货跌价准备”科目期末余额后的金额填列；“持有至到期投资”项目应根据“持有至到期投资”科目期末余额减去“持有至到期投资减值准备”科目期末余额后的金额填列；“固定资产”项目应根据“固定资产”和“固定资产清理”科目余额填列；“固定资产”项目应根据“固定资产”科目的期末余额，减去“累计折旧”和“固定资产减值准备”科目的期末余额后的金额，以及“固定资产清理”科目的期末余额填列。

（6）其他说明。“递延收益”项目中摊销期限只剩一年或不足一年的，或预计在一年内（含一年）进行摊销的部分，不得归类为流动负债，仍在该项目中填列，不转入“一年内到期的非流动负债”项目。“其他权益工具”项目，反映资产负债表日企业发行在外的除普通股以外分类为权益工具的金融工具的期末账面价值。对于资产负债表日企业发行的金融工具，分类为金融负债的，应在“应付债券”项目填列，对于优先股和永续债，还应在“应付债券”项目下的“优先股”项目和“永续债”项目分别填列；分类为权益工具的，应在“其他权益工具”项目填列，对于优先股和永续债，还应在“其他权益工具”项目下的“优先股”项目和“永续债”项目分别填列。“专项储备”项目应根据“专项储备”科目的期末余额填列。

## 二、掌握利润表的编制

### （一）利润表的概念

利润表是反映企业在一定会计期间的经营成果的会计报表。利润表是企业需要对外报送的主要会计报表之一，它是根据“利润＝收入－费用”这一会计等式，按照各项收入、费用以及构成利润的各个项目，分类分项编制而成。

利润表有助于会计信息使用者判断净利润的质量及其风险，有助于使用者预测净利润的持续性，从而做出正确的决策。通过对利润表的分析，会计信息使用者可以检查利润预算的完成情况和营业费用、管理费用、财务费用预算的执行情况，了解企业所得税的列支情况和获利能力，有利于经营者掌握企业在生产经营过程中存在的问题，以促使其提高经营管理水平和经济效益，也有利于投资者做出正确的决策。

### （二）利润表的格式

利润表的格式一般有单步式利润表和多步式利润表两种。单步式利润表是将当期所有的收入列在一起，然后将所有的费用列在一起，两者相减得出当期净损益。多步式利润表是通过对当期的收入、费用、支出项目按性质加以归类，按利润形成的主要环节列示一些中间性利润指标，分步计算当期净损益。

根据《企业会计准则》的规定，企业应当采用多步式列报利润表，将不同性质的收入和费用类别进行对比，进而可以得出一些中间性的利润数据，便于使用者理解企业经营成果的不同来源。企业可以按照如下三个步骤编制利润表：

第一步，以营业收入为基础，减去营业成本、税金及附加、销售费用、管理费用、财务费用、资产减值损失，加上公允价值变动收益（减去公允价值变动损失）和投资收益（减去投资损失），计算出营业利润；

第二步，以营业利润为基础，加上营业外收入，减去营业外支出，计算出利润总额；

第三步，以利润总额为基础，减去所得税费用，计算出净利润（或净亏损）。

普通股或潜在普通股已公开交易的企业，以及正处于公开发行普通股或潜在普通股过程中的企业，还应当在利润表中列示每股收益信息。

根据《企业会计准则》的规定，企业需要提供比较利润表，以使报表使用者通过比较不同期间利润的实现情况，判断企业经营成果的未来发展趋势。因此，利润表还将各项目分为“本期金额”和“上期金额”两栏分别填列。一般企业利润表的具体格式如表8-8所示（见子任务二“利润表的编制”）。

### （三）利润表的编制方法

利润表主要是新增项目、分拆项目，并对部分项目的先后顺序进行调整，同时简化部分项目的表：新增与新金融工具准则有关的“信用减值损失”“净敞口套期收益”“其他权益工具投资公允价值变动”“企业自身信用风险公允价值变动”“其他债权投资公允价值变动”“金融资产重分类计入其他综合收益的金额”“其他债权投资信用减值准备”“现金流量套期储备”项目；在其他综合收益部分删除与原金融工具准则有关的“可供出售金融资产公允价值变动损益”“持有至到期投资重分类为可供出售金融资产损益”“现金流量套期损益的有效部分”；新增“研发费用”项目，从“管理费用”项目中分拆“研发费用”项目；在“财务费用”项目下增加“利息费用”和“利息收入”明细项目；“其他收益”“资产处置收益”“营业外收入”行项目、“营业外支出”行项目核算内容调整；“权益法下在被投资单位不能重分类进损益的其他综合收益中享有的份额”简化为“权益法下不能转损益的其他综合收益”。

#### 1.“上期金额”的编制

“上期金额”应根据上年该期利润表的“本期金额”栏内所列数字填列。如果上年该期利润表规定的各个项目的名称和内容同本期不相一致，应对上年该期利润表各项目的名称和数字按本期的规定进行调整，填入利润表“上期金额”栏内。

#### 2.“本期金额”的编制

利润表“本期金额”栏内各项数字一般应根据利润表科目的发生额分析填列。

#### 3. 利润表各项目的列报说明

(1)“营业收入”项目，反映企业经营主要业务和其他业务所确认的收入总额。本项目应根据“主营业务收入”科目与“其他业务收入”科目的发生额分析填列。

(2)“营业成本”项目，反映企业经营主要业务和其他业务所发生的成本总额。本项目应根据“主营业务成本”科目与“其他业务成本”科目的发生额分析填列。

(3)“税金及附加”项目，反映企业经营业务应负担的消费税、城市维护建设税、资源税、土地增值税和教育费附加等。本项目应根据“税金及附加”科目的发生额分析填列。

(4)“销售费用”项目，反映企业在销售商品过程中发生的包装费、广告费等费用和为销售本企业商品而专设的销售机构的职工薪酬、业务费等经营费用。本项目应根据“销售费用”科目的发生额分析填列。

(5)“管理费用”项目，反映企业为组织和管理生产经营而发生的管理费用。本项目应根据“管理费用”科目的发生额分析填列。

(6)“研发费用”项目，从“管理费用”项目中分拆出来。本项目应根据“管理费用”科目下的“研究费用”明细科目的发生额，以及“管理费用”科目下的“无形资产摊销”明细科目的发生额分析填列。

(7)“财务费用”项目，反映企业为筹集生产经营所需资金等而发生的筹资费用。本项目应根据“财务费用”科目的发生额分析填列，包括在“财务费用”项目下分拆“利息费用”和“利息收入”明细项目。

(8)“资产减值损失”项目，反映企业各项资产发生的减值损失。本项目应根据“资产减值损失”科目的发生额分析填列。

(9)“公允价值变动损益”项目，反映企业应当计入当期损益的资产或负债的公允价值变动收益。本项目应根据“公允价值变动损益”科目的发生额分析填列；如为净损失，本项目以“－”号填列。

(10)“投资收益”项目，反映企业以各种方式对外投资所取得的收益。本项目应根据“投资收益”科目的发生额分析填列；如为投资损失，本项目以“－”号填列。

(11)“营业利润”项目，反映企业实现的营业利润。如为亏损，本项目以“－”号填列。

(12)“营业外收入”项目，反映企业发生的与经营业务无直接关系的各项收入。本项目应根据“营业外收入”科目的发生额分析填列。

(13)“营业外支出”项目，反映企业发生的与经营业务无直接关系的各项支出。本项目应根据“营业外支出”科目的发生额分析填列。

(14)“利润总额”项目，反映企业实现的利润。如为亏损总额，本项目以“－”号填列。

(15)“所得税费用”项目，反映企业按规定从当期利润总额中减去的所得税费用。本项目应根据“所得税费用”科目的发生额分析填列。

(16)“净利润”项目，反映企业实现的净利润。如为净亏损，本项目以“－”号填列。“(一)持续经营净利润”和“(二)终止经营净利润”项目，分别反映净利润中与持续经营相关的净利润和与终止经营相关的净利润；如为净亏损，以“－”号填列。这两个项目应按照《企业会计准则第42号——持有待售的非流动资产、处置组和终止经营》的相关规定分别列报。

(17)“基本每股收益”项目，企业应当按照归属于普通股股东的当期净利润，除以发行在外普通股的加权平均数计算基本每股收益。基本每股收益仅考虑当期实际发行在外的普通股股份，按照归属于普通股股东的当期净利润除以当期实际发行在外普通股的加权平均数计算确定。

基本每股收益＝（当期净利润－优先股股利）/发行在外普通股加权平均数

发行在外普通股加权平均数＝期初发行在外普通股股数＋当期新发行普通股股数×已发行时间÷报告期时间－当期回购普通股股数×已回购时间÷报告期时间

已发行时间、报告期时间和已回购时间一般按照天数计算；在不影响计算结果合理性的前提下，也可以采用简化的计算方法。

**【例 8－1】** ABC 进出口公司 2023 年初发行在外的普通股为 10 000 万股，4 月 1 日新发行普通股 5 000 万股，12 月 1 日回购 2 400 万股，以备将来奖励职工之用。该公司当年实现净利润为 3 000 万元。无优先股。

基本每股收益＝3 000/(10 000＋5 000×9/12－2 400×1/12)≈0.2（元）

**【例 8－2】** ABC 进出口公司 2023 年归属于普通股股东的净利润为 5 000 万元，期初发行在外普通股股数为 5 000 万股，年内普通股股数未发生变化。2023 年 1 月 2 日，公司按面值发行 1 000 万元的可转换公司债券，票面利率为 4%，每 100 元债券可转换为 90 股面值为 1 元的普通股，所得税税率为 25%。假设不考虑可转换公司债券在负债和权益成分之间的分拆，则 2023 年度稀释每股收益计算如下：

增加的利润＝1 000×4%×(1－25%)＝30（万元）

增加的普通股股数＝1 000÷100×90＝900（万股）

稀释的每股收益＝(5 000＋30)÷(5 000＋900)≈0.85（元）

## 三、掌握现金流量表的编制

### （一）现金流量表的概念

现金流量表是以现金为基础编制的反映企业一定会计期间现金和现金等价物流入和流出的报表。现金流量表以现金的流入和流出反映公司在一定期间内的经营活动、投资活动和筹资活动的动态情况，按照收付实现制原则编制，将权责发生制下的盈利信息调整为收付实现制下的现金流量信息。企业日常经营业务中，现金各项目之间、非现金各项目之间的增减变动，不会影响现金流量净额的变动；现金各项目与非现金各项目之间的增减变动，才会影响现金流量净额的变动。

编制现金流量表的主要目的是为财务报表使用者提供企业一定会计期间内现金和现金等价物流入及流出的信息，通过对现金流量表的分析，可以评价企业获取现金和现金等价物的能力，评价企业偿还债务及支付投资者投资报酬的能力，了解企业本期净利润与经营活动产生的现金流量净额发生差异的原因，掌握本期内影响或不影响现金流量的投资活动与筹资活动，并可据以预测企业未来的现金流量。

### （二）现金流量表的格式

我国的现金流量表包含正表和补充资料两部分。正表是现金流量表的主体和核心，反映企业在一定会计期间各类现金流入量、流出量以及净流量的信息。现金流量表补充资料包括以下三部分内容：将净利润调节为经营活动的现金流量（即按间接法编制的经营活动现金流量），不涉及现金收支的投资活动和筹资活动，现金及现金等价物净增加情况。一般企业现金流量表的具体格式如表 8－9 所示（见子任务三“现金流量表的编制”）。

### （三）现金流量表的编制方法

编制现金流量表时，列报经营活动现金流量的方法有两种：一是直接法，二是间接法。直接法是指通过现金收入和现金支出的主要类别直接反映企业经营活动产生的现金流量。在直接法下，一般是以利润表中营业收入为起算点，调节与经营活动有关的项目的增减变动，然后计算出经营活动产生的现金流量。间接法是将权责发生制确定的净利润调整为现金收付实现制的经营活动的净现金流量。

我国现行会计准则规定企业应当采用直接法编制现金流量表，同时要求在现金流量表附注中披露将净利润调节为经营活动现金流量的信息，以更好地发挥现金流量表的作用。

#### 1. 经营活动产生的现金流量

经营活动是指企业投资活动和筹资活动以外的所有交易和事项。经营活动产生的现金流量包括销售商品、提供劳务收到的现金，收到的税费返还，收到的其他与经营活动有关的现金，购买商品、接受劳务支付的现金，支付给职工以及为职工支付的现金、支付的各项税费、支付的其他与经营活动有关的现金等。通过经营活动产生的现金流量，反映了企业的经营活动对现金流入和流出的影响程度，用以判断企业在不动用对外筹资的情况下，是否足以维持生产经营、偿还债务、支付股利、对外投资等。企业实际收到的政府补助，无论是与资产相关还是与收益相关，均在“收到其他与经营活动有关的现金”项目填列。

#### 2. 投资活动产生的现金流量

投资活动是指企业长期资产的购建和不包括在现金等价物范围内的投资及其处置活动。编制现金流量表所指的“投资”既包括对外投资，又包括长期资产的购建与处置。投资活动包括取得和收回投资、购建和处置固定资产、购买和处置无形资产等。通过投资活动产生的现金流量，可以判断投资活动对企业现金流量净额的影响程度。

#### 3. 筹资活动产生的现金流量

筹资活动是指导致企业资本及债务规模和构成发生变化的活动。筹资活动包括发行股票或接受投入资本、分派现金股利、取得和偿还银行借款、发行和偿还公司债券等。通过筹资活动产生的现金流量，可以分析企业通过筹资活动获取现金的能力，判断筹资活动对企业现金流量净额的影响程度。

（四）汇率变动对现金及现金等价物的影响

该项目反映企业外币现金流量及境外子公司的现金流量折算为人民币时，所采用的现金流量发生日的即期汇率或即期汇率的近似汇率，而现金流量表“现金及现金等价物净增加额”项目中的外币现金净增加额按资产负债表日的即期汇率折算。这两者之间的差额即为汇率变动对现金的影响。它不发生现金流动，只是外币折算的问题。

（五）现金流量表补充资料

除现金流量表反映的信息外，企业还应在附注中披露将净利润调节为经营活动现金流量、不涉及现金收支的重大投资和筹资活动、现金及现金等价物净变动情况等信息。

1. 将净利润调节为经营活动现金流量

将净利润调节为经营活动现金流量，实际上采用间接法列报经营活动现金流量，就是将按权责发生制原则确定的净利润调整为现金净流入，并剔除投资活动和筹资活动对现金流量的影响。

企业应当在附注中披露将净利润调节为经营活动现金流量的信息，至少应当单独披露对净利润进行调节的下列项目：资产减值准备，固定资产折旧，无形资产摊销，长期待摊费用摊销，处置固定资产、无形资产和其他长期资产的损失，固定资产报废损失，公允价值变动损失，财务费用，投资损失，递延所得税资产减少，递延所得税负债增加，存货的减少，经营性应收项目的减少，经营性应付项目的增加。

2. 不涉及现金收支的重大投资和筹资活动

企业应当在附注中披露不涉及当期现金收支，但影响企业财务状况或在未来可能影响企业现金流量的重大投资和筹资活动。

3. 现金及现金等价物净变动情况

现金及现金等价物净变动情况是报表的最后部分，这里面的数据可以直接从资产负债表或总账中取得。获取现金及现金等价物净变动情况后可以得出“现金及现金等价物净增加额”。

## 任务实施

### 子任务一　资产负债表的编制

#### 任务描述

完成资产负债表的编制。

## 任务分析

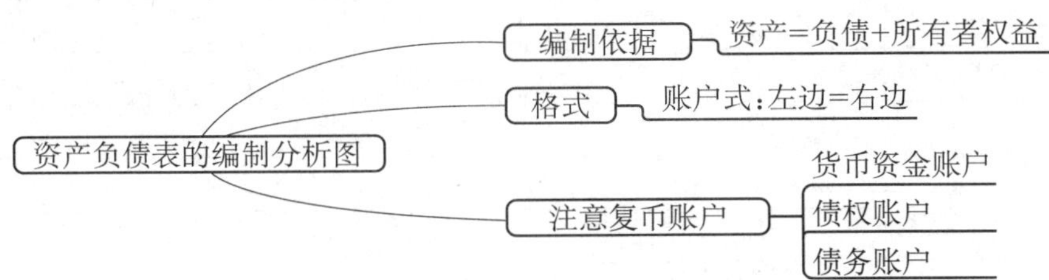


## 任务完成

**【例 8-3】** ABC 进出口公司 2022 年 12 月 31 日的资产负债表（年初余额略）及 2023 年 12 月 31 日的科目余额表分别如表 8-4 和表 8-5 所示。假设 ABC 进出口公司 2023 年度除计提固定资产减值准备导致固定资产账面价值与其计税基础存在可抵扣暂时性差异外，其他资产和负债项目的账面价值均等于其计税基础。假定 ABC 进出口公司未来很可能获得足够的应纳税所得额用来抵扣可抵扣暂时性差异，适用所得税税率为 25%。

**表 8-4　资产负债表**

会企 01 表

编制单位：ABC 进出口公司　　　　2022 年 12 月 31 日　　　　单位：元

| 资产 | 期末余额 | 年初余额 | 负债和股东权益 | 期末余额 | 年初余额 |
|---|---|---|---|---|---|
| 流动资产： | | | 流动负债： | | |
| 货币资金 | 1 406 300 | | 短期借款 | 300 000 | |
| 交易性金融资产 | 15 000 | | 交易性金融负债 | 0 | |
| 应收票据 | 66 000 | | 应付票据 | 100 000 | |
| 应收账款 | 479 100 | | 应付账款 | 1 053 800 | |
| 预付款项 | 100 000 | | 预收款项 | 0 | |
| 其他应收款 | 5 000 | | 应付职工薪酬 | 110 000 | |
| 存货 | 2 580 000 | | 应交税费 | 36 600 | |
| 持有待售资产 | 0 | | 持有待售负债 | 0 | |
| 一年内到期的非流动资产 | 0 | | 其他应付款 | 51 000 | |
| 其他流动资产 | 100 000 | | 一年内到期的非流动负债 | 1 000 000 | |
| 流动资产合计 | 4 751 400 | | 其他流动负债 | 0 | |
| 非流动资产： | | | 流动负债合计 | 2 651 400 | |
| 可供出售金融资产 | 0 | | 非流动负债： | | |
| 持有至到期投资 | 0 | | 长期借款 | 600 000 | |
| 长期应收款 | 0 | | 应付债券 | 0 | |
| 长期股权投资 | 250 000 | | 长期应付款 | 0 | |

续表

| 资产 | 期末余额 | 年初余额 | 负债和股东权益 | 期末余额 | 年初余额 |
|---|---|---|---|---|---|
| 投资性房地产 | 0 | | 预计负债 | 0 | |
| 固定资产 | 1 100 000 | | 递延所得税负债 | 0 | |
| 在建工程 | 1 500 000 | | 其他非流动负债 | 0 | |
| 生产性生物资产 | 0 | | 非流动负债合计 | 600 000 | |
| 油气资产 | 0 | | 负债合计 | 3 251 400 | |
| 无形资产 | 600 000 | | 股东权益： | | |
| 开发支出 | 0 | | 股本 | 5 000 000 | |
| 商誉 | 0 | | 资本公积 | 0 | |
| 长期待摊费用 | 0 | | 减：库存股 | 0 | |
| 递延所得税资产 | 0 | | 盈余公积 | 100 000 | |
| 其他非流动资产 | 200 000 | | 未分配利润 | 50 000 | |
| 非流动资产合计 | 3 650 000 | | 股东权益合计 | 5 150 000 | |
| 资产总计 | 8 401 400 | | 负债和股东权益总计 | 8 401 400 | |

**表 8-5　科目余额表**

2023 年 12 月 31 日　　单位：元

| 科目名称 | 借方余额 | 科目名称 | 贷方余额 |
|---|---|---|---|
| 库存现金 | 2 000 | 短期借款 | 50 000 |
| 银行存款 | 786 135 | 应付票据 | 100 000 |
| 其他货币资金 | 7 300 | 应付账款 | 953 800 |
| 交易性金融资产 | 0 | 其他应付款 | 50 000 |
| 应收票据 | 66 000 | 应付职工薪酬 | 180 000 |
| 应收账款 | 600 000 | 应交税费 | 226 731 |
| 坏账准备 | −1 800 | 应付利息 | 0 |
| 预付账款 | 100 000 | 应付股利 | 32 215.85 |
| 其他应收款 | 5 000 | | |
| 材料采购 | 275 000 | 一年内到期的非流动负债 | 0 |
| 原材料 | 45 000 | 长期借款 | 1 160 000 |
| 周转材料 | 38 050 | 股本 | 5 000 000 |
| 库存商品 | 2 122 400 | 盈余公积 | 124 770.40 |
| 材料成本差异 | 4 250 | 利润分配（未分配利润） | 190 717.75 |
| 其他流动资产 | 90 000 | | |
| 长期股权投资 | 250 000 | | |
| 固定资产 | 2 401 000 | | |

续表

| 科目名称 | 借方余额 | 科目名称 | 贷方余额 |
|---|---|---|---|
| 累计折旧 | －170 000 | | |
| 固定资产减值准备 | －30 000 | | |
| 工程物资 | 150 000 | | |
| 在建工程 | 578 000 | | |
| 无形资产 | 600 000 | | |
| 累计摊销 | －60 000 | | |
| 递延所得税资产 | 9 900 | | |
| 其他非流动资产 | 200 000 | | |
| 合 计 | 8 068 235 | 合 计 | 8 068 235 |

根据上述资料，编制ABC进出口公司2023年12月31日的资产负债表，如表8－6所示。

**表8－6　资产负债表**

会企01表

编制单位：ABC进出口公司　　　　2023年12月31日　　　　单位：元

| 资产 | 期末余额 | 年初余额 | 负债和股东权益 | 期末余额 | 年初余额 |
|---|---|---|---|---|---|
| 流动资产： | | | 流动负债： | | |
| 货币资金 | 795 435 | 1 406 300 | 短期借款 | 50 000 | 300 000 |
| 交易性金融资产 | 0 | 15 000 | 交易性金融负债 | 0 | 0 |
| 应收票据 | 66 000 | 66 000 | 应付票据 | 100 000 | 100 000 |
| 应收账款 | 598 200 | 479 100 | 应付账款 | 953 800 | 1 053 800 |
| 预付款项 | 100 000 | 100 000 | 预收款项 | 0 | 0 |
| 其他应收款 | 5 000 | 5 000 | 应付职工薪酬 | 180 000 | 110 000 |
| 存货 | 2 484 700 | 2 580 000 | 应交税费 | 226 731 | 36 600 |
| 一年内到期的非流动资产 | 0 | 0 | 持有待售负债 | 0 | 0 |
| 持有待售资产 | 0 | 0 | 其他应付款 | 82 215.85 | 51 000 |
| 其他流动资产 | 90 000 | 100 000 | 一年内到期的非流动负债 | 0 | 1 000 000 |
| 流动资产合计 | 4 139 335 | 4 751 400 | 其他流动负债 | 0 | 0 |
| 非流动资产： | | | 流动负债合计 | 1 592 746.85 | 2 651 400 |
| 可供出售金融资产 | 0 | 0 | 非流动负债： | | |
| 持有至到期投资 | 0 | 0 | 长期借款 | 1 160 000 | 600 000 |
| 长期应收款 | 0 | 0 | 应付债券 | 0 | 0 |
| 长期股权投资 | 250 000 | 250 000 | 长期应付款 | 0 | 0 |
| 投资性房地产 | 0 | 0 | 预计负债 | 0 | 0 |
| 固定资产 | 2 201 000 | 1 100 000 | 递延所得税负债 | 0 | 0 |

续表

| 资产 | 期末余额 | 年初余额 | 负债和股东权益 | 期末余额 | 年初余额 |
|---|---|---|---|---|---|
| 在建工程 | 728 000 | 1 500 000 | 其他非流动负债 | 0 | 0 |
| 生产性生物资产 | 0 | 0 | 非流动负债合计 | 1 160 000 | 600 000 |
| 油气资产 | 0 | 0 | 负债合计 | 2 752 746.85 | 3 251 400 |
| 无形资产 | 540 000 | 600 000 | 股东权益： | | |
| 开发支出 | 0 | 0 | 股本 | 5 000 000 | 5 000 000 |
| 商誉 | 0 | 0 | 资本公积 | 0 | 0 |
| 长期待摊费用 | 0 | 0 | 减：库存股 | 0 | 0 |
| 递延所得税资产 | 9 900 | 0 | 盈余公积 | 124 770.40 | 100 000 |
| 其他非流动资产 | 200 000 | 200 000 | 未分配利润 | 190 717.75 | 50 000 |
| 非流动资产合计 | 3 928 900 | 3 650 000 | 股东权益合计 | 5 315 488.15 | 5 150 000 |
| 资产总计 | 8 068 235 | 8 401 400 | 负债和股东权益总计 | 8 068 235 | 8 401 400 |

## 子任务二　利润表的编制

### 任务描述

完成利润表的编制。

### 任务分析

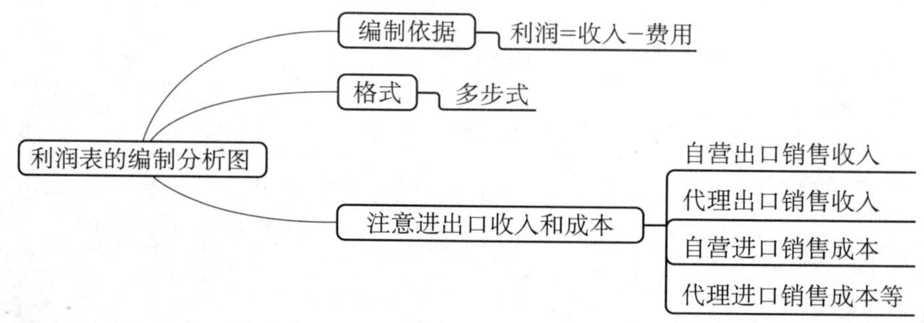


### 任务完成

**【例 8－4】** ABC 进出口公司损益类科目 2023 年度累计发生净额如表 8－7 所示。

**表 8－7　损益类科目 2023 年度累计发生净额**　　单位：元

| 科目名称 | 借方发生额 | 贷方发生额 |
|---|---|---|
| 主营业务收入 | | 1 250 000 |
| 主营业务成本 | 750 000 | |
| 税金及附加 | 2 000 | |

续表

| 科目名称 | 借方发生额 | 贷方发生额 |
| --- | --- | --- |
| 销售费用 | 20 000 | |
| 管理费用 | 157 100 | |
| 研发费用 | 0 | |
| 财务费用 | 41 500 | |
| 其中：利息费用 | 44 000 | |
| 　　利息收入 | | 2 500 |
| 资产减值损失 | 30 900 | |
| 投资收益（损失以“—”号填列） | | 31 500 |
| 营业外收入 | | 50 000 |
| 营业外支出 | 19 700 | |
| 所得税费用 | 112 596 | |

根据上述资料，编制ABC进出口公司2023年度利润表，如表8-8所示。

**表8-8　利润表**

会企02表

编制单位：ABC进出口公司　　　　2023年12月31日　　　　单位：元

| 项目 | 本期金额 | 上期金额（略） |
| --- | --- | --- |
| 一、营业收入 | 1 250 000 | |
| 减：营业成本 | 750 000 | |
| 　　税金及附加 | 2 000 | |
| 　　销售费用 | 20 000 | |
| 　　管理费用 | 157 100 | |
| 　　研发费用 | 0 | |
| 　　财务费用 | 41 500 | |
| 　　　　其中：利息费用 | 44 000 | |
| 　　　　　　利息收入 | 2 500 | |
| 　　资产减值损失 | 30 900 | |
| 加：其他收益 | 0 | |
| 　　投资收益（损失以“—”号填列） | 31 500 | |
| 　　其中：对联营企业和合营企业的投资收益 | 0 | |
| 　　公允价值变动损益（损失以“—”号填列） | 0 | |
| 　　资产处置收益（损失以“—”号填列） | 0 | |
| 二、营业利润（亏损以“—”号填列） | 280 000 | |
| 加：营业外收入 | 50 000 | |
| 减：营业外支出 | 19 700 | |
| 三、利润总额（亏损总额以“—”号填列） | 310 300 | |

续表

| 项目 | 本期金额 | 上期金额（略） |
| --- | --- | --- |
| 减：所得税费用 | 112 596 | |
| 四、净利润（净亏损以“—”号填列） | 197 704 | |
| 持续经营净利润 | | |
| 终止经营净利润 | | |
| 五、每股收益 | （略） | |
| 基本每股收益 | | |
| 稀释每股收益 | | |

## 子任务三　现金流量表的编制

### 任务描述

完成现金流量表的编制。

### 任务分析

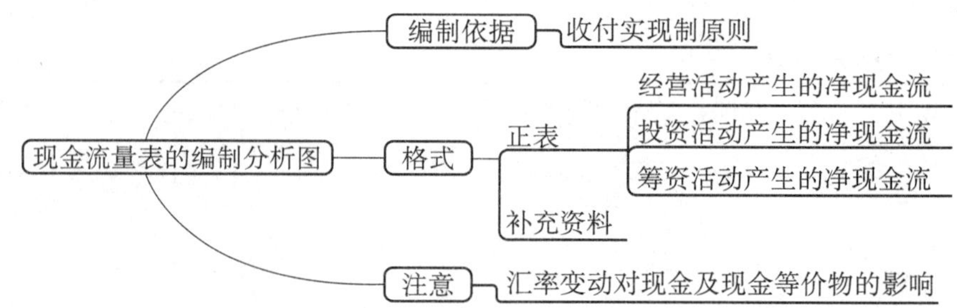


### 任务完成

**【例 8-5】** 沿用例 8-1 和例 8-4，ABC 进出口公司其他相关资料如下：

（1）2023 年度利润表有关项目的明细资料如下：

1）管理费用的组成：职工薪酬 17 100 元，无形资产摊销 60 000 元，摊销印花税 10 000 元，折旧费 20 000 元，支付其他费用 50 000 元。

2）财务费用的组成：计提借款利息 21 500 元，支付应收票据贴现利息 20 000 元。

3）资产减值损失的组成：计提坏账准备 900 元，计提固定资产减值准备 30 000 元。上年年末坏账准备余额为 1 800 元。

4）投资收益的组成：收到股息收入 30 000 元，与本金一起收回的交易性股票投资收益 500 元，由公允价值变动损益转投资收益 1 000 元。

5）营业外收入的组成：处置固定资产净收益 50 000 元（其所处置固定资产原价为 400 000 元，累计折旧为 150 000 元，收到处置收入 300 000 元）。假定不考虑与固定资产处置有关的税费。

6）营业外支出的组成：报废固定资产净损失 19 700 元（其所报废固定资产原价为 200 000 元，累计折旧 180 000 元，支付清理费用 500 元，收到残值收入 800 元）。

7）所得税费用的组成：当期所得税费用为 122 496 元，递延所得税收益为 9 900 元。

除了上述项目，利润表中的销售费用至期末均已支付。

（2）资产负债表有关项目的明细资料如下：

1）本期收回交易性股票投资本金 15 000 元、公允价值变动 1 000 元，同时实现投资收益 500 元。

2）存货中生产成本、制造费用的组成：职工薪酬 324 900 元，折旧费用 80 000 元。

3）应交税费的组成：本期增值税进项税额为 42 466 元，增值税销项税额为 212 500 元，已交增值税为 100 000 元；应交所得税期末余额为 20 097 元，应交所得税期初余额为 0。应交税费期末数中应由在建工程负担的部分为 100 000 元。

4）应付职工薪酬的期初数无应付在建工程人员的部分，本期支付在建工程人员职工薪酬 200 000 元。应付职工薪酬的期末数中应付在建工程人员的部分为 28 000 元。

5）应付利息均为短期借款利息，其中本期计提利息 11 500 元，支付利息 12 500 元。

6）本期用现金购买固定资产 101 000 元，购买工程物资 150 000 元。

7）本期用现金偿还短期借款 250 000 元，偿还一年内到期的长期借款 1 000 000 元；借入长期借款 400 000 元。

要求：根据以上资料，采用分析填列法，编制 ABC 进出口公司 2023 年度的现金流量表。

（1）ABC 进出口公司 2023 年度现金流量表各项目金额，分析计算如下：

1）销售商品、提供劳务收到的现金＝主营业务收入＋应交税费（应交增值税（销项税额））＋(应收账款年初余额－应收账款期末余额)＋(应收票据年初余额－应收票据期末余额)－当期计提的坏账准备－票据贴现的利息＝1 250 000＋212 500＋(299 100－598 200)＋(246 000－66 000)－900－20 000＝1 322 500（元）。

2）购买商品、接受劳务支付的现金＝主营业务成本＋应交税费（应交增值税（进项税额））－(存货年初余额－存货期末余额)＋(应付账款年初余额－应付账款期末余额)＋(应付票据年初余额－应付票据期末余额)＋(预付账款期末余额－预付账款年初余额)－当期列入生产成本、制造费用的职工薪酬－当期列入生产成本、制造费用的折旧费用和固定资产的修理费用＝750 000＋42 466－(2 580 000－2 484 700)＋(953 800－953 800)＋(200 000－100 000)＋(100 000－100 000)－324 900－80 000＝392 266（元）。

3）支付给职工以及为职工支付的现金＝生产成本、制造费用、管理费用中职工薪酬＋(应付职工薪酬年初余额－应付职工薪酬期末余额)－[应付职工薪酬(在建工程)年初余额－应付职工薪酬(在建工程)期末余额]＝324 900＋17 100＋(110 000－180 000)－(0－28 000)＝300 000（元）。

4）支付的各项税费＝当期所得税费用＋税金及附加＋应交税费(增值税(已交税金))－(应交所得税期末余额－应交所得税期初余额)＝122 496＋2 000＋100 000－(20 097－0)＝204 399（元）。

5）支付其他与经营活动有关的现金＝销售费用＋其他管理费用＝20 000＋50 000＝70 000（元）。

6）收回投资收到的现金＝交易性金融资产贷方发生额＋与交易性金融资产一起收回的投资收益＝16 000＋500＝16 500（元）。

7）取得投资收益收到的现金＝收到的股息收入＝30 000（元）。

8）处置固定资产、无形资产和其他长期资产收回的现金净额＝300 000＋(800－500)＝300 300（元）。

9）购建固定资产、无形资产和其他长期资产支付的现金＝用现金购买的固定资产、工程物资＋支付给在建工程人员的薪酬＝101 000＋150 000＋200 000＝451 000（元）。

10）取得借款收到的现金＝400 000（元）。

11）偿还债务支付的现金＝250 000＋1 000 000＝1 250 000（元）。

12）分配股利、利润或偿还利息支付的现金＝12 500（元）。

(2）将净利润调节为经营活动现金流量各项目计算分析如下：

1）资产减值准备＝900＋30 000＝30 900（元）。

2）固定资产折旧、油气资产折耗、生产性生物资产折旧＝20 000＋80 000＝100 000（元）。

3）无形资产摊销＝60 000（元）。

4）处置固定资产、无形资产和其他长期资产的损失（减：收益）＝－50 000（元）。

5）固定资产报废损失＝19 700（元）。

6）财务费用＝41 500－20 000＝21 500（元）。

7）投资损失（减：收益）＝－31 500（元）。

8）递延所得税资产减少＝0－9 900＝－9 900（元）。

9）存货的减少＝2 580 000－2 484 700＝95 300（元）。

10）经营性应收项目的减少＝(246 000－66 000)＋(299 100＋900－598 200－1 800)＝－120 000（元）。

11）经营性应付项目的增加＝(100 000－200 000)＋(100 000－100 000)＋(180 000－28 000)－110 000＋(226 731－100 000)－36 600＝32 131（元）。

（3）根据上述数据，编制现金流量表（见表8-9）及其补充资料（见表8-10）如下：

**表8-9　现金流量表**

会企03表

编制单位：ABC进出口公司　　　　2023年　　　　单位：元

| 项目 | 本期金额 | 上期金额 |
| --- | --- | --- |
| 一、经营活动产生的现金流量 | | 略 |
| 销售商品、提供劳务收到的现金 | 1 322 500 | |
| 收到的税费返还 | 0 | |
| 收到其他与经营活动有关的现金 | 0 | |
| 经营活动现金流入小计 | 1 322 500 | |
| 购买商品、接受劳务支付的现金 | 392 266 | |
| 支付给职工以及为职工支付的现金 | 300 000 | |
| 支付的各项税费 | 204 399 | |
| 支付其他与经营活动有关的现金 | 70 000 | |
| 经营活动现金流出小计 | 966 665 | |
| 经营活动产生的现金流量净额 | 355 835 | |
| 二、投资活动产生的现金流量 | | |
| 收回投资收到的现金 | 16 500 | |
| 取得投资收益收到的现金 | 30 000 | |
| 处置固定资产、无形资产和其他长期资产收回的现金净额 | 300 300 | |
| 处置子公司及其他营业单位收到的现金净额 | 0 | |
| 收到其他与投资活动有关的现金 | 0 | |
| 投资活动现金流入小计 | 346 800 | |
| 购建固定资产、无形资产和其他长期资产支付的现金 | 451 000 | |
| 投资支付的现金 | 0 | |
| 取得子公司及其他营业单位支付的现金净额 | 0 | |
| 支付其他与投资活动有关的现金 | 0 | |
| 投资活动现金流出小计 | 451 000 | |
| 投资活动产生的现金流量净额 | －104 200 | |
| 三、筹资活动产生的现金流量 | | |
| 吸收投资收到的现金 | 0 | |
| 取得借款收到的现金 | 400 000 | |
| 收到其他与筹资活动有关的现金 | 0 | |
| 筹资活动现金流入小计 | 400 000 | |

续表

| 项目 | 本期金额 | 上期金额 |
|---|---|---|
| 偿还债务支付的现金 | 1 250 000 | |
| 分配股利、利润或偿还利息支付的现金 | 12 500 | |
| 支付其他与筹资活动有关的现金 | 0 | |
| 筹资活动现金流出小计 | 1 262 500 | |
| 筹资活动产生的现金流量净额 | −862 500 | |
| 四、汇率变动对现金及现金等价物的影响 | 0 | |
| 五、现金及现金等价物净增加额 | −610 865 | |
| 加：期初现金及现金等价物余额 | 1 406 300 | |
| 六、期末现金及现金等价物余额 | 795 435 | |

**表 8-10　现金流量表补充资料**

| 补充资料 | 本期金额 | 上期金额 |
|---|---|---|
| 1. 将净利润调节为经营活动现金流量 | | 略 |
| 净利润 | 197 704 | |
| 加：资产减值准备 | 30 900 | |
| 固定资产折旧、油气资产折耗、生产性生物资产折旧 | 100 000 | |
| 无形资产摊销 | 60 000 | |
| 长期待摊费用摊销 | 0 | |
| 处置固定资产、无形资产和其他长期资产的损失（收益以“−”号填列） | −50 000 | |
| 固定资产报废损失（收益以“−”号填列） | 19 700 | |
| 公允价值变动损失（收益以“−”号填列） | 0 | |
| 财务费用（收益以“−”号填列） | 21 500 | |
| 投资损失（收益以“−”号填列） | −31 500 | |
| 递延所得税资产减少（增加以“−”号填列） | −9 900 | |
| 递延所得税负债增加（减少以“−”号填列） | 0 | |
| 存货的减少（增加以“−”号填列） | 95 300 | |
| 经营性应收项目的减少（增加以“−”号填列） | −120 000 | |
| 经营性应付项目的增加（减少以“−”号填列） | 32 131 | |
| 其他 | 10 000 | |
| 经营活动产生的现金流量净额 | 355 835 | |
| 2. 不涉及现金收支的重大投资和筹资活动 | | |
| 债务转为资本 | 0 | |
| 一年内到期的可转换公司债券 | 0 | |
| 融资租入固定资产 | 0 | |

续表

| 补充资料 | 本期金额 | 上期金额 |
|---|---|---|
| 3. 现金及现金等价物净变动情况 | | |
| 现金的期末余额 | 795 435 | |
| 减：现金的期初余额 | 1 406 300 | |
| 加：现金等价物的期末余额 | 0 | |
| 减：现金等价物的期初余额 | 0 | |
| 现金及现金等价物净增加额 | −610 865 | |

## 学习测试

### 一、单项选择题

1. 某企业 12 月 31 日固定资产账户余额为 2 000 万元，累计折旧账户余额为 800 万元。固定资产减值准备账户余额为 100 万元，在建工程账户余额为 200 万元。该企业 12 月 31 日资产负债表中固定资产项目的金额为（　　）万元。

A. 1 200　　B. 90　　C. 1 100　　D. 2 200

2. 资产负债表中资产的排列依据是（　　）。

A. 项目收益性　　B. 项目重要性　　C. 项目流动性　　D. 项目时间性

3. 某企业期末“工程物资”科目的余额为 200 万元，“发出商品”科目的余额为 50 万元，“原材料”科目的余额为 60 万元，“材料成本差异”科目的贷方余额为 10 万元。假定不考虑其他因素，该企业资产负债表中“存货”项目的金额为（　　）万元。

A. 100　　B. 110　　C. 200　　D. 210

4. “预付账款”科目明细账中若有贷方余额，应将其计入资产负债表中的（　　）项目。

A. 应收账款　　B. 预付款项　　C. 应付账款　　D. 其他应付款

5. 企业期末“本年利润”的借方余额为 17 万元，“利润分配”和“应付股利”账户贷方余额分别为 18 万元和 12 万元，则当期资产负债表中“未分配利润”项目金额应为（　　）万元。

A. 20　　B. 13　　C. 8　　D. 1

6. 某企业“应付账款”科目月末贷方余额为 40 000 元，其中：“应付甲公司账款”明细科目贷方余额为 35 000 元，“应付乙公司账款”明细科目贷方余额为 5 000 元。“预付账款”科目月末贷方余额为 30 000 元，其中：“预付 A 工厂账款”明细科目贷方余额为 50 000 元，“预付 B 工厂账款”明细科目借方余额为 20 000 元。该企业月末资产负债表中“应付账款”项目的金额为（　　）元。

A. 90 000　　B. 30 000　　C. 40 000　　D. 70 000

7. 下列各项中，不属于资产负债表中“货币资金”项目的是（　　）。

A. 交易性金融资产　　B. 银行结算户存款

C. 信用卡存款　　D. 外埠存款

8. 某企业“应收账款”总账科目月末借方余额为400万元，其中：“应收甲公司账款”明细科目借方余额为350万元，“应收乙公司账款”明细科目借方余额为50万元。“预收账款”科目月末贷方余额为300万元，其中：“预收A公司账款”明细科目贷方余额为500万元，“预收B公司账款”明细科目借方余额为200万元。与应收账款有关的“坏账准备”明细科目贷方余额为10万元，与其他应收款有关的“坏账准备”明细科目贷方余额为5万元。该企业月末资产负债表中“应收账款”项目的金额为（　　）万元。

A. 400　　B. 600　　C. 590　　D. 585

9. 下列资产负债表项目，需要根据相关总账所属明细账户的期末余额分析填列的是（　　）。

A. 应收账款　　B. 应收票据　　C. 应付票据　　D. 应付职工薪酬

10. 下列资产负债表项目中，应根据多个总账科目期末余额计算填列的是（　　）。

A. 应付账款　　B. 盈余公积　　C. 存货　　D. 长期借款

11. 大明企业年度发生的营业收入为2 000万元，营业成本为1 200万元，销售费用为40万元，管理费用为100万元，财务费用为20万元，投资收益为80万元，资产减值损失为140万元（损失），公允价值变动损益为160万元（收益），营业外收入为50万元，营业外支出为30万元。该企业年度的营业利润为（　　）万元。

A. 660　　B. 740　　C. 640　　D. 780

12. 下列各项中，不影响营业利润的项目是（　　）。

A. 已销商品收入　　B. 原材料销售收入

C. 出售无形资产净收益　　D. 股票投资所得收益

13. 支付的在建工程人员的工资属于（　　）产生的现金流量。

A. 筹资活动　　B. 经营活动　　C. 汇率变动　　D. 投资活动

14. 甲公司年度发生的管理费用为6 600万元，其中：以现金支付退休职工统筹退休金1 050万元和管理人员工资3 300万元，存货盘盈收益75万元，管理用无形资产摊销1 260万元，其余均以现金支付。假定不考虑其他因素，甲公司年度现金流量表中“支付其他与经营活动有关的现金”项目的金额为（　　）万元。

A. 315　　B. 1 425　　C. 2 115　　D. 2 025

15. 下列事项中会引起现金流量净额变动的是（　　）。

A. 将现金存入银行

B. 用银行存款购买1个月到期的债券

C. 用固定资产抵偿债务

D. 用银行存款清偿20万元的债务

16. 下列有关每股收益说法正确的有（　　）。
A. 每股收益，是衡量上市公司盈利能力的财务指标
B. 每股收益多，反映股票所含有的风险大
C. 每股收益多的公司市盈率就高
D. 每股收益多，则意味着每股股利高

## 二、多项选择题

1. 资产负债表中的“应收账款”项目应根据（　　）填列。
A. 应收账款所属明细账借方余额合计
B. 预收账款所属明细账借方余额合计
C. 按应收账款余额一定比例计提的坏账准备科目的贷方余额
D. 应收账款总账科目借方余额
2. 下列各项中，可以通过资产负债表反映的有（　　）。
A. 某一时点的财务状况　　B. 某一时点的偿债能力
C. 某一期间的经营成果　　D. 某一期间的获利能力
3. 下列各项中，会使资产负债表中负债项目金额增加的有（　　）。
A. 计提坏账准备
B. 计提存货跌价准备
C. 计提一次还本付息应付债券的利息
D. 计提长期借款利息
4. 下列各项中，属于流动负债的有（　　）。
A. 预收账款　　B. 其他应付款
C. 预付账款　　D. 一年内到期的长期借款
5. 下列各项中，可以计入利润表“税金及附加”项目的有（　　）。
A. 增值税　　B. 城市维护建设税
C. 教育费附加　　D. 矿产资源补偿费
6. 下列各项中，影响企业营业利润的项目有（　　）。
A. 销售费用　　B. 管理费用
C. 投资收益　　D. 所得税费用
7. 下列各项中，属于现金流量表中投资活动产生的现金流量的有（　　）。
A. 外购无形资产支付的现金
B. 转让固定资产所有权收到的现金
C. 购买三个月内到期的国库券支付的现金
D. 收到分派的现金股利
8. 下列各项中，属于经营活动现金流量的有（　　）。
A. 销售商品收到的现金　　B. 购买固定资产支付的现金
C. 吸收投资收到的现金　　D. 偿还应付账款支付的现金

9. 下列各项中，属于投资活动产生的现金流量的有（　　）。

A. 购买固定资产支付的现金　　B. 收回投资收到的现金

C. 增发股票收到的现金　　D. 偿还公司债券支付的现金

10. 财务报表是财务分析的主要依据，财务报表数据的局限性决定了财务分析与评价的局限性。这具体表现为（　　）。

A. 缺乏独立性　　B. 存在滞后性

C. 缺乏可靠性　　D. 缺乏可比性

## 三、判断题

1. “长期借款”项目应该根据“长期借款”总账科目余额填列。（　　）
2. 增值税应在利润表的税金及附加项目中反映。（　　）
3. 资产负债表中确认的资产都是企业拥有的。（　　）
4. 处置固定资产的现金流入，应该属于经营活动的现金流量。（　　）
5. 企业编制财务报表的时候如果没有需要可以不编制报表附注。（　　）
6. 会计报表提供的信息不是仅供外部的投资者和债权人使用。（　　）

## 四、计算题

1. A公司2023年有关资料如下：

（1）本年销售商品、本年收到的现金为1 000万元，以前年度销售商品、本年收到的现金为200万元，本年预收款项为100万元，本年销售、本年退回商品支付的现金为80万元，以前年度销售、本年退回商品支付的现金为60万元。

（2）本年购买商品支付的现金为700万元，本年支付以前年度购买商品的未付款项80万元和本年预付款项70万元，本年发生的购货退回收到的现金为40万元。

（3）本年分配的生产经营人员的职工薪酬为200万元，“应付职工薪酬”年初余额和年末余额分别为20万元和10万元，假定应付职工薪酬本期减少数均为本年支付的现金。

（4）本年利润表中的所得税费用为50万元（均为当期应交所得税产生的所得税费用），“应交税费——应交所得税”科目年初数为4万元，年末数为2万元。假定不考虑其他税费。

要求：

（1）计算销售商品、提供劳务收到的现金。

（2）计算购买商品、接受劳务支付的现金。

（3）计算支付给职工以及为职工支付的现金。

（4）计算支付的各项税费。

2. 某公司流动资产由速动资产和存货构成，年初存货为145万元，年初应收账款为125万元，年末流动比率为3，年末速动比率为1.5，存货周转率为4次，年末流动资产余额为270万元。一年按360天计算。

要求：

（1）计算该公司流动负债年末余额。

（2）计算该公司存货年末余额和年平均余额。

（3）计算该公司本年营业成本。

（4）假定本年营业收入为 960 万元，应收账款以外的其他速动资产忽略不计，计算该公司应收账款周转期。

## 五、实务题

ABC 进出口公司为增值税一般纳税企业，适用的增值税税率为 13%。商品销售价格中均不含增值税税额，按每笔销售分别结转销售成本。ABC 进出口公司销售商品、零配件及提供劳务均为主营业务。

2023 年 9 月，ABC 进出口公司发生的经济业务如下：

（1）以交款提货销售方式向甲公司销售商品一批。该批商品的销售价格为 20 万元，实际成本为 17 万元，提货单和增值税专用发票已交甲公司，款项已收到并存入银行。

（2）与乙公司签订协议，委托其代销商品一批。根据代销协议，乙公司按代销商品协议价的 5%收取手续费，并直接从代销款中扣除。该批商品的协议价为 25 万元，实际成本为 18 万元，商品已运往乙公司。本月末收到乙公司开来的代销清单，列明已售出该批商品的 50%；同时收到已售出代销商品的代销款（已扣除手续费）。

（3）与丙公司签订一项设备安装合同。该设备安装期为 2 个月，合同总价款为 15 万元，分 2 次收取。本月末收到第一笔价款 5 万元，并存入银行。按合同约定，安装工程完成日收取剩余的款项。至本月末，已实际发生安装成本 6 万元（假定均为安装人员工资）。

（4）向丁公司销售一件特定商品。合同规定，该件商品须单独设计制造，总价款为 175 万元，自合同签订之日起 2 个月内交货。丁公司已预付全部价款。至本月末，该件商品尚未完工，已发生生产成本 75 万元（其中，生产人员工资 25 万元，领用原材料 50 万元）。

（5）向 A 公司销售一批零配件。该批零配件的销售价格为 500 万元，实际成本为 400 万元。增值税专用发票及提货单已交给 A 公司。A 公司已开出承兑的商业汇票，该商业汇票期限为 3 个月，到期日为 12 月 10 日。A 公司因受场地限制，推迟到下月 24 日提货。

（6）与 B 公司签订一项设备维修服务协议。本月末，该维修服务完成并经 B 公司验收合格，增值税专用发票上标明的金额为 213.7 万元，增值税税额为 36.3 万元。货款已经收到，为完成该项维修服务，发生相关费用 52 万元（假定均为维修人员工资）。

（7）2023 年 12 月 28 日，C 公司退回购买的商品一批。该批商品的销售价格为 30 万元，实际成本为 23.5 万元。该批商品的销售收入已在售出时确认，但款项尚未收取。经查明，退货理由符合原合同约定。本月末已办妥退货手续并开具红字增值税专用发票。

（8）计算本月应交所得税（结果保留两位小数）。假定该公司适用的所得税税率为 25%，本期无任何纳税调整事项。

其他相关资料：

除上述经济业务外，ABC 进出口公司登记 2023 年 9 月发生的其他经济业务形成的账户余额如表 8-11 所示。

**表 8-11　相关资料（账户余额）**

| 账户名称 | 借方余额（万元） | 贷方余额（万元） |
|---|---|---|
| （1）其他业务收入 | | 10 |
| （2）其他业务成本 | 5 | |
| （3）投资收益 | | 7.65 |
| （4）营业外收入 | | 50 |
| （5）营业外支出 | 150 | |
| （6）税金及附加 | 50 | |
| （7）管理费用 | 25 | |
| （8）财务费用 | 5 | |

要求：

（1）编制 ABC 进出口公司上述（1）～（8）项经济业务相关的会计分录。

（2）编制 ABC 进出口公司 2023 年 9 月的利润表（见表 8-12）。其中，“应交税费”科目要求写出明细科目及专栏名称，答案中的金额单位用万元表示。

**表 8-12　利润表**

会企 02 表

编制单位：ABC 进出口公司　　2023 年 9 月　　单位：万元

| 项　目 | 本期金额 |
|---|---|
| 一、营业收入 | |
| 减：营业成本 | |
| 税金及附加 | |
| 销售费用 | |
| 管理费用 | |
| 研发费用 | |
| 财务费用 | |
| 其中：利息费用 | |
| 利息收入 | |
| 资产减值损失 | |

续表

| 项　　目 | 本期金额 |
| --- | --- |
| 加：其他收益 | |
| 　　投资收益（损失以"—"号填列） | |
| 　　其中：对联营企业和合营企业的投资收益 | |
| 　　公允价值变动收益（损失以"—"号填列） | |
| 　　资产处置收益（损失以"—"号填列） | |
| 二、营业利润（亏损以"—"号填列） | |
| 加：营业外收入 | |
| 减：营业外支出 | |
| 其中：非流动资产处置损失 | |
| 三、利润总额（亏损总额以"—"号填列） | |
| 减：所得税费用 | |
| 四、净利润（净亏损以"—"号填列） | |

# 任务三 分析外贸企业财务报表

## 任务概述

通过本任务的学习，学生应掌握偿债能力分析、营运能力分析以及盈利能力分析的相关知识。

## 基础知识

做好财务报表分析工作，可以正确评价企业的财务状况、经营成果和现金流量情况，揭示企业未来的报酬和风险；可以检查企业预算完成情况，考核经营管理人员的业绩，为建立健全合理的激励机制提供帮助。

从企业总体来看，财务报表分析的基本内容主要包括以下三个方面：

（1）分析企业的偿债能力，分析企业权益的结构，估量对债务资金的利用程度。

（2）评价企业资产的营运能力，分析企业资产的分布情况和周转使用情况。

（3）评价企业的盈利能力，分析企业利润目标的完成情况和不同年度盈利水平的变动情况。

以上三个方面的分析内容互相联系，互相补充，其中偿债能力是企业财务目标实现的稳健保证，而营运能力是企业财务目标实现的物质基础，盈利能力则是前两者共同作用的结果，同时也对前两者的增强起推动作用。

## 任务实施

### 子任务一　偿债能力分析

#### 任务描述

针对外贸会计财务报表，完成偿债能力的分析。

#### 任务分析

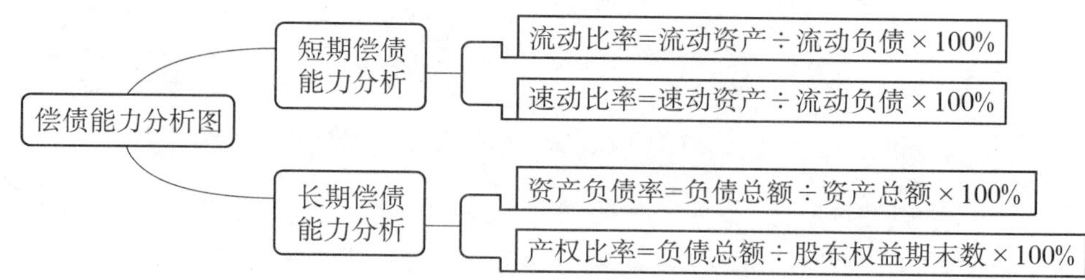

## 任务完成

企业偿债能力分析可以分为短期偿债能力分析和长期偿债能力分析两种。短期偿债能力是指企业偿还流动负债的能力，衡量指标主要有流动比率和速动比率；长期偿债能力是指企业偿还长期负债的能力，衡量指标主要有资产负债率和产权比率。

1. 流动比率

流动比率是流动资产与流动负债的比率，它用于衡量企业流动资产在短期债务到期前可以变为现金用于偿还流动负债的能力。其计算公式为：

流动比率＝流动资产÷流动负债×100%

一般情况下，流动比率越高，说明企业短期偿债能力越强。通常认为，生产企业合理的流动比率是2。流动比率过低，表明企业可能难以按期偿还债务；流动比率过高，表明企业流动资产占用较多，会影响资金的使用效率和企业的筹资成本，进而影响获利能力。

**【例8－6】**根据表8－6资产负债表的有关资料计算ABC进出口公司2023年的流动比率如下：

流动比率＝4 139 335÷2 484 700×100%≈166.59%

这一比率没有达到200%，表明企业短期偿债能力一般，流动资金运用需要加强。

2. 速动比率

速动比率是企业速动资产与流动负债的比率。它用于衡量企业流动资产中可以立即用于偿还负债的能力。其中，速动资产是指流动资产减去变现能力较差且不稳定的存货、预付账款、待摊费用等后的余额。其计算公式为：

速动比率＝速动资产÷流动负债×100%

速动资产＝流动资产－存货－预付账款－待摊费用

一般情况下，速动比率越高，说明企业偿还流动负债的能力越强。国际上通常认为，速动比率等于1时较为适当。速动比率小于1，表明企业面临很大的偿债风险；速动比率大于1，表明企业会因现金及应收账款占用过多而增加企业的机会成本。

**【例8－7】**根据表8－6资产负债表的有关资料计算ABC进出口公司2023年的速动比率如下：

速动资产＝4 139 335－2 484 700－100 000＝1 554 635（元）

速动比率＝1 554 635÷1 592 746.85×100%≈97.61%

这一比率小于但接近100%，表明企业短期偿债能力还是不错的。

3. 资产负债率

资产负债率又称负债比率，是企业负债总额与资产总额的比率，反映了债权人提供贷款的安全程度。其计算公式为：

资产负债率＝负债总额÷资产总额×100％

一般情况下，资产负债率越小，说明企业长期偿债能力越强。保守的观点认为资产负债率不应高于50％，而国际上通常认为资产负债率等于60％时较为适当。从债权人来说，该指标越小越好，这样企业偿债越有保证。从企业所有者来说，该指标过小表明企业对财务杠杆利用不够。企业的经营决策者应当将偿债能力指标与获利能力指标结合起来分析。

**【例8-8】** 根据表8-6资产负债表的有关资料计算ABC进出口公司2023年的负债比率如下：

负债比率＝2 752 746.85÷8 068 235×100％≈34.12％

这一比率表明企业经营资金主要是投资者所有，财务状况良好，企业有足够的资产来偿还其全部债务，使债权人放心，同时也反映了企业有近70％的经营资金是从社会筹集的，表明企业有较强的筹资能力。

4. 产权比率

产权比率也称资本负债率，是企业负债总额与所有者权益总额的比率，反映企业所有者权益对债权人权益的保障程度。其计算公式为：

产权比率＝负债总额÷股东权益期末数×100％

一般情况下，产权比率越低，说明企业长期偿债能力越强。它比资产负债率这一指标更能准确地揭示企业的偿债能力状况，两者的主要区别是：资产负债率侧重于分析债务偿付安全性的物质保障程度；产权比率则侧重于揭示财务结构的稳健程度以及自有资金对偿债风险的承受能力。资产负债率等于2为一般的警戒线，若超过则应该格外关注。

**【例8-9】** 根据表8-6资产负债表的有关资料计算ABC进出口公司2023年的产权比率如下：

产权比率＝2 752 746.85÷5 315 488.15×100％≈51.79％

这一比率较低，表明企业长期偿债能力较强。

## 子任务二　营运能力分析

### 任务描述

针对外贸会计财务报表，完成营运能力的分析。

### 任务分析

营运能力分析图

- 总资产周转率=销售（营业）收入净额÷资产平均余额×100%
- 流动资产周转率=营业收入净额÷流动资产平均余额×100%
- 应收账款周转率=赊销收入÷应收账款平均余额
- 存货周转率=营业成本÷存货平均余额×100%

## 任务完成

资产营运能力分析是指对企业的资产周转速度及其影响程度所进行的分析。资产营运能力分析反映了企业资产经营和利润的效率，营运能力强的企业，盈利能力较强，进而保证自身具备良好的偿债能力。衡量企业营运能力的指标主要有总资产周转率、流动资产周转率、应收账款周转率和存货周转率四个指标。

1. 总资产周转率

总资产周转率反映企业单位资产创造的销售收入净额，体现企业在一定期间全部资产从投入到产出周而复始的流转速度，全面反映企业全部资产的管理质量和利用效率，是综合评价企业全部资产经营质量和利用效率的重要指标。其计算公式为：

总资产周转率＝销售（营业）收入净额÷资产平均余额×100%

总资产周转天数＝360÷总资产周转率（%）

资产平均余额＝(资产期初余额＋资产期末余额)÷2

一般来说，总资产周转率越高，表示企业资产经营管理得越好，取得的销售收入就越多，资产的利用效率就越高，周转速度就越快。

**【例 8－10】**根据表 8－6 资产负债表和表 8－8 利润表的有关资料，计算 ABC 进出口公司 2023 年的总资产周转率如下：

资产平均余额＝(8 068 235＋8 401 400)÷2＝8 234 817.50（元）

总资产周转率＝1 250 000÷8 234 817.50×100%≈15.18%

这一比率很低，表明企业全部资产经营质量和利用效率不高。

2. 流动资产周转率

流动资产周转率反映企业流动资产的周转速度，即流动资产的利润效率。其计算公式为：

流动资产周转率＝营业收入净额÷流动资产平均余额×100%

流动资产平均余额＝(流动资产期初余额＋流动资产期末余额)÷2

营业收入由主营业务收入与其他业务收入构成。流动资产周转率高，表明流动资产创造的收入多，实现的价值高，企业的盈利能力强。一般来说，流动资产周转率高，说明企业在资产的利用上取得了三方面的成绩：合理持有货币资金，应收账款回收快，存货周转快。

**【例 8－11】**根据表 8－6 资产负债表和表 8－8 利润表的有关资料，计算 ABC 进出口公司 2023 年的流动资产周转率如下：

流动资产平均余额＝(4 139 335＋4 751 400)÷2＝4 445 367.50（元）

流动资产周转率＝1 250 000÷4 445 367.50×100%≈28.12%

这一比率较低，表明企业流动资产的使用效率比较差，营运能力也较差。

3. 应收账款周转率

应收账款周转率是企业的赊销收入与应收账款平均余额的比率，反映企业应收账款变现速度的快慢及管理效率的高低，是对流动资产周转率的补充说明。其计算公式为：

应收账款周转率＝赊销收入÷应收账款平均余额

应收账款周转天数（天）＝360天÷应收账款周转率

赊销收入＝营业收入－现销收入

应收账款平均余额＝(应收账款期初余额＋应收账款期末余额)÷2

应收账款周转率高，表明企业收账迅速，账龄期限较短，可以减少收账费用和坏账损失，从而相对增加企业流动资产的投资收益。但是应收账款周转率太高，也不利于企业扩大销售，提高产品市场占有率。

**【例8-12】** 根据表8-6资产负债表和表8-8利润表的有关资料，赊销收入占营业收入的30%，计算ABC进出口公司2023年的应收账款周转率如下：

应收账款平均余额＝(598 200＋299 100)÷2＝448 650（元）

赊销收入＝1 250 000×30%＝375 000（元）

应收账款周转率＝375 000÷448 650≈0.84（次）

这一比率很低，表明企业应收账款变现速度很慢，管理效率低下，有待改善。

4. 存货周转率

存货周转率是企业的营业成本与存货平均余额的比率，是对流动资产周转率的补充说明，是评价企业从取得存货、投入生产到销售收回等各个环节管理状况的综合性指标。其计算公式为：

存货周转率＝营业成本÷存货平均余额×100%

存货平均余额＝(存货期初余额＋存货期末余额)÷2

存货周转天数（天）＝360天÷存货周转率

一般来说，存货周转率越高，存货积压的风险就越小，资金使用效率就越高。相反，存货周转率低，说明企业在存货管理上存在较多问题。

**【例8-13】** 根据表8-6资产负债表和表8-8利润表的有关资料，计算ABC进出口公司2023年存货周转率如下：

存货平均余额＝(2 484 700＋2 580 000)÷2＝2 532 350（元）

存货周转率＝750 000÷2 532 350≈0.30（次）

这一比率较低，表明企业存货变现速度较慢，企业的营销能力差，经营状况较差。

## 子任务三　盈利能力分析

### 任务描述

针对外贸会计财务报表，完成盈利能力的分析。

### 任务分析

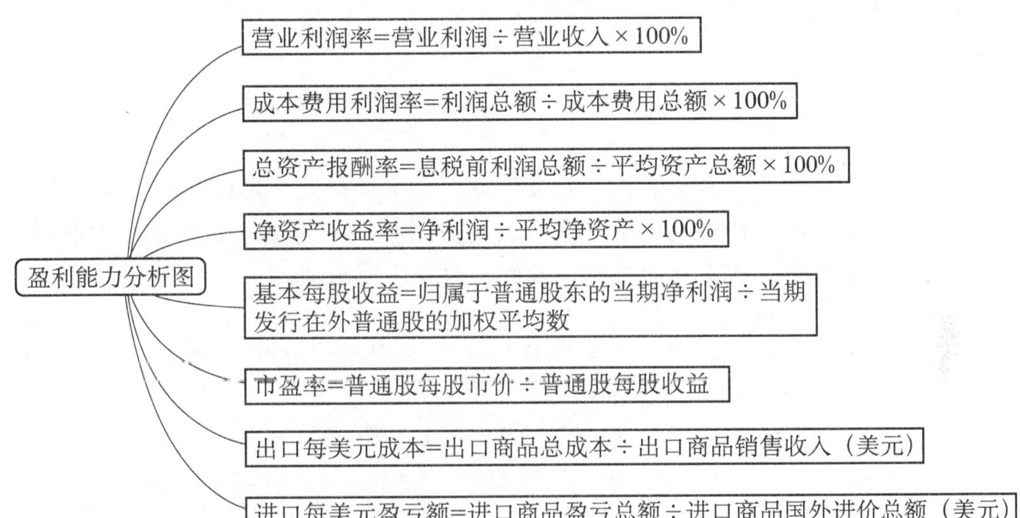


### 任务完成

盈利能力是指企业获取利润的能力，也称为企业的资金或资本增值能力，通常表现为一定时期内企业收益数额的多少及其水平的高低。

反映盈利能力的指标主要包括营业利润率、成本费用利润率、总资产报酬率、净资产收益率。实务中，上市公司经常采用每股收益、市盈率，外贸企业经常采用出口每美元成本、进口每美元盈亏额等指标评价其获利能力。

1. 营业利润率

营业利润率是企业一定时期营业利润与营业收入的比率。其计算公式为：

营业利润率＝营业利润÷营业收入×100%

营业利润率越高，表明企业市场竞争力越强，发展潜力越大，盈利能力越强。

在实务中，也经常使用销售毛利率、销售净利率等指标来分析企业经营业务的获利水平。其计算公式分别如下：

销售毛利率＝(销售收入－销售成本)÷销售收入×100%

销售净利率＝净利润÷销售收入×100%

外贸企业可以根据企业经营业务的构成分别计算“出口商品销售毛利率”“进口商品销售毛利率”，以便更详细地分析企业的盈利能力。

**【例 8-14】**根据表 8-6 资产负债表和表 8-8 利润表的有关资料，计算 ABC 进出口公司 2023 年营业利润率如下：

营业利润率＝280 000÷1 250 000×100％＝22.4％

这一指标较高，企业每100元的营业收入能获得净利润22.4元，表明企业获利能力较强。

2. 成本费用利润率

成本费用利润率是企业一定时期利润总额与成本费用总额的比率。其计算公式为：

成本费用利润率＝利润总额÷成本费用总额×100％

其中：

成本费用总额＝营业成本＋税金及附加＋销售费用＋管理费用＋财务费用

该指标用于反映企业投入产出水平。成本费用利润率越高，表明企业为取得利润而付出的代价越小，成本费用控制得越好，盈利能力越强。

**【例8-15】**根据表8-6资产负债表和表8-8利润表的有关资料，计算ABC进出口公司2023年成本费用利润率如下：

成本费用利润率＝310 300÷970 600×100％≈31.97％

这一指标较高，表明企业盈利能力较强。

3. 总资产报酬率

总资产报酬率是企业一定时期内获得的息税前利润总额与平均资产总额的比率，反映了企业资产的综合利用效果。其计算公式为：

总资产报酬率＝息税前利润总额÷平均资产总额×100％

其中：

息税前利润总额＝利润总额＋利息支出

一般情况下，总资产报酬率越高，表明企业的资产利用效益越好，整个企业盈利能力越强。

**【例8-16】**根据表8-6资产负债表和表8-8利润表的有关资料，以及利息支出41 500元，计算ABC进出口公司2023年总资产报酬率如下：

总资产报酬率＝351 800÷8 234 817.50×100％≈4.27％

这一指标很低，表明企业每100元的总资产能获得报酬4.27元，资产利用效益低下。

4. 净资产收益率

净资产收益率也称所有者权益报酬率，是企业一定时期净利润与平均净资产的比率，反映了企业自有资金的投资收益水平。其计算公式为：

净资产收益率＝净利润÷平均净资产×100％

其中：

平均净资产＝(所有者权益年初数＋所有者权益年末数)÷2

一般认为，净资产收益率越高，企业自有资本获取收益的能力越强，运营效益越好，对企业投资人、债权人利益的保证程度越高。

**【例 8－17】**根据表 8－6 资产负债表和表 8－8 利润表的有关资料，计算 ABC 进出口公司 2023 年净资产收益率如下：

净资产收益率＝197 704÷5 232 744.08×100%≈3.78%

这一指标表明了企业每 100 元所有者权益能获得净利润 3.78 元，表明了该企业投资者的收益水平较高，企业盈利能力较差。

5. 每股收益

每股收益也称每股利润或每股盈余，是反映企业普通股股东持有每一股份所能享有企业利润或承担企业亏损的业绩评价指标。每股收益包括基本每股收益和稀释每股收益。基本每股收益的计算公式为：

基本每股收益＝归属于普通股东的当期净利润÷当期发行在外普通股的加权平均数

其中：

当期发行在外普通股的加权平均数＝期初发行在外普通股股数＋当期新发行普通股股数×已发行时间÷报告期时间－当期回购普通股股数×已回购时间÷报告期时间

说明：已发行时间、报告期时间和已回购时间一般按天数计算，在不影响计算结果的前提下，也可以按月份简化计算。

稀释每股收益是在考虑潜在普通股稀释性影响的基础上，对基本每股收益的分子、分母进行调整后再计算的每股收益。

每股收益越高，表明企业的获利能力越强。

6. 市盈率

市盈率是上市公司普通股每股市价相当于每股收益的倍数，反映了投资者对上市公司每股净利润愿意支付的价格，可以用来估计股票的投资报酬和风险。其计算公式为：

市盈率＝普通股每股市价÷普通股每股收益

一般来说，市盈率高，说明投资者对该公司的发展前景看好，愿意出较高的价格购买该公司股票。但是，某种股票的市盈率过高，也意味着这种股票具有较高的投资风险。

7. 出口每美元成本

出口每美元成本也称出口换汇成本，反映了每出口创汇 1 美元所耗费的人民币成本。其计算公式为：

出口每美元成本＝出口商品总成本÷出口商品销售收入（美元）

其中：

出口商品总成本＝出口商品收购价＋出口商品流通费用＋出口关税＋增值税未退税差额－出口退税（消费税）

出口商品流通费用＝经营费用＋管理费用＋财务费用

**【例 8-18】** ABC 进出口公司 2023 年出口商品收购价为 6 000 000 元，销售费用为 20 000 元，管理费用为 320 000 元，财务费用为 16 000 元，出口关税为 650 000 元，增值税未退税差额为 240 000 元，出口退税为 780 000 元，出口商品销售收入为 1 115 000 美元，计算 ABC 进出口公司 2023 年出口每美元成本如下：

出口每美元成本＝6 466 000÷1 115 000≈5.80（元）

这一指标表明企业每出口创汇 1 美元所耗费的人民币成本是 5.80 元人民币。

8. 进口每美元盈亏额

进口每美元盈亏额是指自营进口盈亏额与进口商品国外进价美元数之比。它反映了企业每自营进口 1 美元商品的获利能力。其计算公式为：

进口每美元盈亏额＝进口商品盈亏总额÷进口商品国外进价总额（美元）

进口商品盈亏总额＝进口商品销售收入－进口商品总成本

进口商品总成本＝进口外汇支出×外汇牌价＋各项费用开支

**【例 8-19】** ABC 进出口公司 2023 年进口商品销售收入为 10 260 000 元人民币，进口商品总成本按照当期汇率折合成人民币为 7 820 000 元，进口商品国外进价总额为 312 800 美元，计算 ABC 进出口公司 2023 年进口每美元盈亏额如下：

进口每美元盈亏额＝2 440 000÷312 800≈7.80（元）

这一指标表明企业每进口 1 美元商品所获得的利润是 7.80 元人民币。

## 拓展知识

### 财务报表分析的主要方法

将报表分析分为三个方面：单个年度的财务比率分析、不同时期的比较分析、与同业其他公司之间的比较分析。其中最主要的方法是比较分析法和因素分析法。

一、比较分析法

比较分析法的理论基础是，客观事物的发展变化是统一性与多样性的辩证结合。共同性使它们具有了可比的基础，差异性使它们具有了不同的特征。在实际分析时，这两方面的比较往往结合使用。

（一）按比较参照标准分类

1. 趋势分析法

趋势分析就是分析本期与前期或连续数期项目金额的对比。这种对财务报表项目纵向比较分析的方法是一种动态的分析。

通过分析本期与前期（上季、上年同期）财务报表中有关项目金额的对比，企业可以从差异中及时发现问题，查找原因，改进工作。连续数期的财务报表项目的比较，不仅能够反映企业的发展动态，以揭示当期财务状况和营业情况增减变化，判断引起变动的主要项目是什么，以及这种变化的性质是有利还是不利的，从而发现问题并评价企业财务管理水平，而且可以预测企业未来的发展趋势。

2. 同业分析法

将企业的主要财务指标与同行业的平均指标或同行业中先进企业指标进行对比，可以全面评价企业的经营成绩。与行业平均指标的对比，可以分析判断该企业在同行业中所处的位置。和先进企业指标的对比，有利于吸收先进经验，克服本企业的缺点。

3. 预算差异分析法

将分析期的预算数额作为比较的标准，实际数与预算数的差距就能反映完成预算的程度，可以给进一步分析和寻找企业潜力提供方向。

比较分析法的主要作用在于揭示客观存在的差距以及形成这种差距的原因，帮助人们发现问题，挖掘潜力，改进工作。比较分析法是各种分析方法的基础，不仅报表中的绝对数要通过比较才能说明问题，计算出来的财务比率和结构百分数也都要与有关资料（比较标准）进行对比，才能得出有意义的结论。

（二）按比较的指标分类

1. 总量指标

总量是指财务报表某个项目的金额总量，如净利润、应收账款、存货等。

由于不同企业的会计报表项目的金额之间不具有可比性，因此总量比较主要用于历史和预算比较。有时候总量指标也用于不同企业的比较，例如，证券分析机构按资产规模或利润多少建立的企业排行榜。

2. 财务比率

财务比率是用倍数或比例表示的分数式，它反映各会计要素的相互关系和内在联系，代表了企业某一方面的特征、属性或能力。财务比率的比较是最重要的比较。它们是相对数，排除了规模的影响，使不同比较对象间建立起可比性，因此广泛用于历史比较、同业比较和预算比较。

3. 结构百分比

结构百分比是用百分率表示某一报表项目的内部结构。它反映该项目内各组成部分的比例关系，代表了企业某一方面的特征、属性或能力。结构百分比实际上是一种特殊形式的财务比率。它们同样排除了规模的影响，使不同比较对象间建立起可比性，可以用于本企业历史比较、与其他企业比较和与预算比较。

二、因素分析法

因素分析法也是财务报表分析常用的一种技术方法，它是指把整体分解为若干个局部的分析方法，包括财务的比率因素分解法和差异因素分解法。

（一）比率因素分解法

比率因素分解法是指把一个财务比率分解为若干个影响因素的方法。例如，资产收益率可以分解为资产周转率和销售利润率两个比率的乘积。财务比率是财务报表分析的特有概念，财务比率分解是财务报表分析所特有的方法。

在实际的分析中，分解法和比较法是结合使用的。比较之后需要分解，以深入了解差异的原因；分解之后还需要比较，以进一步认识其特征。不断地进行比较和分解，构成了财务报表分析的主要过程。

（二）差异因素分解法

为了解释比较分析中形成差异的原因，需要使用差异因素分解法。例如，产品材料成本差异可以分解为价格差异和数量差异。

差异因素分解法又分为定基替代法和连环替代法两种。

1. 定基替代法

定基替代法是测定比较差异成因的一种定量方法。按照这种方法，企业需要分别用标准值（历史的、同业企业的或预算的标准）替代实际值，以测定各因素对财务指标的影响。

2. 连环替代法

连环替代法是另一种测定比较差异成因的定量分析方法。按照这种方法，企业需要依次用标准值替代实际值，以测定各因素对财务指标的影响。

在财务报表分析中，除了普遍、大量地使用比率因素分解法和差异因素分解法，有时还使用回归分析、模拟模型等技术方法。

## ⌘ 学习测试

**一、单项选择题**

1. 某企业库存现金为 2 万元，银行存款为 68 万元，短期投资为 80 万元，预付账款为 15 万元，应收账款为 50 万元，存货为 100 万元，流动负债为 750 万元。据此，计算出该企业的速动比率为（　　）。

A. 0.2　　B. 0.093　　C. 0.003　　D. 0.267

2. 下列指标中，可用于衡量企业流动资产中可以立即用于偿债能力的是（　　）。

A. 已获利息倍数　　B. 或有负债比率

C. 带息负债比率　　D. 速动比率

3. 某企业应收账款周转次数为4.5次，假设一年按360天计算，则应收账款周转天数为（　　）天。

A. 0.2　　B. 81.1

C. 80　　D. 730

4. 利息保障倍数不仅反映了企业盈利能力，而且反映了（　　）。

A. 总偿债能力　　B. 短期偿债能力

C. 长期偿债能力　　D. 经营能力

## 二、多项选择题

1. 某公司当年的经营利润很多，却不能偿还到期债务。为查清其原因，应检查的财务比率包括（　　）。

A. 资产负债率　　B. 流动比率

C. 存货周转率　　D. 应收账款周转率

2. 从杜邦分析体系可知，提高净资产收益率的途径在于（　　）。

A. 加强负债管理，降低负债比率

B. 加强成本管理，降低成本费用

C. 加强销售管理，提高销售利润率

D. 加强资产管理，提高资产周转率

3. 在对企业进行业绩评价时，下列属于评价企业盈利能力的基本指标的是（　　）。

A. 营业利润率　　B. 资本收益率

C. 每股收益　　D. 市盈率

4. 在其他条件不变的情况下，会引起总资产周转率指标上升的经济业务是（　　）。

A. 用现金偿还负债　　B. 借入一笔短期借款

C. 用银行存款购入一台设备　　D. 用银行存款支付一年的电话费

5. 下列对资产负债率的评价，正确的有（　　）。

A. 从债权人角度看，负债比率越大越好

B. 从债权人角度看，负债比率越小越好

C. 从股东角度看，负债比率越大越好

D. 从股东角度看，当全部资本利润率高于债务利息率时，负债比率越大越好

## 三、判断题

1. 市盈率等于普通股每股市价×普通股每股收益。（　　）

2. 一般而言，存货周转率越高，存货积压的风险就越小，资金使用效率就越高。（　　）

3. 盈余现金保障倍数是从现金流入和流出的动态角度，对企业收益的质量进行评价，在收付实现制的基础上，充分反映出企业当期利润总额中有多少是有现金保障的。（ ）

4. 若资产增加幅度低于销售收入净额增长幅度，则会引起资产周转率增大，表明企业的营运能力有所提高。（ ）

5. 在采用因素分析法时，既可以按照各因素的依存关系排列成一定的顺序并依次替代，也可以任意颠倒顺序，其结果是相同的。（ ）

6. 企业拥有的各种资产都可以作为偿还债务的保证。（ ）

## 四、计算题

1. 某公司年度有关财务资料如下：

（1）简略资产负债表（见表 8-13）。

**表 8-13 简略资产负债表**

单位：万元

| 资产 | 年初数 | 年末数 | 负债及所有者权益 | 年初数 | 年末数 |
|---|---|---|---|---|---|
| 现金及有价证券 | 51 | 65 | 负债总额 | 74 | 134 |
| 应收账款 | 23 | 28 | 所有者权益总额 | 168 | 173 |
| 存货 | 16 | 19 | | | |
| 其他流动资产 | 21 | 14 | | | |
| 长期资产 | 131 | 181 | | | |
| 总资产 | 242 | 307 | 负债及所有者权益 | 242 | 307 |

（2）其他资料如下：本年度实现营业收入净额 400 万元，营业成本为 260 万元，管理费用为 54 万元，销售费用为 6 万元，财务费用为 18 万元。其他业务利润为 8 万元，所得税税率为 25%。

（3）本年度有关财务指标如下：营业净利率为 11%，总资产周转率为 1.5，权益乘数为 1.4。

要求：

（1）根据以上资料，运用杜邦财务分析体系，计算本年度该公司的净资产收益率。

（2）采用连环替代法分析本年度净资产收益率指标变动的具体原因。

2. 1 月 1 日，乙公司发行 4%可转换债券，面值 800 万元，规定每 100 元债券可转换为 1 元面值普通股 90 股。这一年，乙公司实现净利润 4 500 万元，这一年发行在外普通股为 4 000 万股，公司适用的所得税税率为 25%。

要求：

（1）计算年末基本每股收益。

（2）计算年末稀释每股收益。

3. 某企业 2023 年的有关资料如表 8-14 所示。

**表 8-14　资产负债表**

2023 年 12 月 31 日　　　　单位：万元

| 资产 | 年初 | 年末 | 负债及所有者权益 | 年初 | 年末 |
|---|---|---|---|---|---|
| 流动资产 | | | 流动负债合计 | 220 | 218 |
| 货币资金 | 130 | 130 | | | |
| 应收账款 | 135 | 150 | 长期负债合计 | 290 | 372 |
| 存货 | 160 | 170 | 负债合计 | 510 | 590 |
| 流动资产合计 | 425 | 450 | 所有者权益合计 | 715 | 720 |
| 长期投资 | 100 | 100 | | | |
| 固定资产原价 | 1 100 | 1 200 | | | |
| 减：累计折旧 | 400 | 440 | | | |
| 固定资产净值 | 700 | 760 | | | |
| 合计 | 1 225 | 1 310 | 合计 | 1 225 | 1 310 |

该企业 2023 年的经营现金净流量为 196.2 万元。该企业 2023 年的或有负债（包含担保、未决诉讼）金额为 72 万元。该企业 2023 年流动负债中包含短期借款 50 万元，长期负债中包含长期借款 150 万元，该短期借款和长期借款均为带息负债。2023 年年营业收入净额为 1 500 万元，营业净利率为 20%。假定该企业流动资产仅包括速动资产与存货。

根据以上资料，要求：

（1）计算该企业 2023 年末的流动比率、速动比率、现金流动负债比率。

（2）计算该企业 2023 年末的资产负债率、产权比率、权益乘数。

（3）计算该企业 2023 年或有负债比率和带息负债比率。

（4）计算该企业 2023 年应收账款周转率、流动资产周转率、总资产周转率。

（5）计算该企业 2023 年净资产收益率、资本积累率、总资产增长率。

4. 大华公司资料如下：

资料一：大华公司资产负债表如表 8-15 所示。

**表 8-15　大华公司资产负债表**

2023 年 12 月 31 日　　　　单位：万元

| 资产 | 年初 | 年末 | 负债及所有者权益 | 年初 | 年末 |
|---|---|---|---|---|---|
| 流动资产 | | | 流动负债合计 | 450 | 300 |
| 货币资金 | 100 | 90 | 长期负债合计 | 250 | 400 |
| 应收账款 | 120 | 180 | 负债合计 | 700 | 700 |
| 存货 | 230 | 360 | 所有者权益合计 | 700 | 700 |
| 流动资产合计 | 450 | 630 | | | |
| 非流动资产合计 | 950 | 770 | | | |
| 总计 | 1 400 | 1 400 | 总计 | 1 400 | 1 400 |

资料二：大华公司 2023 年度营业净利率为 16%，总资产周转率为 0.5 次，权益乘数为 2.2，净资产收益率为 17.6%。大华公司 2023 年度营业收入为 840 万元，净利润总额为 117.6 万元。

要求：

（1）计算 2023 年末速动比率、资产负债率和权益乘数。

（2）计算 2023 年总资产周转率、净资产收益率。

（3）利用因素分析法分析营业净利率、总资产周转率和权益乘数变动对净资产收益率的影响。

# 参考文献

1. 中华人民共和国财政部. 企业会计准则：2023 年版［M］. 上海：立信会计出版社，2023.

2. 郑泳州. 企业会计准则讲解（2024）［M］. 北京：中国财政经济出版社，2024.

3. 中华人民共和国财政部. 企业会计准则应用指南：2024 年版［M］. 上海：立信会计出版社，2024.

4. 财政部会计财务评价中心. 初级会计实务［M］. 北京：经济科学出版社，2023.

5. 财政部会计财务评价中心. 中级会计实务［M］. 北京：经济科学出版社，2024.

6. 刘永泽，陈立军. 中级财务会计［M］. 8 版. 大连：东北财经大学出版社，2024.

7. 高丽萍. 财务会计实务［M］. 4 版. 北京：高等教育出版社，2021.

8. 陈国辉，迟旭升. 基础会计［M］. 8 版. 大连：东北财经大学出版社，2018.

9. 中国注册会计师协会. 会计［M］. 北京：中国财政经济出版社，2024.

10. 潘海红. 国际贸易会计实务［M］. 北京：清华大学出版社，2013.

11. 方瑛，潘海红. 涉外企业会计［M］. 北京：现代教育出版社，2016.

12. 纪洪天，等. 新编外贸会计：外贸会计及国际结算［M］. 7 版. 上海：立信会计出版社，2019.

13. 丁元霖. 外贸会计［M］. 5 版. 上海：立信会计出版社，2019.

# 附　　录

## 外贸会计综合实训一

一、单项选择题（20 小题，每小题 1 分，计 20 分）

1. CFR 后面应跟（　　）。

A. 目的地　　B. 目的港　　C. 装运港　　D. 收货地

2. 采用暗佣支付方式时，出口商在销售发票上只列明（　　）。

A. 销售金额　　B. 佣金率　　C. 佣金金额　　D. 销售净额

3. 外贸企业代理出口销售业务发生的费用（　　）。

A. 由委托单位负担

B. 由外贸企业负担

C. 国内费用由外贸企业负担，国外费用由委托单位负担

D. 间接费用由外贸企业负担，直接费用由委托单位负担

4. 开证行在单证相符的情况下，开出（　　）向进口商提示。

A. 进口单据提示书　　B. 进口信用证单据通知书

C. 支取凭条　　D. 贷记通知

5. 货到结算的方式下，销售成本的结转正确的是（　　）。

A. 借记"主营业务成本"，贷记"在途物资"

B. 借记"主营业务成本"，贷记"库存商品"

C. 借记"发出商品"，贷记"库存商品"

D. 借记"发出商品"，贷记"在途物资"

6. 自营进口商品销售采取（　　）时，进口商品采购的核算与销售的核算几乎同时进行。

A. 货到结算　　B. 单到结算　　C. 单货同到结算　　D. 出库结算

7. 来料加工常被称为（　　）。

A. 来件加工　　B. 来货加工　　C. 来样加工　　D. 辅料加工

8. 来料加工主要是为了吸引外资，同时可以利用国内劳动力资源等方面的优势，它具有（　　）的特点。

A. 投资少、时间短、见效快　　B. 投资少、产出大、成本低

C. 成本低、时间短、见效快　　D. 成本低、产出大、手续简单

9. 以下属于流转税的税收的是（　　）。

A. 关税　　B. 企业所得税　　C. 个人所得税　　D. 房产税

10. 进口环节应纳消费税组成的计税价格是（　　）。

A. 到岸价格

B. 到岸价格＋关税

C. 关税完税价格＋关税

D.（CIF 价格＋关税）/(1－消费税税率)

11. 某企业出口一批商品，按照相关规定该批产品应缴纳出口关税，该批成品成交价格为 CIF 伦敦 30 万元，发生的国外运保费计 5 万元，出口关税税率为 20%。该批商品的完税价格为（　　）万元。

A. 25　　B. 20.83　　C. 37.5　　D. 31.25

12. 以下选项中，（　　）属于出口货物退免税的中心环节，体现国家在一定时期的经济政策，反映出口货物的实际征税水平。

A. 出口货物退免税的范围

B. 出口货物退免税的税种

C. 出口货物退（免）税的税率

D. 出口货物退（免）税的计税依据

13. 某企业期末“工程物资”科目的余额为 200 万元，“发出商品”科目的余额为 50 万元，“原材料”科目的余额为 60 万元，“材料成本差异”科目的贷方余额为 5 万元。假定不考虑其他因素，该企业资产负债表中“存货”项目的金额为（　　）万元。

A. 105　　B. 115　　C. 205　　D. 215

14. 在外汇业务中，当企业收到投资方投入的外币资金时，应采用的折合汇率是（　　）。

A. 收到投资款项期初即期汇率（中间价）

B. 收到投资款项期末即期汇率（中间价）

C. 收到投资款项当日即期汇率（中间价）

D. 收到投资款项按合同约定汇率

15. 当企业接受国外投资者投资时，应当采用（　　）。

A. 以收到外汇投资时的期初即期汇率折算入账

B. 以收到外汇投资时的当天即期汇率折算入账

C. 以收到外汇投资时的期末即期汇率折算入账

D. 以收到外汇投资时的协议即期汇率折算入账

16. A 公司的记账本位币为人民币，12 月 20 日，A 公司与某外商签订投资合同，当日收到外商投入的资本为 30 万美元，当日的即期汇率为 1 美元＝6.5 元人民币，假定投资合同约定的汇率为 1 美元＝6.8 元人民币，对于该事项，A 公司计入实收资本的金额为（　　）万元人民币。

A. 200　　B. 198　　C. 196　　D. 195

17. 一国货币贬值，一般会引起（　　）现象。

A. 出口增加　　B. 进口增加

C. 国际收支长期恶化　　D. 短期内改善该国国际收支

18. 加工贸易发展的根本动因是（　　）。

A. 两头在外　　B. 料、件保税　　C. 加工增值　　D. 协作生产

19. 主要进口商品销售利润表的核心是（　　）。

A. 出口每美元成本　　B. 进口每美元盈亏额

C. 出口退税　　D. 保税

20. 我国出口某商品时，价格可写为（　　）。

A. FOB 上海 100 美元　　B. 每箱 98 英镑 CIF 伦敦

C. CIF 纽约每件 88 元　　D. 每箱 208 美元 CIF 美国

## 二、多项选择题（15 题，每小题 2 分，计 30 分）

1. 以下内容属于国际贸易会计的特点的是（　　）。

A. 记账本位币为外币　　B. 采用复币记账法

C. 需要核算出口退税　　D. 可以采用“红字冲减记账法”

2. 企业选定记账本位币，可以是（　　）。

A. 人民币

B. 外币

C. 期末财务报表必须用人民币表示

D. 两种货币

3. 外币报表折算时，应当按照交易发生时的即期汇率折算的项目有（　　）。

A. 无形资产　　B. 应付账款　　C. 资本公积　　D. 实收资本

4. 下列项目中，属于 CIF 价格构成的有（　　）。

A. 成本　　B. 运费　　C. 保险费　　D. 佣金

5. 以下通过冲减“主营业务收入”核算的有（　　）。

A. 国外运费　　B. 国内运费　　C. 保险费　　D. 明佣

6. 进口业务以 CFR 价格成交的，商品的采购成本应当包括（　　）。

A. 国外运费　　B. 国外保险费　　C. 进口关税　　D. 消费税

7. 关于外贸企业自营进口中收到的佣金，下列说法正确的是（　　）。

A. 能够直接认定的进口商品佣金，应冲减商品的国外进价

B. 能够直接认定的进口商品佣金，应冲减销售费用

C. 对于难以按商品直接认定的佣金只能冲减“销售费用”账户

D. 发生的所有佣金应冲减商品采购成本

8. 我国增值税一般纳税人的税率为（　　）。

A. 16%　　B. 13%　　C. 3%　　D. 零税率

9. 消费税是对在我国境内从事生产、委托加工和进口应税消费品的单位和个人，就其（　　）在特定环节征收的一种税。

A. 销售额　　B. 所得额　　C. 生产额　　D. 销售数量

10. 城市维护建设税的纳税人，是缴纳（　　）的单位和个人。

A. 增值税　　B. 关税　　C. 消费税　　D. 营业税

11. 下列说法正确的是（　　）。

A. 出口退税货物必须是报关离境的货物

B. 出口退税货物必须是财务上作为销售处理的货物

C. 出口退税货物必须是属于增值税、消费税征税范围内的货物

D. 出口企业从小规模纳税人处购进并持普通发票的，可以退还增值税

12. 生产企业向主管税务机关办理增值税免抵退税申报，应提供的凭证资料有（　　）。

A. 免抵退税申报汇总表及其附表　　B. 出口货物报关单

C. 出口发票　　D. 公司账本

13. 下列各项中，影响企业利润总额的项目有（　　）。

A. 销售费用　　B. 营业外收入　　C. 投资收益　　D. 所得税费用

14. 反映生产资料运营能力的指标包括（　　）。

A. 总资产周转率　　B. 流动资产周转率

C. 不良资产比率　　D. 资产现金回收率

15. 按照外汇是否可以自由兑换，可以分为（　　）。

A. 自由外汇　　B. 限制外汇　　C. 有条件外汇　　D. 记账外汇

**三、判断题（15 小题，每小题 1 分，计 15 分）**

1. 国际贸易企业可以采用“红字冲减记账法”。（　　）

2. 实行人民币跨境结算不再需要进行国际收支申报。（　　）

3. 企业对境外子公司的外币资产负债表进行折算时，采用资产负债表日的即期汇率折算。（　　）

4. 保险单是卖方缮制的。（　　）

5. 外贸企业以向银行交单，作为确立出口销售的依据。（　　）

6. 外贸企业发生的国内和国外运费均记入“销售费用”账户。（　　）

7. 进口业务采取出库结算方式，进口在途物资的核算与销售的核算也是同时进行的。（　　）

8. 来料加工不能采用本国原料的辅料。（　　）

9. 我国海关对于经过我国中转的货物和物品征收过境税。（　　）

10. 增值税纳税人一经认定为正式的一般纳税人，不得再转为小规模纳税人。（　　）

11. 企业应就来源于中国境内的所得缴纳所得税，对来源于境外的所得，不需要缴纳企业所得税。（　　）

12. 对有进出口经营权的生产企业直接出口或委托外贸企业代理出口的应税消费品，一律采用先征后退的办法，办理退免税。（　　）

13. 某外贸公司委托星海工厂加工一批出口服装，服装面料由外贸公司作价5万元销售给该工厂，该批货物工厂收取加工费2万元，星海工厂开出的增值税发票金额应该为2万元。（　　）

14. 一般来说，市盈率高，说明投资者对该公司的发展前景看好，愿意出较高的价格购买该公司股票，但是市盈率也不是越高越好。（　　）

15. 企业在编制财务报表的时候，如果没有需要，可以不编制报表附注。（　　）

## 四、计算题（15分）

中国人民银行外汇如下：

| 货币名称 | 现汇买入价 | 现钞买入价 | 现汇卖出价 | 现钞卖出价 | 中行折算价 |
|---|---|---|---|---|---|
| 英镑 | 980.55 | 950.28 | 988.43 | 988.43 | 991.94 |
| 港币 | 79.97 | 79.33 | 80.28 | 80.28 | 80.94 |
| 美元 | 620.36 | 615.38 | 622.84 | 622.84 | 627.95 |
| 瑞士法郎 | 680.01 | 659.01 | 685.47 | 685.47 | 682.71 |

要求：

（1）某企业出口一批产品到英国，收入10万英镑，能兑换成多少元人民币？

（2）某公司从美国进口一批设备，价值10万美元，需要花费多少元人民币？

（3）英镑兑美元的外汇牌价是多少？

## 五、实务题（20分）

某生产型进出口公司为一般纳税企业，以人民币为记账本位币，对外币交易采用交易日即期汇率折算，该公司本期发生以下业务：

（1）根据合同规定对外出口自产甲商品一批计3 000千克，每千克成本计人民币96元（不含增值税）。上列出口甲商品发票金额每千克外销价为CIF 19.20美元，今日交单出口并结转出口商品销售成本。当日即期汇率为1美元＝6.85元人民币。

（2）上列出口甲商品合同规定应付国外中间商2%佣金，当日即期汇率为1美元＝6.87元人民币。

（3）上列出口甲商品应付海运运费计1 470美元，当日即期汇率为1美元＝6.85元人民币。

（4）应付上列出口甲商品保险费1 900美元，当日即期汇率为1美元＝6.85元人民币。

（5）本期外购生产用材料一批，取得增值税发票进价580 000元，增值税税率为13%，材料已验收入库，价款未付。

（6）本期内销产品一批，销售价为620 000元，增值税税率为13%，开出增值税发票，上列价款尚未收到。

（7）本期“应交税费——应交增值税”账户有期初留抵的金额 79 800 元。该公司在规定的申报期内备齐必要的凭证经当地的税务征税机关审核后向当地的税务退税部门申报出口退税，该公司的退税率为 9%。

要求：根据该公司以上各项业务，编制必要的会计分录。

# 外贸会计综合实训二

## 一、单项选择题（20 小题，每小题 1 分，计 20 分）

1. 外贸会计是以货币为主要计量单位，对企业涉及外币、外汇的经济业务，按照会计法规、准则和国际惯例，采取（　　）式核算的一种会计。

A. 美元　　B. 欧元　　C. 单币　　D. 复币

2. 已知某日中国香港外汇市场牌价为 1 美元＝7.785 0/7.789 0 港币，则 1 港币＝（　　）美元。

A. 0.128 2/0.128 3　　B. 0.128 3/0.128 2

C. 0.128 4/0.128 5　　D. 0.128 5/0.128 4

3. 新会计准则规定当核算外币往来账款时，记账汇率应采用（　　）。

A. 账面汇率　　B. 年初汇率　　C. 实际汇率　　D. 即期汇率

4. 某公司的境外子公司的记账本位币为美元。本期期末汇率为 1 美元＝6.60 元人民币，当期平均汇率为 1 美元＝6.70 元人民币。子公司资产负债表中“盈余公积”项目年初余额为 200 万美元，折合人民币 1 450 万元，本期所有者权益变动表“提取盈余公积”项目金额为 160 万美元，则子公司资产负债表中“盈余公积”项目的期末余额经折算后的金额为（　　）万元人民币。

A. 2 522　　B. 1 450　　C. 2 506　　D. 2 412

5. 甲公司外币业务采用交易发生日的即期汇率折算，因进口业务向银行购买外汇 1 300 万美元，银行当日卖出价为 1 美元＝6.32 元人民币，银行当日买入价为 1 美元＝6.26 元人民币，交易发生日的即期汇率为 1 美元＝6.29 元人民币。该项外币兑换业务导致企业汇兑损失（　　）万元人民币。

A. 39　　B. 78　　C. －39　　D. 0

6. 自营出口销售时，发生的国外费用应（　　）。

A. 计入销售费用　　B. 计入管理费用

C. 计入主营业务成本　　D. 冲减主营业务收入

7. 自营出口业务国内费用的处理方法是（　　）。

A. 冲减销售收入　　B. 列入期间费用

C. 列入营业外支出　　D. 直接计入出口销售成本

8. 当信用证存款户资金不足时，进口商须填写（　　）。

A. 借记通知　　B. 购汇申请书

C. 划款凭证　　D. 兑换水单

9. 采取单到结算方式的企业，若在收到货款之前接到对方的退货，开出红字专用发票作销货退回处理时，贷方账户应为（　　）。

A. 主营业务成本　　B. 银行存款

C. 应收账款　　D. 应付账款

10. 外贸企业经营代理业务，负担（　　）。

A. 国内外直接费用　　B. 国外运费

C. 国外保险费　　D. 国外间接费用

11. 在代理进口销售业务里，属于代理商的义务为（　　）。

A. 代垫进口商品资金

B. 按规定的费率向委托单位收取代理手续费

C. 承担进口业务盈亏

D. 负担进口商品所发生的各项税收

12. 进口货物自运输工具申报进境之日起（　　）日内，出口货物在货物运抵海关监管区后装货的 24 小时之前，应由其纳税义务人向海关申报纳税。

A. 7　　B. 14　　C. 21　　D. 30

13. 进口应税消费品的单位和个人，（　　）为纳税人。

A. 生产商　　B. 消费者

C. 办理报关的单位或个人　　D. 以上均可

14. 根据现行规定，货物报关出口之日起至次年（　　）增值税纳税申报期截止之日，出口企业可以申报出口退税。

A. 1 月 31 日　　B. 2 月 28 日

C. 3 月 31 日　　D. 4 月 30 日

15. 对于有出口经营权的生产企业，当期期末留抵税额＞当期免抵退税额、当期应退税额＝当期免抵退税额，当期免抵税额为（　　）。

A. 当期应纳税额　　B. 当期免抵退税额

C. 0　　D. 当期期末留抵税额

16. 某企业 2020 年 4 月 1 日从银行借入期限为 3 年的长期借款 400 万元，编制 2022 年 12 月 31 日资产负债表时，此项借款应填入的报表项目是（　　）。

A. 短期借款　　B. 长期借款

C. 其他长期负债　　D. 一年内到期的非流动负债

17. 下列指标中，可用于衡量企业短期偿债能力的是（　　）。

A. 已获利息倍数　　B. 或有负债比率

C. 带息负债比率　　D. 流动比率

18. 外贸企业发生的（　　）应列入销售费用。

A. 国内费用　　B. 国外运费

C. 国外保险费　　D. 明佣

19. 外贸企业代理出口商品销售收入销售成立时应记入（　　）账户。

A. 应付账款　　B. 主营业务收入

C. 其他业务支出　　D. 营业外收入

20. 自营出口销售收入入账值为（　　）。

A. 以 CIF 价格扣除佣金后计价

B. CIF 价格扣除运费计价

C. 以 CFR 价格扣除佣金后计价

D. 以 FOB 价格扣除佣金后计价

**二、多项选择题（15 题，每小题 2 分，计 30 分）**

1. 对于企业发生的汇兑损益，下列说法中正确的有（　　）。

A. 外币交易性金融资产发生的汇兑损益，应计入财务费用

B. 外币专门借款发生的汇兑损益，应计入购建固定资产期间的财务费用

C. 企业因外币交易业务所形成的应收应付款发生的汇兑损益，应计入当期财务费用

D. 企业的外币银行存款发生的汇兑损益，应计入当期财务费用

2. 国际结算工具有（　　）。

A. 联票　　B. 汇票　　C. 本票　　D. 支票

3. 出口商品销售业务的国外费用包括（　　）。

A. 国外运费　　B. 外宾招待费

C. 国外保险费　　D. 国外佣金

4. 外贸企业在收购出口商品时，在单到货未到的情况下，当发现商品金额不符合合同规定而全部拒付时，在账务处理上应（　　）。

A. 对全部拒付的货款，在账上可以不作反映

B. 待以后商品到达，作代管物资处理

C. 在账上先暂估入账，等商品到达并退货后以红字冲销

D. 待商品到达后，月末暂估入账，下月初以红字冲销

5. 进口所需外汇的来源有（　　）。

A. 借款

B. 现汇存款

C. 购入外汇

D. 境外投资、贷款、发行境外债券单位存款户（主要用于设备进口）

6. 保税的形式是按（　　）划分的。

A. 保税制度的方式　　B. 保税制度实行的区域

C. 海关的位置　　D. 出口的国家

7. 下列属于税收制度基本要素的是（　　）。

A. 纳税人　　B. 征税对象　　C. 税率　　D. 纳税期限

8. 增值税一般纳税人销售或进口（　　）货物，按低税率 9%计征增值税。

A. 粮食　　B. 暖气　　C. 图书　　D. 化肥

9. 下列货物征收消费税的是（　　）。

A. 金银首饰　　B. 汽车轮胎　　C. 保健食品　　D. 啤酒

10. 以下企业中，在我国可以享受出口货物退免税的企业包括（　　）。

A. 有进出口经营权的外贸企业

B. 外商投资企业

C. 特准退税企业

D. 委托外贸企业代理出口的生产企业

11. 外贸企业办理出口货物免退税申报时，应提交的资料为（　　）。

A. 外贸企业出口退税汇总申报表

B. 出口货物报关单

C. 海运提单

D. 增值税专用发票

12. 下列各项属于经营活动现金流量的有（　　）。

A. 销售商品收到的现金　　B. 购买固定资产支付的现金

C. 吸收投资收到的现金　　D. 偿还应付账款支付的现金

13. 如果流动比率过高，意味着企业存在以下几种可能（　　）。

A. 存在闲置现金　　B. 存在存货积压

C. 应收账款周转缓慢　　D. 短期偿债能力差

14. 下列会产生汇兑损益的业务途径有（　　）。

A. 不同外币与记账本位币之间的兑换　B. 不同外币之间的兑换

C. 不同汇率之间的折算　　D. 不同汇率之间的兑换

15. 出口商品流通费用和下面哪些有关？（　　）

A. 运输费用　　B. 经营费用　　C. 管理费用　　D. 财务费用

**三、判断题（15 小题，每小题 1 分，计 15 分）**

1. 复币核算是在企业财务会计之外再做一套凭证、账簿、报表单独核算企业的涉外经济业务。（　　）

2. 外币就是外汇。（　　）

3. 企业在资产负债表日，应当按照规定对外币货币性项目进行处理，应采用资产负债表日即期汇率折算。因资产负债表日即期汇率与初始确认时或者前一资产负债表日即期汇率不同而产生的汇兑差额，计入资本公积。（　　）

4. 佣金是给买方的优惠，折扣是给第三方的报酬。（　　）

5. 在实际业务中，一般按成交额作为计算佣金的基数。（　　）

6. 当暗佣采用议付方式时，即当银行收汇后，按规定的佣金率，将佣金在外贸企业的银行账户里扣除。（　　）

7. 外贸企业出口销售业务中发生的佣金不论明佣、暗佣还是累计佣金，外贸企业都是在发生时记入“销售费用”账户。（　　）

8. 在向国外厂商索赔或者进行进货退出处理时，向税务机关申请退还的相关关税在会计处理上是冲减“主营业务成本”。（　　）

9. 进料加工方式与来料加工方式，原料进口与成品出口往往是一笔买卖。（　　）

10. 在我国，消费任何产品都需要缴纳消费税。 （　　）

11. 进口货物以由海关审定的成交价格作为基础的离岸价格作为完税价格。 （　　）

12. 某出口商向国外客户销售商品时，应向对方开具增值税专用发票，以利于对方入账及办理报关手续。 （　　）

13. 某企业代理其他企业进口商品一批，应缴纳进口关税 10 万元。该企业在计算应缴纳的关税时，借记“税金及附加”账户，贷记“应交税费——应交进口关税”账户。 （　　）

14. 跨境贸易人民币结算是指将人民币直接用于国际交易，进出口均以人民币计价和结算的方式。 （　　）

15. 一般而言，已获利息倍数越大，企业可以偿还债务的可能性也越大。 （　　）

**四、计算题（15 分）**

8 月 20 日，A 进出口有限公司从法国进口化妆品一批，成交价格为 FOB 马赛 80 000 美元，支付国外运费 5 000 美元、保险费 3 000 美元，关税税率为 10%，消费税税率为 30%，增值税税率为 13%，报关当日汇率为 1 美元＝6 元人民币，计算其应缴纳的关税税额、消费税税额、增值税税额。

**五、实务题（20 分）**

某服装生产进出口公司为一般纳税企业，以人民币为记账本位币，对外币交易采用交易日即期汇率折算。该公司 202×年 4 月发生以下业务：

（1）根据合同规定对香港 ESE 公司出口服装一批计 10 000 件，每件生产成本计人民币 25 元。现对上列出口服装开出外销发票，计每件外销价为 CIF 5 美元，今日交单出口并结转出口产品销售成本。当日即期汇率为 1 美元＝6.25 元人民币。

（2）上列出口服装合同规定应付国外中间商 3%佣金，当日即期汇率为 1 美元＝6.26 元人民币。

（3）上列出口服装应付海运运费计 4 500 美元，当日即期汇率为 1 美元＝6.26 元人民币。

（4）应付上列出口服装保险费 100 美元，当日即期汇率为 1 美元＝6.26 元人民币。

（5）本期向华新公司外购生产服装用面料，所取得的增值税发票列明不含税进价为 800 000 元，增值税税率为 13%，该批面料已验收入库，上列款项尚未支付。

（6）本期内销给友谊商场服装 3 000 件，不含税销售价为 100 000 元，今开出增值税发票，增值税税率为 13%，上列价款尚未收到；同日结转该批服装内销成本 75 000 元。

（7）该公司今填制了“免抵退税申报表”并收齐了有关单证，经信息核对无误后，在规定的申报期内经当地的税务征税机关审核后，向当地的税务退税部门申报出口退税，该公司服装的退税率为 11%。

要求：根据该公司上列各项业务，编制必要的会计分录。

# 外贸会计综合实训三

## 一、单项选择题（20 小题，每小题 1 分，计 20 分）

1. 下列对外贸易出口融资中，属于商业信用的是（　　）。

A. 预付货款　　B. 出口押汇　　C. 打包放款　　D. 透支

2. 汇兑差额的产生主要有两个途径，即（　　）。

A. 外币折算及期末汇兑差额的计算

B. 外币折算及外币差额的计算

C. 外币兑换及期末汇兑差额的计算

D. 外币兑换及外币差额的计算

3. M 股份有限公司对外币业务采用业务发生时的市场汇率进行折算，按月计算汇兑损益。1 月 10 日销售价款为 40 万美元的产品一批，货款尚未收到，当日的市场汇率为 1 美元＝6.90 元人民币。1 月 31 日的市场汇率为 1 美元＝6.97 元人民币。2 月 28 日的市场汇率为 1 美元＝6.94 元人民币，货款将于 3 月 3 日收回。该外币债权在 2 月发生的汇兑收益为（　　）万元人民币。

A. 0.30　　B. 0.20　　C. 1.2　　D. －1.2

4. 下列说法中正确的是（　　）。

A. 企业记账本位币一经确定，不得随意变更，除非企业经营所处的主要经济环境发生重大变化

B. 企业记账本位币一经确定，不得变更

C. 企业记账本位币一定是人民币

D. 企业编报财务报表的货币可以按照人民币以外的币种来反映

5. 异地购进商品时，货款结算一般采用（　　）方式。

A. 信用证　　B. 汇兑　　C. 托收承付　　D. 委托收款

6. 出口商品销售所发生的明佣，在贷记相应账户的同时，应（　　）。

A. 借记“销售折扣与折让”账户

B. 红字贷记（或蓝字借记）“主营业务收入”账户

C. 借记“销售费用”账户

D. 借记“主营业务成本”账户

7. 进口管制措施中，各国常用的做法有（　　）。

A. 进口许可证　　B. 进口报检　　C. 进口报关　　D. 海关发票

8. 难以按进口商品直接认定的佣金，会计处理上正确的是（　　）。

A. 贷记“主营业务成本”　　B. 贷记“销售费用”

C. 借记“主营业务收入”　　D. 不作处理

9. 如果进口商品以 FOB 价格成交，则完税价格的计算公式为（　　）。

A. FOB 价格/(1－保险费率)

B. （FOB价格＋运费）/（1－保险费率）

C. FOB价格/（1＋保险费率）

D. （FOB价格＋运费）/（1＋保险费率）

10. 进料加工方式下，外贸企业将减（免）税进口料、件泳衣加工或转售给其他加工企业时，应按销售给加工企业开具增值税专用发票上的金额，填制（　　）。

A. 进料加工贸易申请表　　B. 进口信用证单据通知书

C. 支取凭条　　D. 贷记通知

11. 进料加工项下，进口的料、件应自进口之日起（　　）内加工为成品返销出口。

A. 半年　　B. 两年　　C. 一年半　　D. 一年

12. 在我国，进出口关税的征收部门是（　　）。

A. 国家税务局　　B. 地方税务局　　C. 财政部　　D. 海关

13. 生产企业出口货物劳务（进料加工复出口货物除外）增值税退（免）税的计税依据，为出口货物劳务的实际（　　）。

A. FOB价格　　B. CFR价格　　C. CIF价格　　D. 货物出厂价

14. 某生产型出口企业5月出口货物取得销售收入100万美元，在国内购进货物取得的增值税专用发票注明金额300万元、增值税税额39万元，出口退税税率为10%，汇率为1∶7。当期不得免征和抵扣税额为（　　）万元。

A. 70　　B. 42　　C. 39　　D. 21

15. 某企业2月主营业务收入为100万元，主营业务成本为80万元，管理费用为5万元，资产减值损失为2万元，投资收益为10万元。假定不考虑其他因素，该企业当月的营业利润为（　　）万元。

A. 13　　B. 15　　C. 18　　D. 23

16. 下列项目中，不属于速动资产项目的是（　　）。

A. 现金　　B. 应收账款　　C. 短期投资　　D. 存货

17. 自营进口商品的国外进价一律以（　　）为基础。

A. 成本、保险费加运费价格　　B. 成本加运费价格

C. 船上交货价格　　D. 成交价格

18. 自营进口业务中“货到结算”是指（　　）。

A. 货到时对外付汇结算

B. 货到时向国内用户办理货款结算

C. 货到时对外付汇的同时对内结算货款

D. 货到时确认收入并向国内用户办理货款结算

19. 保税工厂的成品必须是（　　）。

A. 内销　　B. 外销　　C. 划账　　D. 抵款

20. 进料加工又叫（　　）。

A. 以进养出　　B. 来样加工　　C. 来料加工　　D. 来件装配

## 二、多项选择题（15 题，每小题 2 分，计 30 分）

1. 银行对出口商信贷的方式主要有（　　）。

A. 透支　　B. 打包放款　　C. 出口押汇　　D. 预付货款

2. 企业选定记账本位币，应当考虑的因素有（　　）。

A. 该货币主要影响商品和劳务所需人工、材料和其他费用，通常以该货币进行上述费用的计价和结算

B. 该货币主要影响商品和劳务的销售价格，通常以该货币进行商品和劳务的计价和结算

C. 融资活动获得的货币以及保存从经营活动中收取款项所使用的货币

D. 影响当期汇兑差额数额的大小

3. 在代理出口销售业务中，出口商品的购货成本及（　　）均不由外贸企业自己负担。

A. 佣金　　B. 索赔　　C. 罚款　　D. 理赔

4. 外贸企业商品销售收入的确认必须同时符合企业已将商品所有权上的主要风险和报酬转移给买方、（　　）等条件。

A. 企业失去了对商品的控制权

B. 与交易相关的经济利益能够流入企业

C. 相关的收入和成本能够可靠地计量

D. 企业失去了对商品的管理权与控制权

5. 进口商付款赎单后从银行回来的原始凭证有（　　）。

A. 本票　　B. 支票

C. 借记通知　　D. 兑换水单

6. 办理 5 000 美元以下 78 种客供辅料备案手续所需的单证为（　　）。

A. 申请报告　　B. 进口发票、装箱单（一式两份）

C. 出口合同（一式两份）　　D. 经营单位介绍信或委托书

7. 对特准设立的保税工厂进料加工复出口的货物税收政策主要有（　　）。

A. 进口料、件时予以保税

B. 加工后对其实际出口部分予以免抵退税

C. 加工后对其实际出口部分予以免税

D. 加工后对其内销部分予以征税

8. 按照关税的征收方法，关税可以分为（　　）。

A. 从价关税　　B. 从量关税　　C. 混合关税　　D. 选择关税

9. 下列不属于小规模纳税人的增值税增收率的是（　　）。

A. 6%　　B. 13%　　C. 3%　　D. 9%

10. 实行从量定额与从价定率相结合征税办法的产品是（　　）。

A. 卷烟　　B. 白酒　　C. 木制一次性筷子　　D. 啤酒

11. 以下属于出口货物退（免）税基本要素的是（　　）。

A. 货物范围　　B. 退税率

C. 出口货物退免税的企业范围　　D. 计税依据

12. 以下可以作为外贸企业出口货物（委托加工修理修配货物除外）增值税退（免）税的计税依据的是（　　）。

A. 出口合同金额

B. 海关进口增值税专用缴款书注明的完税价格

C. 保险单金额

D. 增值税专用发票注明的金额

13. 下列各项中，属于筹资活动产生的现金流量的有（　　）。

A. 支付的现金股利　　B. 取得短期借款

C. 增发股票收到的现金　　D. 偿还公司债券支付的现金

14. 在对企业进行业绩评价时，下列属于评价企业获利能力的基本指标的是（　　）。

A. 营业净利率　　B. 资本收益率

C. 净资产收益率　　D. 总资产报酬率

15. 国际贸易常用的国际付款方式有（　　）。

A. 信用证付款方式　　B. T/T 付款方式

C. 直接付款方式　　D. 现金

**三、判断题（15 小题，每小题 1 分，计 15 分）**

1. 外贸企业将产品销售到国内市场，可以享受国家出口退税政策。（　　）

2. 企业收到投资者投入的资本，应按照合同约定的汇率进行折算。（　　）

3. 国际结算工具中本票使用最多，汇票次之。（　　）

4. 托收分为光票托收和跟单托收。（　　）

5. 外贸企业自营出口发生的明佣和暗佣均冲减“主营业务收入”账户，而发生的累计佣金则列入“销售费用”账户。（　　）

6. 购货折让是指外贸企业购进的商品，因品种、规格和质量等原因，从销货单位所取得的价格上的减让。（　　）

7. 外贸企业根据代理进口商品金额 CIF 价格的一定比例收取代理手续费。（　　）

8. 在我国，征收税收的机构是税务局。（　　）

9. 出口货物以由海关审定的成交价格为基础的到岸价格，扣除出口关税后作为完税价格。（　　）

10. 我国规定，凡是进口货物缴纳的增值税，应由企业向国家税务局申报，再进行纳税。（　　）

11. 增值税出口货物的零税率，是对本道环节生产或销售货物的增值税部分免征增值税；对出口货物前道环节所含的进项税额不进行退付。（　　）

12. 试点企业申报办理跨境贸易人民币结算方式出口货物退（免）税时，需要提供出口收汇核销单，并单独向主管税务机关申报。（　　）

13. 货币资金项目，反映企业库存现金、银行结算户存款、外埠存款、银行汇票存款、银行本票存款、信用证保证金存款等的合计数。本项目应根据“库存现金”“银行存款”账户期末余额的合计数填列。（　　）

14. 如果固定资产清理科目出现借方余额，应在资产负债表“固定资产清理”项目中以负数填列。（　　）

15. 现金流动负债比表明用现金偿还短期债务的能力，企业应尽量使其大于或等于 1。（　　）

**四、计算题（15 分）**

某企业以人民币为记账本位币，外币交易采用交易日即期汇率折算。12 月 31 日，各有关外币账户的余额如下：

| | 原币 | 账面汇率 | 人民币（元） |
| --- | --- | --- | --- |
| 银行存款——美元户 | 760 000 美元 | 6.50 元 | 借方 4 940 000 |
| 银行存款——港币户 | 430 000 港币 | 0.76 元 | 借方 326 800 |
| 应收账款——A 公司（美元户） | 0 | 6.50 元 | 借方 34 000 |
| ——B 公司（美元户） | 32 000 美元 | 6.50 元 | 借方 208 000 |
| 应付账款——甲公司（美元户） | 78 000 美元 | 6.50 元 | 贷方 507 000 |
| ——乙公司（美元户） | 0 | 6.50 元 | 贷方 451.20 |

设 12 月 31 日期末即期美元汇率为 1 美元＝6.90 元人民币，即期港币汇率为 1 港币＝0.82 元人民币。

要求：计算上列各外币账户期末应调整的汇兑损益的调整金额（应列示计算过程），并指明是收益还是损失。

**五、实务题（20 分）**

某外贸公司为一般纳税企业，选择确定的记账本位币为人民币，其外币交易采用交易日即期汇率折算。本期从英国进口一批零件，进口价格为 FOB 伦敦，货款共计 310 000 美元。进口后，该批零件以国内合同价 2 700 000 元向国内用户进行销售。该项进口业务的进行情况如下：

(1) 收到银行转来的全套进口单证，审核无误后支付货款。当天银行即期汇率为 1 美元＝7.03 元人民币。

(2) 收到保险公司有关单据，为上列进口零件支付保险费 9 300 美元，当天银行即期汇率为 1 美元＝7.01 元人民币。

(3) 收到外运公司的有关单据，上列进口零件的国外运费为 18 100 美元，当即以外汇银行存款支付，当天银行即期汇率为 1 美元＝7.04 元人民币。

（4）上列进口零件到达我国口岸后，以银行存款支付进口关税 118 493 元及增值税 323 753.30 元。

（5）进口仪器抵达我国口岸后，结转该进口商品的进口成本。

（6）现将上列进口零件全部销售给国内用户 H 公司，根据内销合同开出增值税发票金额为 2 700 000 元（不含税价），增值税税率为 13%，上列款项已收到并存入银行。根据货物出仓单同时结转该批货物的销售成本。

（7）国内订货单位 H 公司验收时，发现上述进口仪器有部分质量不符合合同规定，要求按合同规定退赔货款 91 530 元。现立即报商检局检验出证后决定先向 H 公司支付理赔款。

（8）即日发函与外商交涉，由外贸公司根据进口合同及商检局检验证明向外商索赔 13 200 美元，当天银行即期汇率为 1 美元＝6.98 元人民币。

（9）接外商来电同意按合同理赔，收到外商理赔款并存入银行（当天银行即期汇率同上）。

要求：根据以上经济业务编制有关会计分录。

# 外贸会计综合实训四

## 一、单项选择题（20 小题，每小题 1 分，计 20 分）

1. 目前采用间接标价法的国家为（　　）。

A. 中国　B. 德国　C. 韩国　D. 日本

2. 根据现行企业会计制度规定，项目筹建期内发生的汇兑差额，属于开办费的应计入（　　）。

A. 经营费用　B. 制造费用　C. 在建工程　D. 长期待摊费用

3. 甲公司对外币交易采用交易发生时的即期汇率折算，按季计算汇兑损益。4 月 10 日，甲公司向美国某公司出口商品，价款为 300 万美元，交易时未收到价款，确认为应收款项；当日即期汇率为 1 美元＝6.3 元人民币。5 月 12 日，甲公司收到货款 300 万美元并存入银行，当日即期汇率为 1 美元＝6.28 元人民币。3 月 30 日，即期汇率为 1 美元＝6.27 元人民币。甲公司因该外币应收账款在第二季度发生的汇兑损失为（　　）万元人民币。

A. 3　B. 12　C. 9　D. 6

4. 在合同规定以信用证付款的条件下，（　　）负有申请开立信用证的义务。

A. 卖方　B. 买方　C. 开证行　D. 议付行

5. 信用证体现了（　　）。

A. 开证申请人与开证行之间的契约关系

B. 开证行与信用证受益人之间的契约关系

C. 开证申请人与开证行之间的契约关系，又体现了开证行与信用证受益人之间的契约关系

D. 开证申请人与信用证受益人之间的契约关系

6. 暗佣是不在（　　）上注明的佣金。

A. 出口合同　B. 出口发票

C. 出口报关单　D. 出口提单

7. 外贸企业自营销售商品时支付的国外运费和保险费，应（　　）。

A. 冲减主营业务收入　B. 计入主营业务税金及附加

C. 计入主营业务成本　D. 计入营业费用

8. 我国进口宜采用（　　）价格。

A. CIF　B. CFR　C. CIP　D. FOB

9. 某外贸企业从美国进口甲商品，价款为 FOB 价格 30 000 美元，为甲商品支付国外运费 1 500 美元、保险费 300 美元；支付甲商品进口关税53 678 元、增值税税额 46 967 元；支付甲商品国内运杂费 1 500 元。假设均以 1 美元＝7 元人民币来折算，则该商品进口成本为（　　）元。

A. 293 678　B. 277 778　C. 324 745　D. 323 245

10. 进口合同成交价格为FOB价格，支付境外运费和保险费应（　　）。

A. 计入进口商品采购成本　　B. 计入销售费用

C. 冲减销售收入　　D. 冲减采购成本

11. 保税是一种国际通行的（　　）制度。

A. 关税　　B. 杠杆　　C. 财政　　D. 海关

12. 进料加工的深加工结转是指（　　）。

A. 加工贸易企业将进口料、件进一步加工后复出口的经营活动

B. 加工贸易企业将保税进口料、件进一步加工后复出口的经营活动

C. 加工贸易企业将进口料、件加工的产品转至另一加工贸易企业进一步加工后复出口的经营活动

D. 加工贸易企业将保税进口料、件加工的产品转至另一加工贸易企业进一步加工后复出口的经营活动

13. 对某一进口商品既征收从价税，又征收从量税，这种关税被称为（　　）。

A. 选择关税　　B. 混合关税　　C. 滑准关税　　D. 进口附加税

14. 纳税人销售下列货物适用13%税率的是（　　）。

A. 自来水　　B. 报纸　　C. 农膜　　D. 电视机

15. 城市维护建设税是以纳税人实际缴纳的（　　）税额为计税依据征收的一种流转税。

A. 所得税　　B. 关税　　C. 契税　　D. 流转税

16. 出口退（免）税的目的在于鼓励各国（　　）货物公平竞争的一种退还或免征间接税的税收措施。

A. 进口　　B. 出口　　C. 内销　　D. 进出口

17. 某有出口经营权的生产企业（一般纳税人，适用征税率13%），2019年9月出口自产货物取得销售收入100万美元（FOB价格），出口退税税率为11%，汇率为1：7.1。该企业9月免抵退不得免征和抵扣税额为（　　）万元。

A. 110　　B. 92.3　　C. 14.2　　D. 78.1

18. 某企业2023年12月31日应收票据的账面余额为100万元，已提坏账准备10万元，应付票据的账面余额为60万元，其他应收款的账面余额为30万元。该企业2023年12月31日资产负债表中应收票据项目的金额为（　　）万元。

A. 100　　B. 90　　C. 40　　D. 30

19. A公司2023年出口商品收购价为8 000 000元，销售费用为30 000元，管理费用为420 000元，财务费用为18 000元，出口关税为560 000元，增值税未退税差额为360 000元，出口退税为860 000元，出口商品销售收入为1 520 000美元。A公司2023年出口每美元成本为（　　）元。

A. 5.24　　B. 5.61　　C. 4.62　　D. 无法计算

20. 进口货物自运输工具申报进境之日起（　　）天进行关税的申报缴纳。

A. 60　　B. 30　　C. 15　　D. 14

**二、多项选择题（15 题，每小题 2 分，计 30 分）**

1. 以下属于资产性质的会计科目有（　　）。

A. 银行存款　　B. 应收账款　　C. 生产成本　　D. 应付账款

2. 国际收支统计申报范围为中国（　　）（包括在中国境内依法成立的企事业法人等）与（　　）之间发生的一切经济交易。

A. 居民　　B. 公民　　C. 非居民　　D. 中国驻外机构

3. 下列属于外汇的有（　　）。

A. 外国货币　　B. 外币支付凭证

C. 外币资产　　D. 外币有价证券

4. 我国某企业的记账本位币为港币，则下列说法中不正确的有（　　）。

A. 该企业以港币计价和结算的交易属于外币交易

B. 该企业以人民币计价和结算的交易属于外币交易

C. 该企业期末编报的财务报表应当折算为人民币

D. 该企业期末采用港币编制报表，不需要折算

5. 采用全额收（结）汇法时，受托外贸企业收汇后，扣除（　　），将外汇余额通过银行转付委托单位。

A. 垫付的国内外直接费用　　B. 国内外间接费用

C. 代理手续费用　　D. 佣金

6. 下列关于外贸企业佣金的会计处理中正确的有（　　）。

A. 明佣，发生时按扣除佣金的应收金额记入“主营业务收入”账户

B. 暗佣，发生时冲减“主营业务收入”账户

C. 累计佣金能直接认定到具体出口商品的，应冲减“主营业务收入”账户

D. 累计佣金不易认定到具体出口商品的，应记入“销售费用”账户

7. 自营进口商品的结算方式有（　　）。

A. 单到结算　　B. 货到结算　　C. 收款结算　　D. 出库结算

8. 保税的形式有（　　）。

A. 保税仓库　　B. 保税工厂　　C. 保税区　　D. 保税集团

9. 根据承担盈亏责任不同，外贸企业对来料加工业务可分为（　　）等经营方式。

A. 代理　　B. 委托加工

C. 自营　　D. 自属非独立工厂加工

10. 以下费用中，可以进入进口商品完税价格的是（　　）。

A. 进口前发生由买方支付的包装费、运输费、保险费和其他劳务费

B. 货物成交过程中进口方向卖方支付的佣金

C. 货物进口后运抵进口商仓库的运费

D. 进口货物缴纳的增值税

11. 一般纳税人有下列情形之一者，不得领购使用专用发票。（　　）

A. 会计核算不健全

B. 向个人买取专用发票，经税务机关责令限期改正而仍未改正者

C. 不能向税务机关准确提供增值税的销项税额、进项税额和应纳税额数据

D. 未按规定申报专用发票的购、用、存情况，经税务机关责令限期改正而仍未改正者

12. 实行从量定额与从价定率相结合征税办法的产品是（　　）。

A. 卷烟　　B. 白酒　　C. 木制一次性筷子　　D. 啤酒

13. 在我国，出口退（免）税主要涉及的税种是（　　）。

A. 增值税　　B. 消费税　　C. 所得税　　D. 营业税

14. 以下属于跨境贸易人民币结算的操作模式是（　　）。

A. 代理模式　　B. 清算模式　　C. FOB 模式　　D. CFR 模式

15. 下列各项中，属于现金流量表中现金及现金等价物的有（　　）。

A. 库存现金　　B. 其他货币资金

C. 3 个月内到期的债券投资　　D. 随时用于支付的银行存款

**三、判断题（15 题，每小题 1 分，计 15 分）**

1. 外贸企业中的复币核算，是指在企业财务会计之外再做一套凭证、账簿、报表单独进行核算。（　　）

2. 企业发生外币交易时，都应该采用交易发生日的即期汇率将外币金额折算为记账本位币金额。（　　）

3. 电汇简称 T/T。（　　）

4. 采用明佣支付方式时，出口商在销售发票上只列明销售净额，外贸企业在向银行办理交单收汇时，应根据发票中列明的销售净额收取货款，不再另行支付佣金。（　　）

5. 代理出口销售是指外贸企业代替国内委托单位办理对外销售、托运、交单和结汇等全过程的出口销售业务，或者仅代替办理对外销售、交单和结汇的出口销售业务。（　　）

6. 自营进口商品采购成本中进口税金包括关税和消费税，不包括增值税。（　　）

7. 来料加工的双方一般是商品买卖关系，而进料加工的双方是委托加工关系。（　　）

8. 在我国，进口环节应缴纳的增值税，由海关代征。（　　）

9. 在我国对不同经营规模的纳税人采用相同的增值税征收办法。（　　）

10. 外贸企业销货退回商品发生的国内外费用，如属于外贸企业责任，经批准应转入“管理费用”账户。（　　）

11. 全世界只有我国对报关出口的货物退还或免征其在国内各生产和流通环节按税法规定缴纳的税收，其他国家均没有这样的做法。（　　）

12. 生产企业跨境贸易人民币结算业务应与其他出口货物区别开来，单独申报。（　）

13. 企业拥有的各种资产都可以作为偿还债务的保证。（　）

14. 权益乘数的高低取决于企业的资本结构，负债比重越高，权益乘数越低，财务风险越大。（　）

15. 如果已获利息倍数低于1，则企业一定无法支付到期利息。（　）

**四、计算题（15 分）**

某自营出口企业为增值税一般纳税人，出口货物的征税率为13%，退税率为13%。本月的有关经营业务为：购入原材料一批，取得的增值税专用发票注明价款200万元，进项税额34万元，货已验收入库。上月末留抵税额为5万元；本月内销货物不含税销售额为100万元，收款113万元。本月出口货物折合人民币200万元，计算该企业本月“免、抵、退”税额。

**五、实务题（20 分）**

某进出口有限公司代理清远公司进口一批高档手表，成交价格为FOB纽约1 100 000美元，支付国外运费80 000美元、保险费20 000美元，关税税率为20%，消费税税率为20%，增值税税率为13%，报关当日汇率为1美元=6.5元人民币，以银行转账支票付讫税款。计算其应缴纳的关税税额、消费税税额、增值税税额，并做出正确的账务处理。

# 外贸会计综合实训五

## 一、单项选择题（20 小题，每小题 1 分，计 20 分）

1. 难以按进口商品直接认定的佣金，会计处理上正确的是（　　）。

A. 贷记“主营业务成本”　　B. 贷记“销售费用”

C. 借记“主营业务收入”　　D. 不作处理

2. 一国货币升值，一般会引起（　　）现象。

A. 出口增加　　B. 进口增加

C. 国际收支长期恶化　　D. 短期内改善该国国际收支

3. 根据会计核算制度规定，对外贸企业的应收和应付外汇账款、现汇存款、现钞及外汇借款等计算的汇兑差额（　　）。

A. 应采用“逐笔结转”方法进行结转

B. 应采用“集中结转”方法进行结转

C. 既要采用“逐笔结转”方法，又要采用“集中结转”方法进行结转

D. 采用“逐笔结转”方法还是采用“集中结转”方法，要视企业的情况而定

4. 企业对境外经营的财务报表进行折算时，产生的外币财务报表折算差额（　　）。

A. 在所有者权益项目下单独列示　　B. 作为递延收益列示

C. 在相关资产类项目下列示　　D. 无须在资产负债表上反映

5. 我国出口某商品时，价格可写为（　　）。

A. FOB 上海 100 美元　　B. 每箱 98 英镑 CIF 伦敦

C. CIF 纽约每件 88 元　　D. 每箱 208 美元 CIF 美国

6. 外贸企业发生的（　　）应列入销售费用。

A. 国内费用　　B. 国外运费　　C. 国外保险费　　D. 明佣

7. 外贸企业代理出口商品销售收入销售成立时应记入（　　）账户。

A. 应付账款　　B. 主营业务收入

C. 其他业务支出　　D. 营业外收入

8. 自营出口销售收入入账值为（　　）。

A. 以 CIF 价格扣除佣金后计价　　B. 以 CIF 价格扣除运费后计价

C. 以 CFR 价格扣除佣金后计价　　D. 以 FOB 价格扣除佣金后计价

9. 进口开证应交（　　）。

A. 押金　　B. 货款　　C. 保证金　　D. 抵押品

10. 自营进口商品的国外进价一律以（　　）为基础。

A. 成本、保险费加运费价格　　B. 成本加运费价格

C. 船上交货价格　　D. 成交价格

11. 自营进口业务中“货到结算”是指（　　）。

A. 货到时对外付汇结算

B. 货到时向国内用户办理货款结算

C. 货到时对外付汇的同时对内结算货款

D. 货到时确认收入并向国内用户办理货款结算

12. 保税工厂的成品必须是（　　）。

A. 内销　　B. 外销　　C. 划账　　D. 抵款

13. 对签有进口料、件和出口成品对口合同的进料加工业务，经批准可对其（　　）。

A. 进口料、件予以保税，加工后实际出口部分予以免税

B. 进口料、件予以保税，加工后实际出口部分予以保税

C. 进口料、件予以征税，加工后实际出口部分予以退税

D. 进口料、件予以免税，加工后实际出口部分予以免税

14. 关税的征税对象是（　　）。

A. 仅指准许进出境的货物　　B. 仅指准许进出境的物品

C. 准许进出境的货物和物品　　D. 仅指准许进入关境的货物和物品

15. 下列属于征收消费税的消费品是（　　）。

A. 自来水　　B. 照相机　　C. 农膜　　D. 汽油

16. 在中国境内未设立机构、场所，或者虽然设立场所但所取得的所得与该场所没有实际联系的企业，其企业所得税税率为（　　）。

A. 25%　　B. 20%　　C. 15%　　D. 10%

17. 外贸企业收购后出口的应税消费品，应实行的出口货物退免税的办法是（　　）。

A. 免征消费税　　B. 先征后退消费税

C. 退税　　D. 免退税

18. 某外贸出口企业 2024 年 3 月出口货物取得销售收入 200 万美元，在国内购进货物取得的增值税专用发票注明金额 175 万元、增值税税额 29.75 万元，出口退税税率为 13%，汇率为 1∶6.2。当期出口货物应退税额为（　　）万元。

A. 161.2　　B. 175　　C. 29.75　　D. 22.75

19. 下列资产负债表项目中，应根据多个总账科目余额计算填列的是（　　）。

A. 应付账款　　B. 盈余公积　　C. 未分配利润　　D. 长期借款

20. A 公司 2024 年进口商品销售收入为 12 360 000 元人民币，进口商品总成本按照当期汇率折合成人民币为 8 560 000 元人民币，进口商品国外进价总额为 428 000 美元，A 公司 2024 年进口每美元盈亏额为（　　）。

A. 6.68 元　　B. 7.86 元　　C. 8.88 元　　D. 无法计算

**二、多项选择题（15 题，每小题 2 分，计 30 分）**

1. 自营出口销售业务中，出口商品的购货成本及（　　）均由外贸企业自己负担。

A. 佣金　　B. 索赔　　C. 罚款　　D. 理赔

2. 按照外汇是否可以自由兑换，外汇可以分为（　　）。

A. 自由外汇　B. 限制外汇　C. 有条件外汇　D. 记账外汇

3. 下列会产生汇兑损益的业务途径有（　　）。

A. 不同外币与记账本位币之间的兑换　B. 不同外币之间的兑换

C. 不同汇率之间的折算　D. 不同汇率之间的兑换

4. 企业在对境外经营的财务报表进行折算时，下列项目可采用发生时的即期汇率折算的有（　　）。

A. 固定资产　B. 资本公积　C. 实收资本　D. 盈余公积

5. 国际贸易常用的国际付款方式有（　　）。

A. 信用证付款方式　B. T/T 付款方式

C. 直接付款方式　D. 现金

6. 以下通过冲减“主营业务收入”账户来核算的有（　　）。

A. 国外运费　B. 国内费用　C. 保险费　D. 暗佣

7. 自营进口商品采购成本由（　　）构成。

A. CIF 价格　B. FOB 价格

C. CFR 价格　D. 进口税金

8. 加工贸易业务类型有（　　）。

A. 进料加工　B. 来料加工　C. 装配业务　D. 协作生产

9. 来料加工业务主要涉及的账户是（　　）。

A. 主营业务收入——来料加工出口销售收入

B. 主营业务成本——来料加工出口销售成本

C. 应交税费——应交进口关税

D. 固定资产

10. 如果进口货物的到岸价格经海关审查未能确定的，可以作为海关核定价格的方法是（　　）。

A. 进口方与海关协商核定价格

B. 从该项进口货物的同一出口国或者地区购进相同或类似货物的成交价格

C. 与该项进口货物相同或类似的货物在国际市场上的成交价格

D. 与该项进口货物相同或类似的货物在国内市场上的批发价格，减去进口关税、进口环节其他费用以及进口后的运输、储存、销售费用及利润后的价格

11. 下列选项中，（　　）情形不得开具增值税专用发票。

A. 销售免税项目

B. 销售报关出口货物、在境外销售应税劳务

C. 销售一般货物给代理商

D. 将货物用于集体福利或个人消费

12. 按照我国税法规定，（　　）应该缴纳增值税。

A. 销售不动产　B. 销售大型机械设备

C. 转让无形资产　　D. 为其他单位加工货物

13. 以下属于出口货物退（免）税自身固有的遵循原则是（　　）。

A. 取之于民、用之于民原则　　B. 国际惯例原则

C. 属地管理原则　　D. 征多少、退多少原则

14. 出口企业应在办理对外贸易经营者备案登记或签订首份委托出口协议之日起 30 日内，填报“出口退（免）税资格认定申请表”，并提供（　　）到主管税务机关办理出口退（免）税资格认定。

A. 加盖备案登记专用章的“对外贸易经营者备案登记表”

B. 中华人民共和国海关进出口货物收发货人报关注册登记证书

C. 银行开户许可证

D. 主管税务机关要求提供的其他资料

15. 偿债能力的财务比率包括（　　）。

A. 资产负债率　　B. 流动比率

C. 存货周转率　　D. 应收账款周转率

**三、判断题（15 小题，每小题 1 分，计 15 分）**

1. 具有财务及相关专业中专、中职的学历，可以申请申报助理外贸会计师。（　　）

2. 商业发票是全套单据的核心，是第一个制作的单据。（　　）

3. 外贸企业销货退回商品发生的国内外费用，如属于外贸企业责任，经批准应转入“销售费用”账户。（　　）

4. 明佣，又称发票内佣金，发生时记入“主营业务成本”账户。（　　）

5. 外贸企业在自营进口销售中收到的能够直接认定的进口商品佣金，应冲减商品的国外进价。（　　）

6. 我国的关境等于国境。（　　）

7. 目前我国并不是所有的出口商品均是零税率。（　　）

8. 从事货物批发或零售的纳税人，年应税销售额在 80 万元（含）以下的，属于增值税小规模纳税人。（　　）

9. 某单位因违规而遭到税务机关罚款 10 万元，这 10 万元也应该作为该单位缴纳城市维护建设税的计税依据。（　　）

10. 出口产品在计算出口退税时，应将以前缴纳的城市维护建设税一并计算，作为计算出口退税的依据。（　　）

11. 国家在制定出口货物退（免）税政策时，既要符合出口货物退（免）税的国际惯例，又必须体现国家的经济政策，即通过税收的职能作用体现宏观调控的原则。（　　）

12. 所有的出口企业在办理出口退免税时，都必须提供出口收汇核销单。（　　）

13. 如果营业周期为 60 天，存货周转天数为 20 天，一年按 360 天计算，则应收账款周转率为 9 次。（　　）

14. 某公司今年与上年相比，净利润增长 8%，平均资产增加 7%，平均负债增加 9%。可以判断，该公司权益净利率比上年下降了。（ ）

15. 股利支付率是指普通股净收益中股利所占的比重，它反映公司的股利分配政策和支付股利的能力，该比率越高，表明支付股利的能力越强。（ ）

**四、计算题（5 分）**

A 公司从英国进口一批种子共计 10 万千克，成交价格为 FOB 伦敦 2.5 英镑/千克，已知单位运费为 0.5 英镑，保险费率为 0.25%，当日外汇牌价为 1 英镑=9.8 元人民币，关税税率为 10%，计算其关税完税价格及应缴纳的进口关税税额和增值税税额。

**五、实务题（30 分）**

甲公司为增值税一般纳税人，适用的增值税税率为 13%，甲公司以人民币作为记账本位币，外币业务采用交易发生日的即期汇率折算，按月计算汇兑损益。

1. 2023 年 2 月 28 日，甲公司有关外币账户余额如下：

| 项目 | 外币账户余额（万美元） | 汇率 | 人民币账户余额（万元人民币） |
|---|---|---|---|
| 银行存款 | 800 | 6.20 | 4 960 |
| 应收账款 | 400 | 6.20 | 2 480 |
| 应付账款 | 200 | 6.20 | 1 240 |
| 长期借款 | 1 200 | 6.20 | 7 440 |

2. 2023 年 3 月，甲公司发生有关外币交易和事项如下：

（1）3 月 3 日，将 20 万美元兑换为人民币，取得人民币并存入银行，当日市场汇率为 1 美元=6.28 元人民币，当日银行买入价为 1 美元=6.22 元人民币。

（2）3 月 10 日，从国外购入一批原材料，货款总额为 400 万美元。该原材料已验收入库，货款尚未支付。当日市场汇率为 1 美元=6.26 元人民币。另外，以银行存款支付该原材料的进口关税 550 万元人民币，增值税税额为 466 万元人民币。

（3）3 月 14 日，出口销售一批商品，销售价款为 600 万美元，货款尚未收到。当日市场汇率为 1 美元=6.25 元人民币。假定不考虑相关税费。

（4）3 月 20 日，收到应收账款 300 万美元，当日存入银行。当日市场汇率为 1 美元=6.18 元人民币。该应收账款是 2 月份出口销售发生的。

（5）3 月 31 日，计提长期借款第一季度发生的利息。该长期借款为1 200 万美元，期限为 2 年，年利率为 4%，按季度计提借款的利息，每年付息到期一次还本。借款是 2022 年 1 月 1 日从中国银行借入的，用于购买建造某生产线的专用设备，借入款项已于当日支付给外国的供应商。该生产线的土建工程已于 2022 年 10 月开工，专用设备于 2023 年 2 月 20 日验收合格并投入安装。到 2023 年 3 月 31 日，该生产线尚处于建设过程当中，预计工期为 2 年。

（6）3 月 31 日，市场汇率为 1 美元＝6.22 元人民币。

要求：

（1）编制甲公司 3 月与外币交易和事项相关的会计分录。

（2）填列甲公司 2023 年 3 月 31 日发生的汇兑损益（见下表，汇兑收益以“＋”号表示，汇兑损失以“－”号表示），并编制与汇兑损益相关的会计分录。

| 外币账户 | 3 月 31 日汇兑损益（万元人民币） |
| --- | --- |
| 银行存款（美元户） | |
| 应收账款（美元户） | |
| 应付账款（美元户） | |
| 长期借款（美元户） | |

**图书在版编目（CIP）数据**

外贸会计实务 / 方瑛，潘海红主编．-- 2 版．
北京：中国人民大学出版社，2025. 1. --（新编 21 世纪高等职业教育精品教材）．-- ISBN 978-7-300-33329-8

Ⅰ. F740. 45

中国国家版本馆 CIP 数据核字第 202495Z1K2 号

安徽省首批“十四五”高等职业教育规划教材
新编 21 世纪高等职业教育精品教材・经济贸易类
**外贸会计实务（第二版）**
主　编　方　瑛　潘海红
副主编　储　萍　田维维　王永生
Waimao Kuaiji Shiwu

| | | | |
|---|---|---|---|
| **出版发行** | 中国人民大学出版社 | | |
| **社　　址** | 北京中关村大街 31 号 | **邮政编码** | 100080 |
| **电　　话** | 010－62511242（总编室） | | 010－62511770（质管部） |
| | 010－82501766（邮购部） | | 010－62514148（门市部） |
| | 010－62515195（发行公司） | | 010－62515275（盗版举报） |
| **网　　址** | http://www.crup.com.cn | | |
| **经　　销** | 新华书店 | | |
| **印　　刷** | 北京密兴印刷有限公司 | **版　　次** | 2021 年 2 月第 1 版 |
| **开　　本** | 787 mm×1092 mm　1/16 | | 2025 年 1 月第 2 版 |
| **印　　张** | 18. 5 插页 1 | **印　　次** | 2025 年 1 月第 1 次印刷 |
| **字　　数** | 390 000 | **定　　价** | 46. 00 元 |